Erster Weltkrieg

Heimatfront Greifswald

Teil 1

Hannelore & Edwin Kuna

Erster Weltkrieg

Heimatfront Greifswald

Teil 1

Impressum

Bibliografische Information der Deutschen Nationalbibliothek:
Die Deutsche Nationalbibliothek verzeichnet diese Publikation in der Deutschen Nationalbibliografie; detaillierte bibliografische Daten sind im Internet über http://dnb.dnb.de abrufbar.

Erster Weltkrieg

Heimatfront Greifswald

Teil 1

Hannelore & Edwin Kuna

ISBN: 978-3-942916-76-9

Dr. Edwin Kuna

Grambin Dorfstraße 63

eMail: haffverlag@gmx.de

Grambin, Januar 2020.

Inhaltsverzeichnis:

Stadthalle u. Theater
Greifswald
Jwan und Trehde
Architekten Berlin

01 Prolog

Mit dem Ersten Weltkrieg 1914 endete für die Deutschen nach 43 Jahren der europäische Frieden. Waren die Menschen auf diesen großen Krieg vorbereitet? Ganz bestimmt nicht.

In Greifswald erwiesen sich weite Bevölkerungskreise zeitgemäß als kaisertreu. Die Militärvereine, wie der Marineverein unter Vorsitz von Steuersekretär Stolp und der Wehrverein, der Kriegerverein; die Ortsgruppen vom Alldeutschen Verband und vom Deutschen Ostmarkenverein oder auch die Turnvereine; die überwiegende Zahl der Studenten und ein Großteil der Stadtbürgerschaft, standen hinter den Rüstungsaktivitäten von Heer und Staat. Allen voran der Kriegerverein, der schon 1905 500 Mitglieder vereinnahmte.

Auf dem vom Wetter her stürmischen Jahresbeginn 1914 folgte die Julikrise, angefangen mit dem Attentat von Sarajevo am 28. Juni durch serbische Extremisten und den folgenden politischen Verkettungen in den entscheidenden Stunden vom 31. Juli und 1. August. Und als sich in wenigen Stunden die politischen Ereignisse überschlugen, versagten Politik und Diplomatie. Waren die Menschen tatsächlich „plötzlich“ vor vollendeten Tatsachen gestellt worden?

Krieg? Bis zur letzten Entscheidung, ja bis zur verstrichenen Frist, fanden sich aufgewühlte Menschenmassen aus verschiedensten sozialen Schichten auf freien Plätzen zusammen, auch hier in den pommerschen Städten gab es Volksversammlungen der Sozialdemokraten gegen den Krieg. Aber die Erwartung der Arbeiterschaft auf eine geschlossene, internationale, solidarische Haltung gegen den Waffengang, wie auf zahlreichen Friedenskongressen vor 1914 beschworen, wurde weitgehend enttäuscht.

Diese Tage und Stunden vor dem Kriegsausbruch verliefen für die Menschen in Greifswald dramatisch.

In Berlin rief am 31. Juli Kaiser Wilhelm II. den „drohenden Kriegszustand“ aus und am Nachmittag traf die Nachricht in der Boddenstadt ein.

Am Ende hatte der Monarch in Berlin die Entscheidung für 65 Millionen Deutsche getroffen, sodass am nächsten Tag das Kaiserreich militärisch mobil machte und in den Krieg eintrat. Dafür wurde des Kaisers Mobilmachungs-Befehl am 1. August in ganz Deutschland ausgerufen.

Die Deutschen glaubten ihrem „Friedenskaiser“, an die Unschuld Deutschlands am Kriegsausbruch und an den ihnen aufgezwungenen Kampf.

Nun war der Krieg da. Am 2. August überschritt das deutsche Heer mit der 16. Division das Völkerrecht verletzend die Grenze Luxemburgs und marschierte am 4. August in Belgien ein. Zuvor begann im Osten, in Ost- und Westpreußen, der Krieg auf deutschem Boden. An der westpreußisch-russischen Grenze in Alexandrowo fielen bereits am 3. August 60 deutsche Soldaten und 1 Offizier. In Ostpreußen stand das kaiserliche Jagdschloss Rominten in Flammen.

Bereits am 17. August 1914 signalisierte das Kriegsministerium in einem geheimen Dokument, dass die Artilleriekämpfe einen sehr hohen Munitionsverbrauch erkennen lassen.

Seit Kriegsausbruch wurde in der Heimat alles anders, nach dem 2. August 1914 kam die geistige Mobilmachung hinzu. Jetzt zählte nicht nur das Kaiserwort, sondern auch das Gotteswort, wie es beispielsweise der Greifswalder Theologe Professor D. Karl Dunkmann (1868-1932) und Universitätsprediger am 23. August 1914 in St. Nikolai predigte:

> Nicht Menschen haben diesen Krieg heraufgeführt, und doch sind es Menschen gewesen, die die Verantwortung tragen. Gott aber hat ihn gewollt, Gott hat ihn gemacht.

Die Greifswalder evangelischen Theologieprofessoren und Pfarrer sakralisierten den Krieg und stellten sich an die Spitze der vielen, den Krieg bejahenden Bildungsbürger und unterstützen die deutsche Kriegspropaganda. „Mit Gott, Kaiser und Vaterland" schallte es aus den Kirchen. In der pastoralen Rhetorik stand Gott fest und ganz auf der Seite der gerechten deutschen Sache. Volk und Religion waren endlich eins geworden, Volk und Thron unter dem Altar versammelt. Karl Dunkmann gab 1916 den Feldgrauen Deutschlands einen Katechismus mit auf den Weg:

> Hörst du die Kanonen? Die Schlachtmusik hebt wieder an. Der Kaiser ruft, das Vaterland ruft, die Heimat ruft, das Weib und die Kinder rufen, mein Gott ruft! Die große Lie-

be ruft! Oh, wie ist das Glück so groß, sterben zu dürfen für diese große Liebe, um einmal aufzuerstehen und ewig zu leben in der Liebe, die ewig ist und ewig bleibt.

Wie überall in Deutschland strömten in Greifswald die Christen zu den Gottesdiensten und Kriegsgebetsstunden und erwarteten Antworten und Trost zugleich. Am Heiligen Abendmahl nahmen die ausziehenden Krieger teil. Die Kirchenleitungen indizierten dies als gewachsene Kirchlichkeit ihrer Mitglieder.

Nach der Euphorie ließ der Kirchenbesuch nach, viele Plätze blieben unbesetzt. Anfang 1917 musste die Synode der Stadtkirchen Greifswalds:

> ein „Nachlassen der ursprünglichen Spannung" feststellen, „eine gewisse geistige und geistliche Müdigkeit" einräumen, so „dass die Ernsten ernster geworden sind und die Oberflächlichen oberflächlicher." ... „Die Widerstandskraft gegen die Prüfungen der schweren Zeit scheint langsam zu erschlaffen, das sittliche Urteil abzustumpfen".

Der letzte große Krieg von 1870/71 gegen Frankreich verlief über 11 Monate. Genau 1563 Tage sollte der Erste Weltkrieg, dauern, was anfangs von den Zeitgenossen niemand weder ahnte noch glaubte. Das waren vier und ein viertel Jahre, angefangen von der Mobilmachung, im kraftstrotzenden Wilhelminischen Kaiserreich, bis zur Unterzeichnung des Waffenstillstandes am 11. November

1918, da war Deutschland nicht nur am Ende seiner militärischen Kräfte gelangt.

Eine überschaubare Zeit im Angesicht eines Menschenlebens, im Nachhinein, doch für alle Beteiligten, die den mörderischen Krieg miterlebten, unendlich lang - auch für die noch jüngere Generation, für die Kinder.

Greifswald war Garnisonsstadt seit Ende des 19. Jahrhunderts. Das preußische Militär, die neugotische Kaserne oder der Exerzierplatz gehörten zum gewohnten Stadtbild. Das stationierte 3. Bataillon des Infanterieregiments Prinz Moritz Anhalt von Dessau (5. Pommersches) Nr. 42 rückte am 7. August 1914 in den Krieg aus. Ziel: die Westfront.

Bataillons-Kommandeur Major v. Knobelsdorff berichtete, Mitte September 1914, erstmals von schweren Verlusten:

> Sollte es mir nach glücklichem Frieden vergönnt sein, mit dem Bataillon wieder heimzukehren, so werden viele in den Reihen fehlen, die einst auszogen. III./42 war oft in vorderster Linie und hat seine Schuldigkeit getan. Viele starben den Heldentod. Unser lieben Garnisonsstadt meinen Gruß.

> 11. September 1914: Oberst Leu schreibt an den Magistrat zu Stargard: „Große Opfer! Vorgestern allein 200 Offiziere und Mannschaften verloren. Aber die Pommern! Hut ab vor Ihnen! Stimmung des Regiments herrlich. Ei-

nen Gruß der lieben Heimatstadt Stargard. Regimentskommandeur Oberst Leu, 9. Grenadierregiment.

Am 2. Februar 1919 kehrten „unsere 42ger“, wie sie von den Greifswaldern mit Stolz genannt wurden, dezimiert von der Westfront zurück. Durch Verluste an Toten, schwer Verwundeten, Kriegsgefangenen und Vermissten, war das Regiment bis zum Kriegsende auf 25.305 Soldaten und Offiziere nachgerüstet worden. Die Verluste betrugen insgesamt 2.856 an Toten, 3.193 Vermisste, 8562 Verwundete (einschließlich von Mehrfachverwundungen).

Das Greifswalder Bataillon stand bei der Obersten Heeresleitung nach dem Ausmarsch 1914 nicht mehr auf der Liste zur Ersatzbeschaffung. Damit erhielt die Stadt keine Einquartierungen mehr, was Bürgermeister Dr. Gerling aus wirtschaftlichen Gründen bedauerte. Dennoch kamen (unerwartet), und wenn auch sporadisch, wieder Soldaten in die Stadt.

September 1914 lag aufgrund der kriegerischen Ereignisse in Ostpreußen eine Abteilung des „Grenadier-Regiment „König Friedrich der Große“ (3. Ostpreußisches) Nr. 4 für einige Tage in Quartier. Mit der militärischen Einheit zogen etwa 50 Greifswalder Freiwillige, noch in Zivilkleidung, an die Ostfront.

Ab Januar 1915 wurde vom Landsturm-Infanterieregiment Nr. 49 ein Rekrutendepot nach Greifswald verlegt, daraus ein Ersatz-Bataillon der 49ger neu aufgestellt und an die Ostfront geschickt. Sehr willkommen war die Militärkapelle der 49ger, die an Sonn- und Feiertagen zur Unterhaltung aufspielte. September 1917 löste das Kriegsministerium die Musikabteilung auf, eine Intervention des Magistrats blieb ohne Erfolg. Frühjahr 1918 konnte jedoch eine 36 Mann starke Kapelle der wieder aufspielen.

Das 49ger Bataillon kehrte Januar 1919 nach über 500 km Fußmarsch aus der Ukraine an den Standort zurück. Bis zum Kriegsende verblieb ein Garnisonskommando mit etwa 350 Soldaten in Greifswald.

Was die Menschen in Greifswald vom Kriegsverlauf erfuhren, kam aus den Zeitungen, war von „oben" durch die OHL (Oberste Heeresleitung) über Agenturen durchgestellt: Siege, Siege usw. und alle anderen Informationen unterlagen der rasch eingeführten Zensur und viele Berichte der Kriegspropaganda. Die Feldpost kam Ende August 1914 in Gang und die persönlichen Briefe und Karten der Soldaten nach Hause, kontrollierten ihre unmittelbaren militärischen Vorgesetzten auf Verschwiegenheit, Siegesgewissheit und Tapferkeit hin. Bald war auch das Tagebuchschreiben der Soldaten nicht mehr erwünscht.

Nachrichten vom schweren Schicksal der Soldaten trafen dennoch durch die amtlich, publizierten Verlustlisten ein. Veröffentlicht wurden vermisste, verwundete, gefallene oder in Gefangenschaft geratene Soldaten mit Namen, Einheit, Geburtsdatum und Geburtsort. Seit Mitte August 1914, also gleich mit Kriegsbeginn, gab es daraus in den beiden Greifswalder Tageszeitungen auszugsweise Veröffentlichungen. Ein dickes Buch der Leiden wurde geschrieben und kein Ende war abzusehen. Verwundet, vermisst, kriegsgefangen oder gefallen, jeden Tag erschienen neue Namen

und Schicksale, nur sollte es kein Greifswalder sein. Aus den Angaben der Verletzungen: leicht, schwer, mit Kopf- oder Bauchschuss, ließ sich die Grausamkeit des Krieges erahnen, doch konnten die Angehörigen noch auf die Genesung der Betroffenen in den Lazaretten hoffen. Vermisst hingegen ließ nur noch den Glauben auf Kriegsgefangenschaft zu. Bis April 1917 meldeten 3.295 betroffene pommersche Frauen oder Eltern Vermisste bei der „Zentralen Forschungsstelle für vermisste Kriegsteilnehmer" in Stettin an, die unter Leitung des Verbandes der Vaterländischen Frauenvereine arbeitete.
Die deutschen Verlustlisten endete mit der Nummer 2417, Ausgabe vom 20. Mai 1919, Nachträge folgten bis 1933.

Geradezu als Pedant erschienen die Namen der Helden in der Zeitung, die mit dem Eisernen Kreuz Erster und Zweiter Klasse ausgezeichneten Soldaten und Offiziere. Am 15. September 1914 erhielten die 42ger die ersten Eisernen. Im Mai 1917 erlangten beispielsweise Leutnant Gerhard Hannesen und die Musketiere Wirth, Rever und Schramm vom Greifswalder Bataillon (aus der 11. Kompanie) die militärische Ehrung. Neben den Dekorierten stellte die Presse die Kriegshelden vor, würdigte ihre Taten oder veröffentlichte ehrende Nachrufe. So auch über den in Greifswald geborenen jungen Fliegerhelden Kurt Wolff, der nach 33 Flugsiegen bei einer Fronterprobung des neuen Fokker F. I. 102/17 am 15. September 1917 im Alter von 22 Jahren im Luftkampf starb.
Im Oktober 1914 feierte die Stadt mit General von Beseler einen „großen Kriegshelden", einen gebürtigen Greifswalder, der am 10.

Oktober mit seiner Armeegruppe die belgische Festung Antwerpen eroberte. Und folglich ernannte ihn die „jubelnde Kriegsgesellschaft“ am Bodden ein Jahr später zum Ehrenbürger und 1917 erhielt sein Geburtshaus eine Ehrentafel.

Im April 1915 erschien die 200. amtliche preußische Verlustliste der deutschen Armee. Da waren 8 Monate Krieg vergangen. Greifswald beklagte 156 Tote und der Landkreis Greifswald zählte 241 Gefallene. Schwer betroffen war der über Deutschland verteilte Greifswalder Familienverband derer von Nathusius. Aus der Familie des 1906 verstorbenen Greifswalder Theologieprofessors Dr. Martin Nathusius fielen 1916 die einzigen beiden Söhne Siegfried und Christian Albrecht. Der Greifswalder Landwirt Johann von Nathusisus musste bis Anfang Februar 1917 alle seine vier Söhne im Krieg lassen.

Bis zum Ende des „Großen Krieges“ stieg die Zahl der gefallenen Soldaten aus der Stadt auf über 600 an.

Die meisten verstorbenen Kriegsteilnehmer blieben für immer in fremder Erde zurück, sie fanden das schlichte Soldatengrab, den Hügel, oder ein Massengrab, in Belgien, Frankreich, Russland oder Galizien oder auf einem fremden Kontinent. Rings um Deutschland tat sich ein Wall von Gräbern auf. Marinesoldaten behielt das Meer. Viele Angehörigen zu Hause besaßen kaum Möglichkeiten sie heimzuholen.

Werner Michaelsen (Reiter bei den Schutztruppen für Deutsch-Südwestafrika Nr. 23) starb in englischer Gefangenschaft am 24. Februar 1917 in Südafrika nach Verwundung (15. Mai 1915) und Lazarettaufenthalt im Hospital Windhuk. Nach den Söhnen Friedrich Karl und Rudolf betrauerte die Familie den dritten Kriegstoten.

Auch in Greifswald ruhen Soldaten des Ersten Weltkriegs. Auf dem Neuen Friedhof liegt ein Gräberfeld mit 178 deutschen und 23 russischen Kriegsopfern. Soldaten und Offiziere aus vielen Orten Deutschlands, aus Österreich und Russland, starben in Greifswalder Lazaretten an ihren Verwundungen und Erkrankungen.

Die Soldatengräber sind die
großen Prediger des Friedens,
und ihre Bedeutung als solche
wird immer mehr zunehmen
Albert Schweitzer- Friedensnobelpreisträger.

Welche Auswirkungen brachte der Krieg im Inland, an der Heimatfront, und was ist in die Geschichte eingegangen? Kein feindlicher, bewaffneter Soldat betrat pommerschen Boden, keine Bomben fielen auf pommersche Städte. Pommern blieb von direkten militärischen Kriegshandlungen verschont. Und doch hatte der Erste Weltkrieg tiefe Narben und großes Entsetzen bei den Menschen hinterlassen.

Kaum eine Familie blieb verschont von den Kriegsauswirkungen. Kaum eine Familie, die nicht einen persönlichen Verlust erlitten hatte, gleich ob an der Front oder im Hinterland. Überall breiteten sich Hunger und Elend aus, die Menschen wurden ideologisch manipuliert alles, selbst auch das letzte Stückchen Brot für die Front zu geben.

Über Generationen hinweg wurden bruchstückhafte Leidens- und Mutgeschichten an die Enkel weitererzählt, viele Ereignisse aber blieben unerwähnt.

Denn was geschah mit Kriegsausbruch zu Hause? Die militärische Mobilmachung und der Aufmarsch von 8 Armeen an die West- und Ostfront vollzogen sich „fahrplanmäßig“ und fast wie ein Uhrwerk mithilfe der Eisenbahn. Bereits nach vier Monaten Krieg kämpften etwa 1700 Männer aus der Stadt Greifswald an den westlichen und östlichen Kriegsfronten. März 1915 verzeichnete die Kommune den Abgang von 3620 Steuerzahlern, hauptsächlich durch die Einberufungen verursacht.

Die meisten Wehrpflichtigen aus dem Beurlaubtenstand (Landwehr und Landsturm) mussten sich den Bezirkskommandos in Anklam, Stettin, Stralsund oder Swinemünde stellen, die sie zu den speziellen Militäreinheiten überwiesen.

In der Zivilgesellschaft lief es nicht so automatisiert ab, denn nach anfänglichen Hurra-Rufen und großer Kriegseuphorie zog bittere Ernüchterung ein, der immer wieder Durchhalteparolen folgten.

Anfänglich liefen die Greifswalder Männer aus Angst um ihr Geld auf die Sparkasse, bei den Frauen setzten Panikeinkäufe an Lebensmitteln ein, Jung und Alt glaubten recht abenteuerlich von ausländischen Feinden und Saboteuren umgeben zu sein und die Stadt stellte eine einheimische Bürgerwehr auf. Es dauerte einige Wochen, bis die städtischen Organe: Polizeiamt und Verwaltung wieder Ruhe und geregelte Ordnung in die ängstlichen Menschen brachte.

Handwerk und Industrie gerieten bald in wirtschaftlicher Not. Karl Zorn, Obermeister der Schuster-Innung und seit 1914 Stadtverordneter, berichtete dem Magistrat über die Schließung von sechs Schusterwerkstätten, weil die Handwerksmeister in den Krieg zogen. Mitte 1917 standen etwa 60-70 Prozent der Meister aller Gewerke an der Front. In einigen Gewerken übernahmen die Ehefrauen die Meisterstelle und hielten den Betrieb am Leben. Einzelne Werkstätten waren nicht mehr in der Lage die Mitgliedsbeiträge zur Handwerkskammer zu entrichten.

Massenweise zogen die Männer ins Feld und die Frauen blieben auf sich selbst gestellt zurück. Der Krieg veränderte auf den Schlag die Geschlechterrolle vieler Frauen in den Familien, in den sozialen Klassen und im gesamten gesellschaftlichen Gefüge.

Die Frauen mussten sich wirtschaftlich und sozial neu orientieren und gewissermaßen über sich hinauswachsen. In der Kriegszeit übernahmen der Staat (das Reich) und die örtlichen Kommunen die finanzielle (Grund)Absicherung der Soldatenfamilien. Die jeder bedürftigen Kriegerfrau und Familie zustehende reichsgesetzliche Unterstützung wurde wiederholt aufgestockt durch Gemeindezugaben.

Der Greifswalder Magistrat und das Bürgerschaftliche Kollegium, das Rote Kreuz und vor allem die im Vaterländischen Frauenverein oder im Evangelischen Frauenverein organisierten Frauen, riefen die Kriegswohlfahrt ins Leben. Die Frauen sammelten bei den Bürgern Geld für in Not geratene Mitgenossinnen und Familien, sie schufen mit dem Arbeitsnachweis, der Nähstube usw. zeitgemäße Möglichkeiten zur Erwerbstätigkeit, sie engagierten sich in der Säuglings- und Krankenpflege. Für die berufstätigen Mütter schufen die Frauenvereine Kindertagesstätten. Noch Januar 1918 eröffneten die evangelischen Frauenvereine der drei Kirchgemeinden einen Kinderhort, den bereits am Eröffnungstag 130 Kinder nutzten.

Der Krieg verschonte auch nicht die Kinder und Jugendlichen, von denen viele ohne Väter aufwuchsen. Betroffen waren alle Altersgruppen: Kleinstkinder, Kinder und Jugendliche.

Einseitige und mangelnde Ernährung, insbesondere durch wenig Milchzufuhr, gefährdete die Gesundheit der Kinder unter 6 Jahren und führte 1916 erstmals zu einer Übersterblichkeit in dieser Altersgruppe. Während 1914 38 Kinder in Greifswald starben, erhöhte sich 1915 die Zahl auf 53 und 1916 auf 101 Sterbefälle.

In der Schule sank das Niveau des Unterrichts 1914-18 stark herab. In den Volksschulen nahm der Krieg durch den Militärdienst den Schülern auf Jahre hinaus ihre Lehrer, Schüler mussten auf andere Klassen verteilt werden, die Zahl der wöchentlichen Unterrichtsstunden sank. Kinder besuchten den Unterricht mit gestopften Hosen und Röcken, liefen in Holzpantinen und als es ab 1917 praktische keine Schuhe mehr zu kaufen gab, liefen auch Stadtkinder im Sommer barfuß.

Am Greifswalder Gymnasium und in der Realschule konnte das Bildungsniveau durch die Einstellung von drei Lehrerinnen halbwegs gehalten werden. Im neu eingerichteten Unterrichtsfach „Kriegsgeschehen“ erhielten die Pennäler „zeitnahe“ Bildung, im

Fach Deutsch variierten die Aufsatzthemen zwischen Kaisertreue und Gottesfurcht, Kriegsunschuld, deutsches Heldentum und Opferbereitschaft und in Geografie lernten sie die Kriegsgebiete der Welt kennen.

> Zwei während des Krieges ergangene Erlasse des preußischen Kultusministers über den Geschichtsunterricht in den höheren Knaben- und Mädchenschulen weisen da den Weg: die deutsche Geschichte tritt in den Vordergrund, wird weitergeführt bis zur Gegenwart und den Heldentaten des Weltkriegs.

So wurden die Schüler mit „Kriegspädagogik" auf den Kampf vorbereitet.

Im gesamten Kaiserreich besuchten bei Ausbruch des Krieges 22.600 Primaner und 15.600 Obersekundaner im Alter von über 17 Jahren die höheren Schulen. Von diesen meldeten sich 20.000 als Kriegsfreiwillige. Das Greifswalder Gymnasium und die Realschule zählten zusammen zum Wintersemester 1917/18 484 Schüler in Klassenstärken von 19 bis 43 Schülern. Halbjährlich zum 1. Juni und zum 1. Dezember absolvierten Greifswalder Oberprimaner das Notabitur, verkürzten die Schulzeit um 1 Jahr, um danach mit Erlaubnis vom Vater freiwillig in den Krieg zu ziehen. Diesen Weg beschritten nach der Abschlussprüfung an der Realschule März 1915 beispielsweise Paul Heide aus Greifswald und Kurt Rampe aus Sassnitz.

Vereinzelt zogen auch Schüler unter 17 Jahren zur Front; Jungen, die noch nicht das militärdienstpflichtige Alter erreicht hatten und in der Etappe ohne Waffe eingesetzt wurden.

> Auf unseren Schulen gibt es endlich noch eine dritte Menschenklasse, Jungen, die zwar noch nicht würdig befunden wurden, des Königs Rock zu tragen, aber denen es doch gelang, selbst auf den Schlachtfeldern und hinter der Front unseren kämpfenden Kriegern und besonders den Verwundeten hilfreiche Dienste zu leisten.

Emsig zeigten sich die Schüler in ihrer Freizeit und in den Ferien bei der Erntehilfe, beim Sammeln von Goldgeld, Altkleidern, Papier, Brombeerblättern, Laubheu aus dem Wald, Blaubeeren, Bucheckern oder von Nesseln. Für die Versorgung der Industrie mit natürlichen Rohstoffen schienen Kinder unentbehrlich zu sein. Im Sommer und Herbst 1918 brachten kleine, fleißige Hände des Kreises Greifswald für die Textilindustrie 3.330 kg getrocknete Nesselstängel (davon Knaben-Volksschule 275 kg sowie Gymnasium und Realschule Greifswald 55 kg), über 5 kg getrocknete Samen und etwa 150 kg getrocknete Nesselblätter zusammen.
Auch auf das Geld der jüngsten Deutschen war der Krieg angewiesen. Zum Anlegen von Kriegsanleihen in kleinen Beträgen leerten Schüler das Sparschwein. Eine kleine Entschädigung konnten sie jedoch auch genießen. In den kalten Wintern verlängerten sich die Weihnachtsferien wegen Kohlenmangel nach Neujahr bis Mit-

te Januar, letztmalig Januar 1919. Und nach Siegen des deutschen Heers an der Front hatten sie schulfrei.

Die 16-18-jährigen Burschen, wurden von der patriotischen Kriegsgesellschaft körperlich wie geistig in Jugendwehren als „Nachwuchs und Reserve“ für den Kampf manipuliert, geworben und mobilisiert. Die ersten Jahrgänge der Jugendwehren zogen bald gerüstet in den Krieg und nicht wenige kehrten nicht mehr heim.

Trotzdem hängte die Kriegsgesellschaft der älteren Jugend den Makel der Zügellosigkeit an. Jugendliche wurden von allen Seiten Übermaßen moralisiert. Unangemessenes Verhalten (Rauchen, Alkohol, an der Ecke stehen, ins Kino gehen usw.) tadelte man schnell und Kriegsgerichte beschäftigten sich mit ihnen und bestrafte sie.

> Rowdytum der Primaner der Oberrealschule (weiße Mütze) und Schüler des Gymnasiums (dunkle Mütze). Halten sich bei der Turnhalle auf und schauen den Mädchen beim Tanzunterricht zu. Verhalten sich ungebührlich, laut, lächerlich, rempeln. Fehlendes sittliches Bewusstsein ...

Die in den Krieg gezogenen Männer fehlten in jeder Hinsicht als Arbeitskraft und besonders in der Landwirtschaft des Landkreises. Wenn der Bauer als Haus- und Hofherr in den Krieg musste, lag die Arbeitslast hauptsächlich bei der zurückgebliebenen Ehefrau und auch die Kinder mussten Übermaßen helfen bei der Ackerbestellung und Erntezeit. Nicht selten wechselte der Großvater wieder vom Altenteil in das reguläre Arbeitsleben.

Auf den größeren landwirtschaftlichen Gütern und Bauernhöfen des Kreises mangelte es ebenso an den unentbehrlichen Arbeitsmitteln: Pferde, Geschirre und Wagen, sie waren zu jeder Zeit notwendig, um schwere körperliche Arbeiten zu bewältigen. Während des Krieges wurden sie zum Heer ausgehoben und fast so rekrutiert wie die Soldaten.

Stadt und Staat, versuchten über die Jahre Gelder freizusetzen für öffentliche Arbeiten. Nach dem Jahresbericht des 46. pommerschen Provinziallandtags für 1917 erhielten die Stadt Greifswald 284.790 Mark und der Landkreis Greifswald 2.107.281 Mark für Chaussee- und Wegeprojekte.

Große Probleme bereitete die Aufrechterhaltung der Kriegsindustrie und der Landwirtschaft infolge der Einberufung der Männer zum Militär. Deutsche Unternehmen griffen auf die Beschäftigung von Kriegsgefangenen zurück, unter denen viele qualifizierte Arbeitskräfte waren: Ende 1916 arbeiteten über 330.000 Kriegsgefangene in der deutschen Industrie, weitere 735.000 in der Landwirtschaft.

In Greifswald wurden sporadisch russische Kriegsgefangene in kleineren Betrieben eingesetzt, so auch zu schweren körperlichen Arbeiten im Gaswerk. Nach der Einwohnerzählung vom 8. Oktober 1991 waren noch 15 russische Kriegsgefangene anwesend.

Weiterhin beschäftigte der deutsche Staat eine nicht unerhebliche Zahl von Zwangsarbeitern und - arbeiterinnen aus Belgien, die Deportation seit November 1916 rief internationale Entrüstung hervor. Ebenfalls im Jahr 1916 zwang Deutschland französische Frauen und Mädchen innerhalb der besetzten Territorien zu Arbeitsleistungen. Ebenso wurden Arbeitskräfte aus dem besetzten Polen angeworben oder auch beordert (Arbeitslose). So erhielten im Kreis Greifswald einige landwirtschaftliche Güter seit 1916.

Der Arbeitskräftemangel in der Landwirtschaft blieb ein Hauptproblem für die Ernährung der Bevölkerung über die Kriegszeit hinweg. Außer durch die Einberufungen bereitete die Abwanderung von landwirtschaftlichen Arbeitern in die Industrie Sorge. Ständig mussten zur Saison Ersatz-Arbeitskräfte organisiert werden bis hin zu Schülern, um die lebenswichtige Ernte einzubringen. Die Hauptlast und das Leid trugen die polnischen Schnitter. Entgegen der Gesetzgebung in der Vorkriegszeit wurden in Pommern über 30.000 Wanderarbeiter faktisch zu Zivilgefangenen degradiert und durften ihre Heimat nicht Wiedersehen.

Die Universität musste viele ihrer Studenten als Freiwillige und langjährige Dozenten in den Krieg ziehen lassen und der wissenschaftliche Lehrbetrieb ließ sich nur notdürftig aufrechterhalten. Bis zum Ende des Wintersemesters 1914/15 verzeichnete die Alma Mater 59 Gefallene unter der Studentenschaft. Das Greifswalder Studentenleben, in Friedenszeiten ein wichtiger Wirtschaftsfaktor, verwaiste zusehends. Noch vor Ende des Krieges setzte die Universität ein Zeichen für den Erhalt der Wissenschaft und für „eine Zeit nach dem Krieg.“ Am 27. Juli 1918 tagte die erste Hauptversammlung der neu gegründeten „Gesellschaft von Förderern und Freunden der Universität“.

Am 9. Februar 1919 betrauerte die Universität ihre Gefallenen auf einer Gedenkfeier für die heimgekehrten Kriegsteilnehmer: 1 Professor, 3 Privatdozenten und Dozenten, 3 Beamte und 182 Kommilitonen. Und Ende 1919 wurden noch immer Studenten aus der Kriegsgefangenschaft erwartet.

Die Bewältigung des Alltags gestaltete sich für alle sozialen Schichten immer schwieriger. Zweifellos entwickelte sich die wirtschaftliche Lage für viele Kriegerfrauen und Familien, vom Arbeiter bis zum Beamten, durch die Verteuerungen der Waren kritisch. Andere Menschen wiederum verdienten in der Kriegsindustrie oder durch staatliche Zulagen besser als in Friedenszeiten.

> ... unsere Friedensein- und Ausfuhr ist, im Wesentlichen, aufgehoben, daher leben wir alle anders als im Frieden; ein Teil des deutschen Volkes lebt besser, dank seiner Kriegslöhne, Kriegsgehälter, Kriegshilfen und Kriegsgewinne: ein Teil lebt noch ausreichend; ein Teil lebt schlechter. Diese Abstufungen sind nicht auf bestimmte Schichten beschränkt, sie finden sich in allen Ständen, Schichten und Berufen. Die durch den Krieg besser Gestellten, die Leichtlebigeren und Leichtsinnigen füllen Theater, Kinos und Konzerte, Konditoreien und Kaffees ...

Jedoch nicht unbedingt der Geldbeutel wurde zum Problem, sondern die Tatsache, dass es immer weniger Produkte zu kaufen gab. In kurzen Zeitabständen, je nach Stand der möglichen Lebensmittelversorgung im Reich, schrieben Bundesrat ab 1915 und ab 1916 das Kriegsernährungsamt den Maximalverbrauch für Lebensmittel pro Tag oder Woche vor.

Ab Ende Januar 1915 durften die Bäckereien durch die Bundesratsverordnungen nur noch K-Brot (Kriegsbrot mit Kartoffelanteil) backen und anbieten. Den Bäckern war deutschlandweit nächtliches Arbeitsverbot ausgesprochen, sodass die Kunden am frühen Morgen kein frisches Brot und keine frischen Brötchen mehr erhielten, um an den Getreide- und Mehlvorräten zu sparen. Am 11. Februar 1915 hielten die Greifswalder erstmals Brotkarten in der Hand. Bis Februar 1917 gab der Magistrat 3.178.500 Brotkarten aus. Ab 1916 folgten Karten und Kundenlisten für Eier, Kartoffeln, Fleisch, Milch (ab 1. November), Seife, ab 1917 auch für Butter.

Aus den Jahresberichten des städtischen Schlachthofs lässt sich die prekäre Situation der Fleischversorgung ablesen. 1915 gab der Bericht 16.000 Schlachtungen an, 1916 wurden 7.126 und 1917 6.800 Tiere geschlachtet. Dagegen stieg die Zahl der Pferdeschlachtungen im Zeitraum 1915-1917 von 120 auf 328 an.

Mit fleischlosen Tagen musste sich die Hausfrau in den Kriegszeiten seit Ende 1915 immer wieder mal begnügen und den Küchenzettel neu schreiben, vom 1. August bis zum 31. Oktober 1918 sogar mit 4 fleischlosen Wochen auskommen. 250 g Mehl oder 1500 g Kartoffeln sollten dann die fehlende Wochenration an Fleisch pro Kopf von 250 g ersetzen.

Die sozialen Pflichten der Kommunen erweiterten sich ständig, die Herbst-, Winter-, und Frühjahrsversorgungen zeigten besondere Probleme. Teure Preise und Lebensmittelknappheit führten im Herbst 1915 erstmals zur Einrichtung einer Massenspeisung, die

die „Herberge zur Heimat" übernahm. Bereits im ersten Monat (November) wurden täglich 100 Essen abgegeben, nach einem Jahr waren es 74.926 Mittagsportionen, davon 8.000 Essen unentgeltlich an Kriegerfamilien gegen Freikarten. Sommer 1916 eröffnete eine zweite Volksküche in einem nicht mehr benutzten Schulhaus in der Gützkowerstraße. Eine Teilnahme an der Massenspeisung führte wiederum zum Verlust der Lebensmittelkartenabschnitte, um eine doppelte Versorgung auszuschließen, wofür von der Stadt „teilbare" Lebensmittelkarten ausgegeben wurden. Die Volks- bzw. Kriegsküchen kochten bis Ende 1919 über 600.000 Mittagsessen, davon 325.000 für Erwachsene zum Preis von 30 Pfennig, 75.000 für Kranke und 200.000 für Kinder unentgeltlich. Die Massenspeisung blieb auch 1919/1920 unentbehrlich. Auf der Sitzung der Bürgervertretung vom 27. Oktober 1919 bewilligte das Bürgerschaftliche Kollegium für die Unterstützung der Speisung erneut 15.000 Mark.

Auch nach dem Krieg verbesserte sich die Ernährungslage kaum. Am Montag, den 3. August 1919, erwarteten die Greifswalder Bürger die 233. Brotkartenwoche seit 1915, die 175. Speisefettkartenwoche, die 175 Kartoffelkartenwoche und die 160. Fleischkartenwoche. Am 5. August 1919 endete die Zwangsbewirtschaftung der Fische.

Bis Herbst 1917 gelangten etwa 10000 Ersatzmittel auf den deutschen Markt, davon rund 7000 in der Lebensmittelbranche und viele Produkte mit neuen Namen hielten nicht, was sie versprachen.

Durch die Einführung des „Kriegssozialismus“ in vielen Ernährungsbereichen sowie mit dem Stadtkreis-Status Greifswalds lag die Beschaffung der genehmigten und rationierten Nahrungsmittel in der Verantwortung der Stadtverwaltung, der Kommissionen für die Ernährung, und der Abgeordneten. 1918 zählte das Bürgerschaftliche Kollegium 36 Mitglieder und über die Kriegsjahre, traf man durch die Ausschaltung der „Politik aus dem Rathaus“ die einzig richtige Entscheidung.

Als eigener Stadtkreis musste Greifswald etwa 20.000 Einwohner mit Grundnahrungsmitteln versorgen, außer den etwa 5000 Selbstversorgern (Ackerbürger mit Familien). Für Getreide und Kartoffeln, auch für Gemüse, konnte der Magistrat Lieferungsverträge mit dem Umland abschließen. Andere Lebens- und Genussmittel, wie Salz, Kaffee, Honig, Obst und Zucker, oder Waren des täglichen Bedarfs, wurden der Gemeinde von den Reichsstellen nach bestimmten Kriterien, wie Bevölkerungszahl, Anzahl der Schwerarbeiter usw., zugewiesen. Mit den spärlich überwiesenen Waren musste die Stadt zweckmäßig wirtschaften, sie an die über 80 Kaufleute verteilen, auch im Bewusstsein darüber, dass damit nicht die gesamte Bürgerschaft versorgt werden kann. Der Magistrat arbeitete nur noch als ausführende Instanz einer höheren Behörde. Da Greifswald ohne große Industrie (ohne Schwerarbeiter) war, schnitt die Boddenstadt in der alltäglichen Versorgung mitunter schlechter ab als Stettin, Düsseldorf oder Berlin.

Als 1917 für die massenhafte Munitionsproduktion das Rohmaterial fehlte, forcierte das Kriegsministerium die Beschlagnahme und

Enteignung von Metall. Tausende alte Bronzeglocken in den Kirchtürmen, Zinnpfeifen aus den Orgeln in den Hallen sowie bronzene und kupferne Metalldenkmäler von öffentlichen Straßen und Plätzen verschlang der Krieg. Bis zum 1. Juli 1917 hatte die Hofglockengießerei Franz Schilling und Söhne in Apolda ungefähr 70.000 Kirchenglocken zur Beschaffung von Munitionsstoffen „abzurüsten".

Die Greifswalder St. Nikolai-Kirche verlor vier Glocken: Nikolausglocke, gegossen 1568, umgegossen 1863; Rufglocke (1586/1863) und die Oktavenglocke, umgegossen 1863 sowie die kleinere Schlagglocke aus dem Glockenturm. (Erhalten blieben: Bet- und Professorenglocke 1440, Kindtaufglocke 1615 und die Stundenglocke aus dem ehemaligen Franziskanerkloster). Am 23. Oktober 1917 von 19 bis 20 Uhr läuteten die vertrauten Glocken zum Abschied.

Die größte Glocke erwies sich für den Abtransport vom höchsten Turm der Stadt zu sperrig und musste gleich oben zerschlagen werden. September 1918 wurde ein Geläut durch eine neue gusseiserne Glocke mit einem Gewicht von 164 kg wieder möglich, an den ungewohnten Klang mussten sich die Menschen erst gewöhnen.

Von den vier Glocken der Jakobi-Kirche fielen drei unter die Beschlagnahme, während St. Marien alle Glocken aus kunsthistorisch wertvollen Gründen behalten konnte.

Am 17. Mai 1917 erklang in St. Nikolai das letzte Orgelkonzert, danach wurden die Zinnpfeifen ausgebaut. Wenige Tage darauf ereilte das gleiche Schicksal die Orgel von St. Marien.

Wenigstens konnten durch die Gutachten der eingesetzten Denkmäler-Kommission, mit Dr. Lemke aus Stettin, Prof. Schultze aus Greifswald und Prof. Jenensch aus Berlin, das Paepke-Denkmal und das Kaiser-Wilhelm-Standbild vor dem Einschmelzen gerettet werden. Letzteres natürlich aus zutiefst patriotischen Gründen. 1918 wurde für Greifswald und Umgebung der königliche Musikdirektor Rudolf Ewald Zingel als Gutachter für die Metallbeschlagnahme bestellt.

Bis zum bitteren Ende!

Das „42ger Regiment" wurde November 1914 von der Westfront, wo sich auf französischer, blutiger Erde die kämpfende Welt traf und der Krieg bald im Graben- und Stellungskrieg erstarrte, an die Ostfront verlegt. Dort kämpften die Soldaten bis 1916 im mittleren Frontabschnitt. Herbst 1916 verlegte die OHL das Regiment nach Mazedonien, wo es an der Seite der bulgarischen Armee an mehreren Schlachten teilnahm. Im Juni 1917 erfolgte die Umsetzung an die rumänische Front (9. Armee). Anfang April 1918 wurde das Regiment wieder in Frankreich (216. Infanterie-Division) eingesetzt.

Der 8. August 1918 war der schwarze Tag des deutschen Heeres in der Geschichte des Krieges (Ludendorff). Um 4.20 Uhr griffen an der Somme 441.588 Franzosen und Engländer an, zwischen Ancre und Avre drangen sie in die Stellungen von sechs kampfstarken deutschen Divisionen ein. Zwei Tage später gestand Ludendorff dem Kaiser in Spa die Niederlage.

Wilhelm II.:
Ich sehe ein, wir müssen die Bilanz ziehen, wir sind an der Grenze unserer Leistungsfähigkeit.

Auf der Sitzung vom 12. und 13. August in Spa wurde der Reichsregierung die Unmöglichkeit eines militärischen Sieges über die Entente mitgeteilt (nach Ludendorff).

Die Öffentlichkeit in Pommern erfuhr in diesen Monaten von der kritischen Lage an der Westfront nur wenig, die Zeitungen schilderten immer noch ein geschöntes Bild der militärischen Lage, treu den Heeresberichten der OHL. Doch aus den Verlustlisten und den „vermehrten“ Todesanzeigen des Jahres 1918, wusste wohl jeder, wie es um das Heer stand.

Und immer wieder betraf es junges Blut, so den jungen adligen und Leutnant Dietrich von Roëll aus Nonnendorf (Kirchspiel Wusterhausen) im Infanterie-Regiment Nr. 58 im Alter von 17 Jahren.

Im April 1918 schätzte die Kirchgemeinde St. Jakobi die Anzahl ihrer gefallenen Mitglieder auf 60 ein und hielt für sie eine Gedächtnisfeier ab.

Kriegspropaganda und „große Lügen“ nahmen kein Ende. In der Stadt sowie im Landkreis fanden weiterhin wie seit 1917 im Auftrag des Stellvertretenden Generalkommandos „Aufklärungsveranstaltungen“ mit Vorträgen, Lichtbildern durch Seminarlehrer Beykuffer, Lehrer Christian Schulz, Oberst von Hackewitz oder Rentier Schühmann, u. a. statt, um alle Kräfte für das Kriegsziel,

Siegfrieden, zu mobilisieren. Die Menschen wurden bis zum bitteren Ende zum Durchhalten aufgefordert.

Am 11. November unterschrieb die deutsche Delegation die Kapitulation und das Militär trat den geordneten Rückzug (Demobilisierung) an. Vom Norden her war mit dem Kieler Matrosenaufstand die Revolution in Deutschland eingezogen und die gebildeten Arbeiter- und Soldatenräte errangen Machtbefugnisse in der Zivilgesellschaft und beim Militär.

Hindenburg sandte am 4. Dezember an die Stellvertretenden Generalkommandos ein Telegramm, worin er darauf hinwies, Konflikte mit den Arbeiter- und Soldatenräten zu vermeiden. Rote Fahnen und Abzeichen sollten vom Militär nicht beanstandet werden und von den Arbeiter- und Soldatenräten wurde hinsichtlich der Fahnen, Auszeichnungen und Rangabzeichen des Militärs gleiches erwartet.

Der erste „Allgemeine Kongress der Arbeiter- und Soldatenräte Deutschlands“ verabschiedete am 16. Dezember 1918 eine Resolution mit der Forderung nach völliger Neuordnung des Militärs. Hindenburgs Entlassung wurde gefordert und die preußischen Kadettenschulen sollten abgeschafft werden. Soldaten und Offiziere sollten ihre Rangabzeichen, Ehrenzeichen und Orden ablegen.

Bei den 42gern löste der Rätebeschluss, insbesondere die Ablegung der Ehrenzeichen, große Empörung aus und sie meldeten sich am 20. Dezember 1918 letztmalig zu Wort:

> Gegen den Beschluss des Arbeiter- und Soldatenrates in Berlin, die Grad- und Ehrenabzeichen abzulegen, erheben die unterzeichneten Vertrauensräte und anderen Anwesenden im Namen des Regiments flammenden Protest. Eine derartige Herabwürdigung der Taten des Regiments und jedes einzelnen im Regiment als Dank für den vierjährigen Schutz der Heimat zeigt, wie notwendig die sofortige Einberufung der Nationalversammlung ist, um solchen lächerlichen Treiben ein Ende zu machen. Deutschland braucht an seiner Spitze Männer und keine Kinder! Das Regiment ist und wird auch in Zukunft stolz auf den deutschen Ehrenschmuck, das „Kreuz von Eisen“, sein. Die Grad- und Ehrenabzeichen legt das Regiment nicht ab.

In diesen letzten Kriegstagen schrieben die Fischer von Greifswald-Wieck einen anonymen Drohbrief an den Bürgermeister zu Greifswald:

> Wir älteren Männer, die teilweise Söhne und Anverwandte draußen verloren, für uns ist heute das zu erleben, unser Stolz ruht in fremder Erde, wir sind heute zu allem fähig. Sprengstoff steht uns genügend zur Verfügung, wir warten nur den passenden Augenblick ab, dann sind wir

bereit Rache für alles Erlittene zu üben. Diesen Winter passiert noch etwas. Verein schwarze Zukunft.

Nachtrag

Anfang Oktober 1918 erreichte Greifswald die europäische Grippewelle mit ersten Todesfällen. Die Post konnte ihren Betrieb kaum noch aufrechterhalten. Am 9. Oktober übertraf die Zahl der Erkrankungen schon letzte die Influenza-Epidemie von 1892. Die Allgemeine Ortskrankenkasse meldete für den Stadtkreis Greifswald in der Zeit vom 1. bis 19. Oktober unter 285 Krankschreibungen, 232 Grippefälle und 15 mit tödlichem Ausgang.

Bis Ende Januar 1919 brachten Greifswalder Frauen 196 Pfund und 50 g Haar auf die Waage. Daraus hatte die Kriegsindustrie Ersatz für Ledertreibriemen und Filzplatten sowie Dichtungen für U-Boote und Kriegsschiffe hergestellt. Der Erlös (pro kg Haar 14 Mark) kam dem Roten Kreuz zugute.

Im Monat Juli 1919 meldete das Standesamt unter den Sterbefällen noch 5 Kriegsteilnehmer.

Am Montag, den 3. August 1919, erwarteten die Greifswalder Bürger die 233. Brotkartenwoche, und die 175. Speisefettkartenwoche, die 175 Kartoffelkartenwoche und die 160. Fleischkartenwoche.

Am 5. August 1919 endete die Zwangsbewirtschaftung der Fische.

02 Vorkriegszeit

Das Jahr 1913 war kein gutes gewesen, es hatte schlechte Ernte, schlechte Geschäfte gebracht, auch Herrn Kohwalds großes Geschäft war nicht so einträglich gewesen wie sonst, aber deshalb wurde an der Silvesterfeier nicht gespart, die Silvesterfreude galt dem kommenden Jahre, dem Jahr 14, von dem man mehr erhoffte als von der Unglückszahl 13.[1]

1913 - was für ein Jubeljahr, das Deutsche Reich beging im Januar das 25-jährige Regierungsjubiläum von Kaiser Wilhelm II. mit aufwändigen Festakten. In Berlin wurde das Deutsche Stadion eröffnet und der erste Schritt zur Ausrichtung der Olympischen Spiele im Jahr 1916 war getan.

Im Herbst wurde die 100jährige Jubelfeier der Leipziger Völkerschlacht zelebriert und das monumentale Denkmal in der Messestadt eingeweiht, Damit wurden die Helden dieser Schlacht geehrt - im ganzen Kaiserreich, auch in Pommern. Es waren hundert Jahre her, dass Napoleon besiegt worden war, das blieb unvergessen.

Bereits zu Jahresanfang, am 29. Januar 1913, gründete sich in Greifswald-Stadt eine Ortsgruppe des „Deutschen Wehrvereins“, der sich die Aufrüstung des deutschen Heers groß zum Motto machte. Später entstand eine weitere Ortsgruppe für Eldena-Wieck.

Wie das Jahr 1913 im Erinnerungs-Taumel endete, setzte sich der Jubel im ersten Halbjahr 1914 fort. Mit den Swinemündern begingen die Greifswalder Bürger am 17. März 1914 die „Jasmundfeier“ zum 50-jährigen Gedenken an die erfolgreiche Seeschlacht des preußischen Geschwaders bei Rügen im Deutsch-Dänischen Krieg von 1864. Damals stach Kapitän Jachmann von Swinemünde aus in See mit 3 kleinen Fahrzeugen und insgesamt 43 Kanonen und vertrieb die überlegene dänische Flotte mit 6 Schiffen und 182 Kanonen bei Arkona.

Und im Mai 1914 gab es fast überall, und insbesondere in den Kriegervereinen, eine allgemeine Ehrung für die ruhmreichen Kämpfe an den Düppeler Schanzen im Deutsch-Dänischen Krieg.

Zuvor hatten die Schulkinder am 18. April an allen Schulen der historischen Ereignisse gedacht.

Ein in Greifswald geborener Einwohner, der Reservist Julius Davids im 2. Bataillon des 2. Königl. Preuß. Infanterie-(Königs-)Regiments, verlor dort 1864 sein Leben.

Einige wenige verbliebene Zeitzeugen konnten noch von ruhmreichen Taten berichten. In Greifswald lebte Joachim Krüger, Mitkämpfer von 1866 und 1870/71. In Hanshagen wohnte ein Mitkämpfer aus dem vorletzten Krieg, der Kriegsinvalide Farow focht 1866 als Preuße gegen Österreich.

Ebenso unvergessen blieb der deutsch-französische Krieg von 1870/71. Fünf Greifswalder Studenten starben 1870 in Frankreich.

1911 gab der Oberpräsident von Pommern einen Erlass zur „Sammlung der Briefe und Tagebücher aus Kriegszeiten" heraus.

Der Regierungspräsident-Stralsund, den 25. März 1912
Betrifft: Sammlung der Briefe und Tagebücher aus Kriegszeiten
Erlass vom 24. September 1911.

Infolge des Aufrufes zur Sammlung von Briefen und Tagebüchern pp. aus Kriegszeiten sind der Königlichen Universitäts-Bibliothek in Greifswald übersandt worden:

Aus dem Kreis Greifswald:
1. Von dem Oberstleutnant a. D. Baumgardt in Greifswald: „Erinnerungen aus meinem Leben als Einjährig-Freiwilliger beim Garde-Jäger- sowie I. Reserve-Jäger Bataillon während der Kriegsjahre 1870/71 in Abschrift.

2. Von dem Kaufmann Tetzlaff in Greifswald: Briefe des Unteroffiziers Ferdinand Schultz aus dem Feldzug 1870/71.[2]

Nicht zu vergessen seien die Sedanfeierlichkeiten, jährlich am 2. September[3]. Dreiundvierzig Mal konnte Greifswald das Sedanfest im Frieden feiern, die Fahnen flatterten, Böllerschüsse donnerten, leuchtende Funkengarben knatterten empor. Ab 1919 verbot die Weimarer Republik öffentliche Feiern zum Sedantag.

Vorerst wurde den Veteranen der letzten Kriege weiterhin in Pommern zu den herbstlichen Sedan-Feierlichkeiten am 2. September in den 854 Kriegervereinen, gedacht. Der Stadtkreis Greifswald sowie der Landkreis machten mit ihren 31 Vereinen und 3098 Mitgliedern (Stand 1. April 1916) keine Ausnahme.

Der Staat unterstützte seine alten Krieger, die ab 1864 gekämpft hatten. 1919 lebt noch 165.000. Seit 1905 erhielten in Arbeit stehende Kriegsveteranen bei eingetretener Erwerbsunfähigkeit eine, wenn auch geringe, Sonderrente (Veteranenbeihilfe).

Das Andenken an die Kriegshelden fand auch im neuen Jahr 1914 in den zahlreichen Vereinen und besonders in den Krieger- und Militärvereinen von Greifswald, Eldena, Kemnitz, Levenhagen, Wusterhusen, Züssow, Dersekow und anderen Orten, entsprechende Ehrung. In Greifswald existierten über 150 Vereine, Innungen, studentische Korporationen und sonstige Verbände, die für unterschiedliche Interessen standen. Zu ihnen zählten im Jahr 1914 17 Militärvereine; neben dem Kriegerverein und Wehrverein; die Bürger-Schützen-Kompanie, der Marineverein, der Militäranwärterverein (1910 gegründet, 1917 mit 110 Mitgliedern), und aus privilegierten Waffengattungen: Verein ehemaliger 42ger, Kavallerieverein, Verein ehemaliger Artilleristen in Greifswald und Umgebung (1905 gegründet), der Gardeverein. Noch im Mai 1914 gründete sich der Luftflottenverein, dem spontan 33 Studenten beitraten.

In den Kriegervereinen behielt eine monarchische und militaristische Gesinnung die Oberhand. Der geringe Mitgliedsbeitrag, die Unterstützung der Mitglieder in sozialen Notsituationen, von Kriegerwaisenheimen u. a., das alles führte auch die unteren sozialen Schichten zu. Politische Schranken für die Mitgliedschaft existierten trotzdem, besonders gegen die Sozialdemokraten und Gewerkschaftsmitglieder. Erst im Mai 1915 beschloss der Vorstand des Kyffhäuserbundes: „… künftig ohne Rücksicht auf Parteizugehörigkeit jeden ehrenhaft gedienten Kameraden, aufzunehmen, der sich zur Vaterlandsliebe, zur Treue gegen Kaiser und Reich, König und engeres Vaterland bekennt.“[4]

Aber nicht nur dies änderte sich im Krieg, denn die Kriegervereine mussten mit der Mobilmachung, die erst 1913 75.000 von der Armee erhaltenen, älteren Infanteriegewehre und nahezu 6 Millionen scharfe Patronen, dem Kriegsministerium unverzüglich zurückgeben. Sie wurden zur Ausbildung der vielen Freiwilligen in den Kasernen gebraucht.

Auch die „alten Greifswalder Krieger“ unter Vorsitz von Gerhard Otto machten sich damit für die Jugend attraktiv und das wiederum ließ die Mitgliederzahl steigen. Nein, vergangene Kriege und Schlachten waren nicht vergessen in den Köpfen - hauptsächlich in der männlichen Gesellschaft.

Und welche Stellung nahmen die Frauen ein? In England warf sich 1913 die Suffragette[5] Emily Davison in Epsom vor das Rennpferd des Königs, im Kampf um die rechtliche Gleichstellung der Frauen. Darüber amüsierte sich die deutsche Gesellschaft und verhöhnte den handfesten Kampf der Suffragetten, worüber auch Greifswalder Zeitungen berichteten. Die bürgerliche deutsche Frauenbewegung setzte dagegen auf soziale und politische Reformen.

Währenddessen sich in den Reihen der deutschen Frauen eine neue Art von Rebellion entwickelte gegen gesellschaftliche Tradition und Konvention. Die Frauen verweigerten das unkontrollierbare Kinderkriegen, es überforderte ihre körperlichen und psychischen Kräfte, was insbesondere von Ärztinnen problematisiert wurde. Etwa von 1900 bis 1910 stieg die Bevölkerungsmenge im deutschen Kaiserreich hauptsächlich durch den Geburtenüberschuss von 56,4 Mill. auf 64,9 Mill. Menschen.

Die Frauen der unmittelbaren Vorkriegszeit bekannten sich mit viel Mut zur Veränderung ihrer Liebes- und Sexualbeziehungen, zur Schwangerschaftsverhütung und modernen Familienplanung. Dabei spielte die Werbung in den Zeitungen eine wichtige Rolle. Viele Geschäfte, wie Apotheken, Friseure, Drogerien, boten Verhütungsmittel insbesondere für Frauen an. Firmenvertreter suchten junge Familien zu Hause auf, um sie über moderne Schwangerschaftsverhütung zu beraten oder schalteten in den Zeitungen Anzeigen.

Die Anzahl der Geburten blieb 1913 hinter den Erwartungen der Gesellschaft zurück. Es setzte sich die Tendenz auf die Kleinfamilie mit 2 Kindern fort, die etwa 1910 einsetzte und welche die große deutsche „Militärreserve“ an späteren jungen Männern gefährdete. Den „Hochmut“ der jungen Frauen wiederum kritisierte die deutsche Gesellschaft und forderte die Beibehaltung der 4-6-Kind Ehe und mehr.

Die moderne Familienplanung bewirkte einen Geburtenrückgang. Noch 1898 registrierte das Greifswalder Standesamt 832 Geburten, gegenüber 609 Verstorbenen. Nach der Volkszählung vom 5. Dezember 1917 waren ortsanwesend im Stadtkreis Greifswald insgesamt 3061 Personen, die hier im Zeitraum von 1906 bis 1911 geboren wurden (demzufolge im Durchschnitt etwa 500 Geburten im Jahr, ohne Einrechnung von Totgeburten und Verzug), dann aus dem Jahr 1912 507, von 1913 479, von 1914 483, aus 1915 394, aus 1916 351 und im Jahr 1917 325 Kinder.[6]

> Beschränkung der Kinderzahl wird immer mehr üblich … Dabei ist deutlich zu bemerken, dass die weniger bemittelten Kreise bis in die arbeitende Bevölkerung hinein den wohlhabenden Ständen das sogenannte Zweikindersystem nachmachen. Desöfteren stößt man auf spontane Äußerungen von Dienstmädchen, Verkäuferinnen, Fabrikarbeitern männlichen und weiblichen Geschlechts usw.: Ich will nur höchstens 2 Kinder haben, wenn die Reichen es so machen, können wir es auch.
>
> Ich will nicht mehr Kinder in die Welt setzen, als ich auch wirklich gut ernähren und erziehen kann. Die Kinder sollen es mal besser haben."
>
> Königlicher Kreisarzt, Stralsund, den 25. September 1912.
>
> Königlicher Kreisarzt, Greifswald, den 12. Oktober 1912.[7]

Schon damals sahen die Kreisärzte die „Überwachung des Verkehrs mit Antikonzeption erfindenden Mitteln ebenso notwendig wie das Verbot, die standesamtlich gemeldeten Geburten öffentlich bekannt zu geben." Tatsächlich erschien im Krieg ein Korpsbefehl in dieser Richtung. Ab Mitte Februar 1915 endeten in der Greifswalder Zeitung die Geburtenanzeigen mit genauer Angabe der Hausadresse und die Werbung für Schwangerschaftsverhütungsmittel fand ein generelles Verbot.

Und die Jugend? Die sozialdemokratische Jugend hielt sich fern vom Feierjubel 1913. Auch die „Freideutsche Jugend" setzte mit dem Treffen auf dem Hohen Meissner[8] ein Zeichen. Ein Vertreter und Förderer, Wyneken, warnte auf dem Meißner vor einem Waffengang. Noch kurz vor Kriegsbeginn telegrafierten führende Männer der Jugendbewegung an den Kaiser, er möge nichts unversucht lassen, dass „entsetzliche, menschenunwürdige Verhängnis eines europäischen Krieges" abzuwenden.

Nicht wenige Menschen waren durch die angespannte politische Weltlage beunruhigt, so dass sich Ängste und Sorgen vor einem neuen Krieg verbreiteten. Bereits längere Zeit brodelte es unter den europäischen Ländern wieder.

Für den Frieden auf dem Balkan[9] trat die pommersche Arbeiterschaft ein, am 24. November 1912 protestierte sie schon mit Versammlungen in Stralsund, Stettin und Bredow gegen den Ausbruch des Balkankrieges.

Die aktuellen Meldungen in den Greifswalder Zeitungen über den Kriegsschauplatz brachten Unruhe in die Stadt und führten bisweilen zu chaotischen Handlungen. Nach Kurseinbrüchen oder Ankündigung von erhöhten staatlichen Militärausgaben rannten die Menschen schon 1912/13 auf die Sparkasse, um ihr Geld abzuholen. Sie glaubten, dass der Sparstrumpf in den eigenen vier Wänden sicher und unantastbar sei.

Auch darin irrten die Leute, gegen Finanzkrisen, damals wie heute, ist kein Kraut gewachsen. In diesen schwierigen Zeiten half nur eins, die Menschen mussten informiert und aufgeklärt werden. In öffentlichen Versammlungen der Sozialdemokraten, der evangelischen Arbeitervereine, in den Bürger- oder Gewerbevereinen, wurde über politische Ursachen und wirtschaftliche Auswirkungen gesprochen. Mit den öffentlichen Bekanntmachungen und Kommentaren der Tageszeitungen erhielten die Leute über den Gang der aktuellen Ereignisse Informationen, denn Ruhe und Ordnung waren notwendig für ein funktionierendes Kaiserreich.

Doch es half nichts, die Welt blieb unruhig, Kerneuropa rüstet auf. Deutschland nahm die größte Heeresvergrößerung (Wehrbeitrag) seit 1871 in Angriff. Russland steigerte die Friedensstärke seiner Landstreitkräfte von 1,2 Millionen auf 1,4 Millionen Mann. Frankreich erhöhte die Militärdienstzeit von 2 auf 3 Jahre und stockte die Armee auf 750.000 Mann auf. England hatte bereits bis 1912 einen großen Teil seiner Seestreitkräfte in die Nordsee verlegt.

Längst hatten sich die Leute mit den wirtschaftlichen Auswirkungen auf das Alltagsleben auseinanderzusetzen. Schleichend oder sporadisch, traten Ernährungsengpässe, z. B. in der Fleischbeschaffung, ein. Herbst 1912 standen die Arbeiterfrauen stundenlang, sogar in den Nachtstunden, vor der Freibank, um für die sauer verdienten Groschen ein Stück schwindsüchtiger Kuh, einen Rest alter Schindmähre zu erstehen. Oder die Milchprodukte wurden teurer, weil der Absatz in die bisherigen Märkte nicht mehr gesichert war. Die Magistrate von Greifswald, Triebsees und Grimmen orderten im Herbst 1912 Lieferungen von Nordseefischen an, welche preiswert an die Bürgerschaft abgegeben wurden. Brot und andere Backwaren verteuerten sich zunehmend, das Bäckerhandwerk klagte über die zu hohen Kornpreise usw.

Andererseits präsentierte sich Greifswald sich als eine pulsierende, mittelgroße, preußische Universitäts-, Garnisons- und Beamtenstadt und hatte nach der Jahrhundertwende einen wirtschaftlichen und kulturellen Aufschwung genommen.

Preußens älteste Universität, das Aushängeschild, erfreute sich großer Beliebtheit. In den letzten Jahrzehnten verzeichnete sie ansteigende Besucherzahlen. Von 185 Immatrikulierten im Jahre 1826 stieg die Frequenz auf 300 (1.859), 400 (1.865), 500 (1.871) und 1097 (1.887) an. Im Wintersemester 1913/14 zählte die Alma Mater 1.250 immatrikulierte Studierende, darunter 72 Frauen, und außerdem 149 Hörer, darunter 49 Frauen, so dass im Ganzen 1.278 Männer und 121 Frauen studierten. Der Studienbesuch konnte sich mit gleichrangigen Einrichtungen im Kaiserreich messen.

Die städtische Urbanisierung schritt voran und nahm moderne Formen an. Anfang des 20. Jahrhunderts entstanden großzügig bebaute Straßen für die wohlhabende Bürgerschaft. Nach 1910 wurden jährlich etwa 35 Wohnhäuser mit je vier Wohnungen gebaut. Vom 1. Januar bis 30. November 1913 entstanden 38 neue Wohnungsgebäude, so dass nunmehr 1.982 Wohnhäuser vorhanden waren. Rasch stieg die Einwohnerzahl an. Am 30. November 1913 betrug sie 26.706 Personen (1900: 23000 Einwohner).

Magistrat und Bürgerschaftliches Kollegium beabsichtigten 1913 die Universitäts-Güter Ladebow und Eldena, oder wenigstens den beiderseits der Chaussee Greifswald-Eldena gelegenen Teil von Eldena, anzukaufen, um auf diesem Terrain neue Wohnviertel, besonders Eigentumshaus- und Villenkolonien erstehen zu lassen und

Promenadenwege anzulegen. Greifswald und Eldena sollten durch eine Straßenbahn verbunden werden.

Die Verstaatlichung des Gymnasiums mit Realschule erfolgte zum 1. April 1913.

Das stadteigene Elektrizitätswerk schloss sich ab 1. April der Überlandzentrale Stralsund an; die Stromlieferung steigerte sich von 502.404 Kilowattstunden im Jahr 1911 auf 780.543 KW im Jahr 1913. Damit verbesserte sich die Versorgung der Betriebe und Haus- und Wohnungseigentümer mit elektrischem Strom.

Am 26. Oktober konnte das Krematorium als erste Feuerbestattungseinrichtung der Provinz Pommern der Bestimmung übergeben werden. Bis zum Kriegsbeginn fanden 24 Einäscherungen statt.

Im Herbst 1913 fand die Grundsteinlegung für die Akademische Turnhalle statt.

Die Stadtväter sahen sich veranlasst kommunale Eigenständigkeit zu erwerben. Am 1. April 1913 schied die Stadt aus dem Landkreis Greifswald aus und bildete einen eigenen Stadtkreis.

Auch auf der Straße ging es nun moderner zu. Drei „Autodroschken“ im Stadtverkehr boten seit 1913 den alten Pferdekutschen Konkurrenz.

Vor dem Krieg erschien die Stadt als eine riesige Baustelle, an vielen Stellen der Stadt wurde kräftig „gewerkelt“. Lastenkähne beförderten auf dem Wasserweg vom 1. August 1913 bis zum 15. November insgesamt 5.517.500 Stück Mauersteine. Die mit viel Elan begonnenen öffentlichen Bauvorhaben, insbesondere die neue Stadthalle[10] mit Theater[11], die Errichtung der 18-klassigen Knabenvolksschule mit Turnhalle an der Bleichstraße mit einem Kostenaufwand von 250.000 Mark, das Wasserwerk[12] und die Kanalisation[13], gerieten schon kurz vor Kriegsausbruch ins Stocken. Nach dem der Kanalisationsbau im Jahr 1915 endlich abgeschlossen werden konnte, verzeichnete der Magistrat Anfang 1917 noch 478 unangeschlossene Hausbesitzer. Unter ihnen befanden sich überwiegend Kleinvermieter (Handwerker, Arbeiter und Witwen) mit Studentenwohnungen, deren Studenten an den Fronten kämpften und somit die Miete nicht mehr zahlten. Für diese Eigentümer fuhr wie ehedem der Fäkalienwagen mit den Kübeln durch die Stadt.

Für die Stadthalle war von Anfang an die eingesetzte Bausumme mit 633.000 Mark sehr eng bemessen worden. Die ausführenden Architekten Iwan und Threde konnten heimische Baufirmen und Handwerksbetriebe bei den Ausschreibungen nicht berücksichtigen, weil deren Angebote zu teuer ausfielen. An deren Stelle bauten an der Stadthalle auswärtige Firmen mit „billigen" italienischen Gastarbeitern, die in Bürgerwohnungen quartierten.

Doch das pulsierende Leben der Boddenstadt glich einem Schein, der trübte. Ein Großteil der Bevölkerung wurde vom Aufschwung und Wohlstand ausgeschlossen. In Greifswald fehlte die große Industrie für genügend und lohnende Arbeit. Der überwiegende Teil der körperlich arbeitenden Beschäftigten musste sich mit weniger Lohn als in anderen vergleichbaren pommerschen Städten abfinden. Der ortsübliche Tageslohn für männliche Arbeiter mit 2,80 Mark lag unter dem von Stralsund, Frauen verdienten noch weniger.

Die Steuerkraft nach Einkommen schwächelte und nahm in den Kriegsjahren weiter ab. Ende 1916 registrierte die Einkommenssteuerveranlagung überhaupt nur 7.260 Personen. Von diesen erzielten 680 Gehaltsempfänger ein Jahreseinkommen von 3.000 bis 10.500 Mark, sie galten als gute Verdiener, also mittlere und höhere Angestellte oder Beamte, davon wiederum 2 Personen mit über 10.500 Mark. Zur Weltkriegszeit war unter den Steuerzahlern jeder 7.-8. ein Beamter.

Im unteren Bereich (420-900 Mark) lagen die männlichen Arbeiter und die Masse der Lohnsteuerzahler bildete der Niedrig-Lohnsektor von 240-340 Mark (Dienstboten, Gelegenheitsarbeiter, Kriegerfrauen mit geringer Beschäftigung). Noch darunter existierte die Schicht der Minderbemittelten, die keine Steuern mehr zahlen brauchten. Mit Rücksicht auf die wirtschaftliche Not galten 1914-16 als Minderbemittelte Personen mit einem Jahreseinkommen bis 52 Mark, ab 1917 auf Grund der erteilten Zulagen bis 92 Mark. Ab Null-Verdienst setzte traditionell die Armenfürsorge ein.

Unter den 5 Stadtkreisen Pommerns (Stargard, Stettin, Stolp, Stralsund und Greifswald) platzierte sich die Einkommenssteuerkraft Greifswalds per 3. Dezember 1917 an die letzte Stelle. Bei der Gewerbesteuereinnahme für Handwerk und Handel erreichte Greifswald über 50 Prozent weniger als Stralsund und zur Betriebssteuer (Industrie) lag die Boddenstadt unter 50 Prozent zu Stralsund.

Einzig in der Gebäudesteuerveranlagung hielt Greifswald mit vergleichbaren pommerschen Städten mit und nahm bei der Grundsteuereinnahme sogar die Spitzenposition ein.

Unterm Strich eine Stadt mit schönem Antlitz und solidem öffentlichen und privaten immobilen Vermögen, jedoch auch eine Kommune mit geringer Kaufkraft ihrer Einwohner.

Die evangelische Kirche Preußens ließ im Mai 1914 das allgemeine (Heeres)Gebet erneuern:

> Gott beschütze das königliche Kriegsheer und die gesamte deutsche Kriegsmacht zu Lande und zu Wasser, in Sonderheit die Schiffe und die Luftfahrzeuge, die auf Fahrt sind.

Kein Wunder, wenn unmittelbar vor Kriegsbeginn mehr oder minder in allen sozialen Schichten Militarismus und Nationalismus zunahmen. Ein politischer Gegenwind, insbesondere aus den Reihen der SPD[14] und der Gewerkschaften, wurde oft übertönt von der Macht der mitlaufenden Masse. Die SPD kämpfte hartnäckig, doch die Versammlungen über aktuelle politische Tagesfragen waren ernüchternd. Der Greifswalder Arbeitersekretär Schacht resümierte im Anschluss einer solchen Veranstaltung in Barth: „Eine Diskussion wurde nicht beliebt".

Dennoch ließen es sich die Greifswalder SPD-Mitglieder nicht nehmen am 1. Mai 1914 den 25. Jahrestag der Maifeier feierlich zu begehen. Aus der 26000-Einwohnerstadt Greifswald feierte eine kleine Gruppe den 1. Mai:

> Etwa 300 Genossen und Genossinnen hatten sich in Greifswald zusammengefunden, welche für den Weltfeiertag demonstrierten. Genosse Wilhelm Groth aus Stettin legte in einstündiger, gut durchdachter Rede die Maigedanken klar. Redner erntete am Schluss seiner Ausführungen lebhaften Beifall. Nach der Versammlung fand ein Tanzkränzchen statt, welches die Teilnehmer noch längerer Zeit zusammenhielt.[15]

Trotz der „Roten Woche", der großen Mitgliederwerbung im 1. Halbjahr 1914, ruhte die politische Kraft der Provinzgenossen im

Wahlkreis Greifswald-Grimmen nur auf 637 Schultern, per 1. April 1914, und die Mitgliederzahl ging noch leicht zurück.[16]

Das politische Klima in der Stadtgesellschaft am Bodden zeigte sich Frühjahr 1914 konservativ und nationalliberal und wurde von einem Bekenntnis zu „Staat und Militär“ beherrscht. In der Sitzung des Bürgerschaftlichen Kollegiums Mitte Mai 1914 sollte das Pro in einer Debatte um den Bau des neuen „Stadthauses“ deutlich zum Ausdruck kommen. Ein vom Magistrat ausgearbeitete Pachtvertrag untersagte in einer Klausel dem Mieter:

> Organisationen und Vereinen mit staatsfeindlichen Tendenzen die Agitation im Stadthaus betreiben zu lassen. Entstehen Zweifel in dieser Beziehung, so ist vom Mieter die Genehmigung des Magistrats einzuholen.[17]

Darauf interpretieren die vier gewählten Sozialdemokraten diese Klausel als einen generellen Angriff auf die Arbeiterschaft, die von der Kultur ausgeschlossen werden sollte. Der Einwand fand natürlich kein Gehör. Die Mehrheit der Stadtvertreter wollte den Offizieren der Garnison keineswegs zumuten, in einem Haus der linken „Volksversammlungen“ ein- und ausgehen zu müssen.

Auch die Universität richtete sich konservativ aus. Eine Recherche der (damaligen) Bücher-Kataloge der Universität lässt zum geistigen Klima der Alma Mater ähnliche Schlüsse zu, beispielsweise zu Berta von Suttner, 1905 erste Friedensnobelpreisträgerin, gleich Fehlanzeige.

> Das ist also die Berta von Suttner. Ich hab‘ mal von ihr gehört; im Kasino wurde einmal von ihr erzählt. War zum Schreien. Hat ja wohl Bücher darüber geschrieben, daß der Krieg verboten werden sollte; Hab‘ auch mal so‘n Buch in der Hand gehabt; heißt ja woll ‘Die Waffen nieder’ oder so ähnlich. Ist mal auf Schlachtfeldern herumgebummelt und hat sich furchtbar darüber gewundert, daß sie dann da auch Verwundete zu sehen gekriegt hat, denen es dreckig ging. Und nun hat sie allerlei Bücher gegen den Krieg geschrieben. Der Generalstab wird sich dadurch wohl nicht stören lassen.[18]

Mit der politischen und militärischen Zuspitzung der Kriegsgefahr im Juli 1914 wurde auch in Pommern der Krieg ein aktuelles Thema in den Volksversammlungen in Stralsund und Stettin am 30. Juli 1914 - das waren nur einige Stunden unmittelbar vor Kriegsbeginn.

Markt um 1900

Anmerkungen:

1) Spangenberger, S.: Für Stadt und Land, Nr. 1/ 1915, S. 5. Beilage der Greifswalder Zeitung.
2) Landesarchiv Greifswald: Rep. 60, Oberpräsident, Sammlung der Briefe u. Tagebücher aus Kriegszeiten 1911-1916, Nr. 2781, Bl. 8.
3) Patriotischer Gedenktag im Deutschen Kaiserreich (1871–1918), erinnerte an die Kapitulation der französischen Armee im Deutsch-Französischen Krieg am 2. September 1870 nach der Schlacht bei Sedan.
4) Entstand im Jahr 1900 aus dem ständigen Ausschuss der vereinten deutschen Kriegerverbände für die Verwaltung des Kaiser-Wilhelm-Denkmals auf dem Kyffhäuser und wirkte als Dachverband deutscher Kriegervereine.
5) Anfang des 20. Jahrhunderts mehr oder weniger organisierte Frauenbewegung in Großbritannien und den Vereinigten Staaten mit passiven und aktiven Aktionen für das Frauenwahlrecht.
6) Siehe „Hauptergebnisse der Volkszählung im deutschen Reich am 5. Dezember 1917". Berlin 1918. Im Monat Oktober 1919 wurden in Greifswald 101 Kinder geboren.
7) Landesarchiv Greifswald: Rep.65c, Regierung Stralsund, Nr. 2311: Die medizinischen Zeitungen und Schriften. Bl. 8-15. Die Tendenz setzte sich im Krieg fort: Im Universitätsjahr 1914/15 verzeichnete die Frauenklinik 354 Klinikgeburten, 1915/16 kamen lediglich 283 Kinder zur Welt. Vgl.: Chronik der Königlichen Universität Greifswald für das Jahr 1915/16: S. 32.

8) Freideutscher Jugendtag vom 11. und 12. Oktobers 1913 auf dem östlich von Hessisch Lichtenau (Nordhessen) gelegenen Hohen Meißner mit 2.000 bis 3.000 Teilnehmern.

9) Auf dem Balkan wollten die zu Ende des 19. Jahrhunderts entstandenen Staaten ihr Territorium auf Kosten des osmanischen Reiches vergrößern, zwischen 1912 und 1913 kam es zu zwei Kriegen. In diese Konflikte wurden durch das Bündnissystem alle europäischen Großmächte einbezogen: Russland ab 1907 mit Frankreich und Großbritannien (Triple-Entente) verbündet, unterstützte als Schutzmacht Serbiens dessen territoriale Ansprüche, die sich unter anderem gegen das von Österreich-Ungarn annektierte Bosnien und die Herzegowina richteten. Durch das Bündnis mit Österreich-Ungarn war indirekt auch das Deutsche Reich von den Konflikten auf dem Balkan betroffen. Die wiederholten Krisen festigten die bestehenden Bündnisse und verstärkten bei den politischen und militärischen Entscheidungsträgern den Eindruck, dass ein Krieg in der Zukunft unausweichlich sein.

Auch aus Übersee kamen keine guten Nachrichten. Vom 21. April bis zum 23. November 1914 besetzten Streitkräfte der USA die Stadt Veracruz und ihren Hafen am Golf von Mexiko. Die militärische Intervention im bürgerkriegszerrütteten Mexiko erfolgte im Zuge der Kanonenbootpolitik der USA. Die US-Truppen erlitten an Verlusten 22 tote und 75 verwundete Soldaten. Auf mexikanischer Seite wurden 172 tote Soldaten getötet, außerdem starben Hunderte von Zivilisten.

10) Die Stadthalle als Gesellschaftshaus mit Restaurant, Tanzsaal wurde Ende 1914 bezogen und darauf der Platz vor dem neuen Gebäude von Rossmarkt in Hohenzollernplatz umbenannt.

11) Nach der Vernichtung der alten Spielstätte in der Kuhstraße im Jahre 1912 durch einen Brand, beschloss das Bürgerschaftliche Kollegium den Bau eines neuen Theaters, samt Stadthalle. Am 10. Oktober 1915 eröffnete das Theater seine erste Spielzeit.

12) Das Wasserwerk in Groß Schönwalde wurde 1914 fertig gestellt, der Anschluss an die bestehende Hochdruckleitung und ein erster Probebetrieb erfolgten in der Nacht vom 14. zum 15. März 1915.

13) Die Kanalisationsarbeiten für Brauch- und Regenwasser mit Pumpstation und Kläranlage begannen am 22. Februar 1914. Am 14. November 1914 konnte ein erster Teilabschnitt in Betrieb gehen, daran schlossen sich zunächst 105 Haushalte an.

14) Die Sozialdemokratische Partei Deutschlands (SPD) stand in strikter Opposition zu den Herrschaftsverhältnissen im Kaiserreich. Sie repräsentierte die wachsende Arbeiterschaft und stellte ab 1912 größte Fraktion im Reichstag. Sie kämpfte für die radikale Umgestaltung der politischen und wirtschaftlichen Ordnung, obwohl der steigende Wohlstand und der Ausbau der sozialen Sicherungssysteme die revolutionäre Energie der mitgliederstärksten Partei schwächten.

Die SPD in Pommern zählte am 1. April 1914 12428 Mitglieder (davon 2481 Frauen) in 91 Ortsvereinen. Die höchsten Mitgliederzahlen wiesen die Wahlkreise Randow-Greifenhagen (4299) und Stettin (3013) auf. Der Wahlkreis Greifswald-Grimmen mit 6 Ortsvereinen kam auf 637 SPD-Mitglieder, davon 77 Frauen.

15) Stralsunder Volkszeitung vom 4. Mai 1914.

16) Stralsunder Volkszeitung vom 15. Mai 1914.

17) Stralsunder Volkszeitung vom 15. Mai 1914.

18) Arndt, Walther: Die Trommel schlug zum Streite - historische Erzählung aus dem Kriegsjahr 1914. S. 15.

Bertha Sophia Felicita Freifrau von Suttner (geb. 9. Juni 1843 in Prag als Gräfin Kinsky von Wchinitz und Tettau; gest. 21. Juni 1914 in Wien) war eine österreichische Pazifistin, Friedensforscherin und Schriftstellerin. Sie erhielt 1905 als erste Frau den Friedensnobelpreis. Auf ihren eigenen, verfügten testamentarischen Wunsch, wurde ihr Leichnam nach Gotha überführt und dort im Krematorium verbrannt.

03 Auf zum Militär

Der gegenwärtige Krieg hat den sogenannten letzten Mann herangeholt; was nur eben tauglich war, musste in den Dienst innerhalb oder außerhalb unserer Grenzen.

**Die Daheimgebliebenen konnten von Aushebung zu Aushebung verfolgen, wie den Ganztauglichen nach und nach die Halbtauglichen folgten, bis nur sogenannte Untaugliche übrig blieben.
Unter diesen gab es eine große Anzahl äußerlich ganz ansehnlicher und strammer Leute, die ein inneres Leiden, meist ein Herzfehler, zum vaterländischen Dienste untauglich machte.[1]**

Die alljährliche Meldung zur Militärdienstpflicht[2] der Jahrgänge, die im Verlauf des nächsten Jahres das 20. Lebensjahr erreichten, wurde mit öffentlichen Bekanntmachungen in den Greifswalder Zeitungen angekündigt; das war seit Jahrzehnten so, auch Ende 1913, 1914, nur verjüngte sich im Krieg ab 1916 das Eintrittsalter auf das vollendete 17. Lebensjahr im Dezember des Vorjahres, durch die hohen Kriegsverluste wurde jede gesunde menschliche Reserve benötigt.

Vom 1. bis 15. Dezember 1913 mussten sich alle jungen Männer des Militäraushebungsbezirks Stadt-Greifswald aus dem Jahrgang 1894 im Polizeibüro Zimmer Nr. 10 auf dem Rathaus melden, um sich in die Stammrolle für den Militärdienst eintragen zu lassen. Wer der Aufforderung nach Paragraf 25 der Wehrordnung nicht folgte, dem wurden wegen Verletzung der Wehrpflicht eine Geldstrafe bis zu 30 Mark oder als Ersatz 3 Tage Haft angedroht. Auf die jungen Männer wurde von staatlicher Seite ein gewisser Druck ausgeübt, damit sie ihrer Militärpflicht an Vaterland und Kaiser nachkamen.

Dabei war der moralische Druck zu dieser Zeit kaum notwendig, weil Schlagworte wie Pflichtbewusstsein und Ehre zur Erziehung in der Wilhelminischen Zeit gehörten.

Die „Jung-Männer" Pommerns, wie sie genannt wurden, stiegen auf in die Kategorie der registrierten Militärpflichtigen in den Gemeinden. Das zivile „Rekrutengeschäft", hier arbeiteten Staat und Kommunen mit dem Militär eng zusammen, war in jeder Hinsicht nützlich, denn in kurzer Zeit wusste die deutsche Heeresleitung zumindest auf dem Papier, mit welchen Reserven sie pro Jahrgang pauschal rechnen konnten. Beispielsweise schrieben sich 1913 im gesamten Kaiserreich 587.888 junge Leute des Jahrgangs 1893 in die Stammrollen ein.

Die jungen Männer, aus den Handwerksbetrieben zum Beispiel, waren in der Zeit vor dem Krieg in Turnvereinen organisiert und sie sahen der Einschreibung in die Stammrolle neugierig entgegen.

Bis zum Weltkrieg waren die Pfade der Rekrutierung verschlungen und langwierig, es gab viele militär-bürokratische Formalitäten einzuhalten. So erfolgte nach der Stammrolle im März die persönliche Musterung auf physische und psychische Eignung hin, auf Gewicht, Körpergröße, Brustumfang, Sehschärfe und körperliche Fehler. Zur Musterung im Gesellschaftshaus „Zum Greif", Stralsunder Straße 10/11, wurden die jungen Männer angemahnt, mit „rein gewaschenem Körper und sauberer Kleidung" zu erscheinen.

Bei dem Musterungsgeschäft in Franzburg am 5. März 1914 beispielsweise kamen 80 junge Militärpflichtige zur Vorstellung, von denen 30 gesundheitlich für tauglich befunden wurden. Die geringe Tauglichkeitszahl ließ sich darauf zurückführen, dass sich unter allen Vorgestellten 36 Seminaristen befanden, zum größten Teil tauglich, aber wegen ihrer laufenden Lehrerausbildung zurückgestellt werden mussten, so verlangten es die vor dem Krieg noch „locker" angewandten Vorschriften.

Nach der Musterung entschied in Friedenszeiten eine Losnummer über den Zeitpunkt des aktiven Militärdienstantritts. Denn die Anzahl der gemusterten Diensttauglichen überstieg bei Weitem die Zahl derjenigen, die tatsächlich die Kasernen bezogen.

Jährlich zog das Kaiserreich etwa 280.000 neue Rekruten ein, über 60.000 mehr hätte es mitunter sein können.[3] Und so entschied über den Tag der Einberufung zunächst das Los und damit regierte für den Einzelnen oft der Zufall. Eine hohe Loszahl, die er am Ende der Musterung auf dem Losungsschein mit nach Hause nahm, schob die Soldatenzeit in weite Ferne.

Wen das Los aber sofort traf, für den begann im Oktober des Jahres der 2-3-jährige Wehrdienst als Kasernenrekrut im Militärbezirk des 2. Armeekorps (Pommern).

Und die Verabschiedungen zur Armee im Herbst erfolgten feierlich durch die Vereine und in der ganzen Stadt. Wie gesagt, die Einberufung war eine Ehre und Pflicht und dem wurde durch die Gemeinde ein öffentlicher feierlicher Ausdruck verliehen. Die Turnerschaften verabschiedeten ihre Jungs würdig und veranstalteten für sie einen geselligen Abend, wo ältere Redner von Stolz und Ehre der Jugend und von der Pflicht an Vaterland und Kaiser sprachen. Im Greifswalder Turnverein war es alte Tradition den Rekruten Pfeifen und Tabak mit auf den Weg zu geben.

Der vorpommersche Turngau 3 a mit seinen 7 Turngauen hatte seine Mitglieder für den aktiven Einsatz vorbereitet.

Per 1. Januar 1915, trugen aus dem Gau mit 3.720 männlichen und 209 weiblichen Mitgliedern, bereits 1.260 Turner des „Königs Rock“. Bis zum 1. April 1918 waren 1027 Turner gefallen.

Die Universitätsstadt Greifswald ging in der pommerschen Turnbewegung seit Jahren allen anderen Städten voran. Hier wirkten mit dem Turnerbund v. 1860, dem Greifswalder Turnverein und dem Akademischen Turnverein (ATV) gleich drei mitgliederstarke Organisationen[4] Sport stählte den Körper und machte die jungen

Männer fit für den kommenden Drill in den Kasernen und besonders für lange Märsche im Krieg.

Und diese Strapazen spürten mit Kriegsbeginn auch sofort auf die Greifswalder Soldaten zu. Am 14. August 1914 überschritten das 2. und 3. Bataillon des IR 42 die belgische Grenze:

> Glühend brannte die Sonne auf die endlose Marschkolonne. Dicht lastete der Staub über den Marschierenden und immer bergauf, bergab, bergauf. Und weiter, immer weiter! Bei Gemmenich ging es mit brausendem Hurra über die Grenze. Das viele noch ungewohnte, schwere Gepäck drückte; die neuen Stiefel und Uniformen waren unbequem, doch keiner baute ab. Manch einer hat in jenen heißen Vormarschtagen in vorbildlicher Kameradschaft zwei Tornister geschleppt ... Am Abend wurde endlich nach fast 50 km langem Marsch bei sengender Hochsommersonne Aux Saules erreicht.[5]

In der Tat begann zu Friedenszeiten für die Männer im Oktober ein neuer Lebensabschnitt, kaum einer von den Jungen wusste wohl um die realen Veränderungen und Anforderungen, so verbrachten sie die Zeit bis zum Auszug, so wie junge Leute es zu tun pflegten, sehr ausgelassen und zügellos. Die alljährlichen Herbstfeste gaben beste Gelegenheit den bevorstehenden Abschied lange bis in die Nacht hinauszuzögern. Nicht nur dies, gelegentlich zogen die jungen Rekruten in Gruppen von Haus zu Haus und zogen den gutmütigen Leuten Essen und Geld aus der Tasche. Natürlich klagte die Bürgerschaft gelegentlich darüber, doch war es Jahr für Jahr dasselbe ungezügelte jugendliche Spektakel, jedenfalls bis Oktober 1913. Mit Kriegsbeginn, August 1914, wurde so ein wildes Benehmen nicht mehr geduldet, die Polizei verbot es. Dem „Umherflirten von jugendlichen Personen beiderlei Geschlechts“ nach 21 Uhr auf den Straßen wurde ein Ende bereitet.

Der Herbst 1913 sorgte bei den Rekruten für einen besonderen Anreiz. Zum 1. Oktober wurde die tägliche Löhnung von 22 auf 30 Pfennig erhöht, zum ersten Mal erhielten sie beim Löhnungsappel statt 2,20 Mark 3 Mark und die Gefreiten füllten den Brustbeutel mit 3,50 Mark.

Bis 1918, also fünf Jahre später, da hatten sich die Verhältnisse für die jungen Rekruten gravierend verändert.

Die jungen Kriegsanwärter der Jahre 1914-18 wuchsen gerade in den wichtigsten Jahren ihrer physischen und geistigen Entwicklung unter schwierigen Kriegsverhältnissen heran. In der Ernährung waren sie schlechter gestellt als ihre Altersgenossen vor dem Krieg. Viele durchlebten das Unglück und die Schwere des Lebens durch Verlust und Tod des Vaters, von Brüdern oder Freunden. Sie lernten mit unzufriedener Kritik im öffentlichen und in ihrem privaten Leben umzugehen und standen womöglich schon selbst frühreif im Chor der Beschwerdeführer. Andererseits genoss ein großer Teil vermöge der kriegswirtschaftlich bedingten hohen Löhne und Gehälter die Freuden des Lebens mehr, als es ihrem jugendlichen Alter dienlich und angemessen war.

Mit dem Januar 1914 und nicht erst mit dem 1. August 1914, erhöhte sich der Arbeitsaufwand für die „Königliche Ersatzkommission“ Greifswalds enorm. Die Kommission nahm 1914 1.095 Termine war und kontrollierte 5.263 Militärpflichtige aus den alphabetischen Vorstellungslisten. Die militärischen Regularien veränderten, verschärften sich. Bei der Militärmusterung wechselte die medizinische Tauglichkeitsbewertung von bisher einer Stufe auf zwei. Stufe I bedeutete tauglich, sofort rekrutierungsfähig und Stufe 2, ebenfalls tauglich, aber erst in Aussicht, zeitweise Zurückstellung und Nachmusterung.[5]

Apropos Nachmusterungen, das Militär brauchte jeden Soldaten. Schon im Mai 1914 sprach man im Kaiserreich von einer Aufstockung der auszubildenden Soldatenzahl auf das Mehrfache. Von Januar bis Juni 1914 beorderte die „Königliche Ersatzkommission" des Aushebungsbezirks vom Stadtkreis Greifswald viele Wehrpflichtige zur erneuten Musterung, die von 1912 an, aus gesundheitlichen Gründen zurückgestellt, ausgemustert oder aus dem aktiven Wehrdienst vorzeitig entlassenen worden waren. Die meisten Kandidaten erhielten nach erneuter ärztlicher Begutachtung nun die Truppendiensttauglichkeit zu gesprochen, wenige schrieben die Militärärzte bedingt tauglich und noch weniger entließen sie aus der Wehrpflicht.[6] Für das Jahr 1914 mussten sich 784 Greifswalder militärpflichtige Männer zur Musterung einfinden und ebenso bekamen 784 Männer einen Termin zur tatsächlichen Aushebung an die Garnisonen, für endgültige Entscheidungen bzw. (eventuellen) Ausmusterungen.

Das Losungssystem verlor im Krieg seine Bedeutung und wurde schließlich durch den hohen Bedarf an Soldaten immer weiter eingeschränkt. Für das Jahr 1914 teilte die „Königliche Ersatzkommission" für den Stadtkreis Greifswald 204 Losungsscheine aus, 1915 reduzierte sich die Zahl auf 164. An Reklamationen (Rückstellungsgesuche) wurden im Jahr 1914 geprüft und entschieden 1525, im Verlauf des Jahres 1915 lediglich noch 104.

Im Krieg erfolgte die Einberufung der jungen Rekruten und der älteren Landwehrmänner in die Garnisonen Woche für Woche, wie eben die erweiterten bzw. neu gebauten Garnisonsgebäude bezogen werden konnten oder wie die alten Kasernen von den an die Fronten ausgezogenen Einheiten leer gezogen waren.

Gegen einen Kriegseinsatz gab es nur noch wenige akzeptierbare gesundheitliche Gründe. Durch das 1915 vom Reichstag verabschiedete „Gesetz zur Abänderung des Reichsmilitärgesetzes sowie des Gesetzes, betreffend Änderungen der Wehrpflicht, vom 11. Februar 1888“ wurde die nochmalige Musterung der früher dauernd untauglich befundenen Wehrpflichtigen im Krieg legitimiert. Die Militärärzte waren angehalten strenge Maßstäbe für gesundheitliche Entlassungsgründe aus der Wehrdienstpflicht anzulegen:

> Dass sich häufig Mannschaften unter Angabe schwer zu kontrollierenden Erkrankungen, wie Rheumatismus, Herzleiden und so weiter dem Dienst an der Front entziehen. Die Truppenärzte müssen in dieser Beziehung unbedingt einen strengen Maßstab anlegen. Besonders eindringlicher Hinweise wird es bedürfen bei den Reserve-, Landwehr- und Landsturmtruppenteilen, bei denen Militärärzte des Beurlaubtenstandes, die zum Teil zu weniger militärische Auffassung neigen, den Sanitätsdienst versehen. Gezeichnet von Falkenhayn, Großes Hauptquartier den 11. August 1915.[7]

Für jedermann gab es für den Kriegsdienst Einsatzmöglichkeiten, für „kampfunfähige“ Männer führte das Kriegsministerium zusätzlich die Einstufungen gv (garnisonsverwendungsfähig) und av (arbeitsverwendungsfähig) ein. Sie waren nur vom direkten Gefechtsdienst (kriegsverwendungsfähig = kv) befreit, konnten aber als

Burschen, Ordonanzen, Schreiber, Köche, Handwerker, Trainpersonal, Wachmannschaften usw. ebenso in vorderster Linie eingesetzt werden.

Im Weltkrieg 1914-18 wurden so viele deutsche Männer für den Dienst im Heer rekrutiert wie nie zuvor. Für Deutschland kämpften 13,3 Millionen Männer. Dazu waren im letzten Kriegsjahr 1918 rund 2,5 Millionen waffenfähige Männer in der heimatlichen Kriegsindustrie tätig. Insgesamt wird die Zahl der Soldaten aus allen beteiligten Ländern im „Großen Krieg" auf etwa 70 Millionen geschätzt.

Den Hinterbliebenen von deutschen Gefallenen standen „Gnadenlöhnung", Weiterzahlung von einer Monats-Löhnung, Kriegerwitwengeld bzw. Waisengeld oder Kriegselterngeld zu.

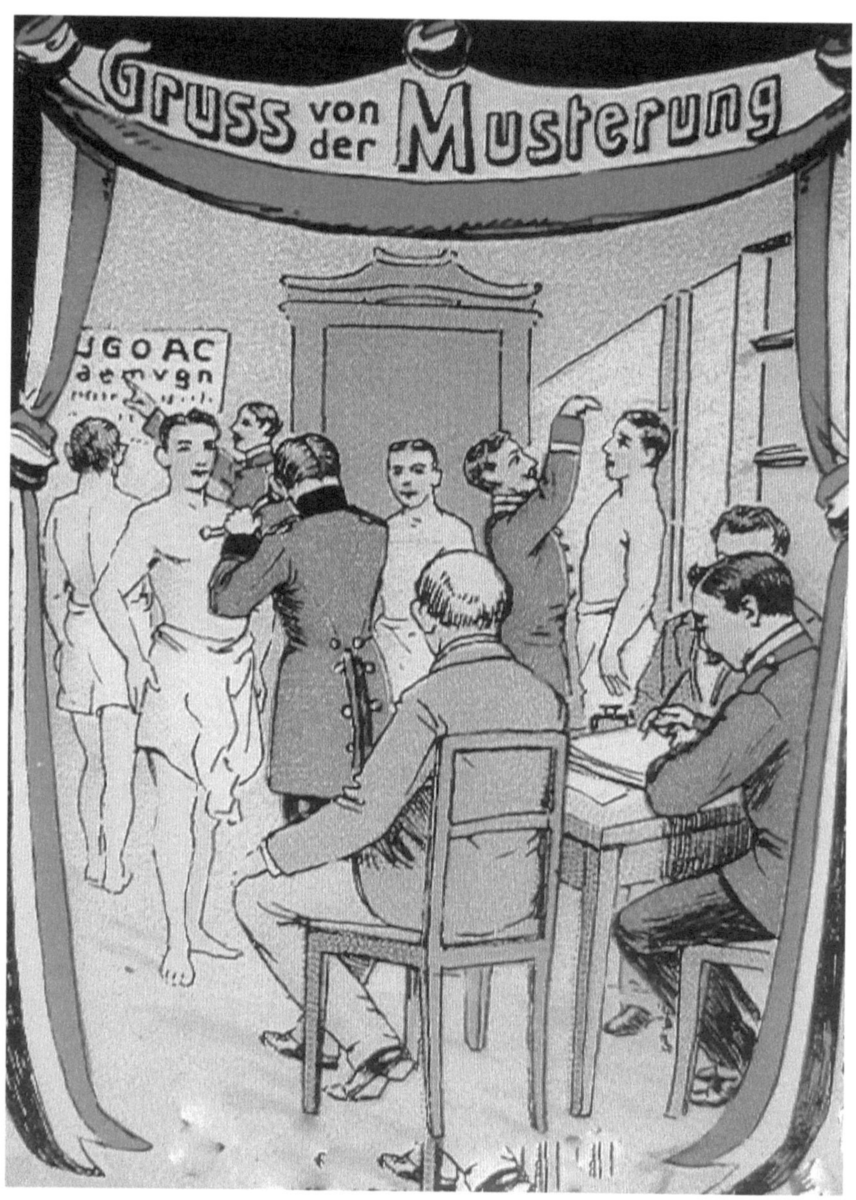
Gruss von der Musterung
UGOAC
aemvgn

Das Üben der Ehrenbezeigung. — Phot. Berl. Ill.-Ges.

Anmerkungen:

1) Winter, Wilhelm: Der Weltkrieg und die Leibesübungen: freie Bahn für deutsches Turnen, Spiel und ..., 1916 S. 1.

2) Wehrpflicht: Jeder männliche Deutsche war vom vollendeten 17. bis zum vollendeten 45. Lebensjahr wehrpflichtig und konnte vom 20. bis zum 39. Lebensjahr zum aktiven Militärdienst im Heer und in der Marine herangezogen werden. Die Dienstpflicht teilte sich in:

1. aktive Dienstpflicht (2 Jahre, aber bei Kavallerie, reitende Artillerie und Marine 3 Jahre),
2. danach Übernahme in die Reservepflicht (5 bzw. 4 Jahre),
3. Landwehrpflicht, ebenso Seewehrpflicht (3-5 Jahre),
4. Ersatzreservepflicht (12 Jahre).

Nach den Reservepflichtjahren erfolgte der Übergang zur Landwehr/Landsturm. Zum Landsturm gehörten damit alle Deutschen von 17 bis 45 Jahren (vollendet), welche zum Zeitpunkt nicht im Heer oder bei der Marine dienten.

3) Vgl. Reichskanzler Dr. von Bethmann-Hollweg auf der 133. Sitzung am 7. April 1913. Hauptgründe waren nicht ausreichende Unterkünfte (Kasernen) und fehlende Ausbilder (Unteroffiziere).

Am 5. Mai 1914 informierte der Kriegsminister im Reichstag, dass im Jahr 1913 aus verschiedensten Gründen 38.000 als dienstfähig gemusterte junge Männer nicht einberufen werden konnten und somit nicht ausgebildet sind. Die Anzahl entsprach etwa der Größe eines Armeekorps. In: Der Weltkrieg 1914 bis 1918. Bearb. im Reichsarchiv Potsdam: Kriegsrüstung und Kriegswirtschaft, Berlin 1930, Teil 1: S. 193.

4) Der Greifswalder „Turnerbund von 1860" mit Zöglingsabteilung, Altersriege, Spielabteilung und Frauenabteilung, zählte Ende 1914 297 Mitglieder, von denen am Jahresende 119 im Heer standen. Bis

Anfang 1918 erhöhte sich die Zahl der Kriegsteilnehmer auf 170, den Heldentod starben 5.

Der „Greifswalder Turnverein“, gegründet 19. Juni 1860, hatte per 31. Dezember 1914 230 Mitglieder, 102 Turner waren Jahresende zur Armee eingezogen, 6 Männer an der Front gefallen und drei Turner wurden mit dem Eisernen Kreuz 1. Klasse ausgezeichnet. In beiden Turnvereinen stellte sich die Mitgliedschaft, von der sozialen Herkunft her, recht gemischt dar: Beamte, Angestellte, Kaufleute, Lehrer, Handwerker, aber wenig Arbeiter.

Der Akademische Turnverein, gegründet Sommer 1874, verwies im Sommersemester 1914 auf 78 aktive Mitglieder, von denen mit Kriegsbeginn 72 zu den Fahnen eilten, zum größten Teil freiwillig. Von den „alten“ Herren (passive Mitglieder) standen nach 4 Monaten 80 Mitglieder an der Front, meist als Offiziere und als Ärzte in den Frontlazaretten.

Der vorpommersche Turngau 3 a zählte Ende 1916 nach dem Jahresbericht 31 Vereine mit 2939 Erwachsenen und 525 Jugendturnern. Im Heeresdienst standen 1663 Turner. Die Frauenabteilungen hatten 138 Turnerinnen. Bis Oktober 1918 betrauerte der Turnkreis 955 Gefallene.

5) Simons, E. M.: Drei Monate Regimentsarzt im Ostheere. 1915, S. 15.

6) Vgl. Stadtarchiv Greifswald: Rep. 3, Nr. 119 b: „Vorstellungsliste 1914“.

Oberersatzkommission: Nahm die Aushebung vor, überwies die Einzustellenden bestimmten Truppenteilen als Rekruten zu und bezeichnete vor dem Krieg eine Anzahl Tauglicher, das waren die hohen Losnummern, welche, über den Bedarf vorhanden, nicht mehr zur Einstellung kamen, zum Nachersatz für unvermutete Abgänge, zur Ersatzreserve. Alle Militärpflichtigen, über welche eine bestimmte Entscheidung getroffen war, wurden in den Aushebungslisten gelöscht, die andern blieben darin als Überzählige.

7) germandocsinrussia.org: Deutsche Beuteakten zum Ersten Weltkrieg im Zentralarchiv des Verteidigungsministeriums der Russischen Föderation (Bestand 500, Findbuch 12519): Akte Nr. 80 „Befehle, Anweisungen, Meldungen und Funksprüche des Oberbefehlshabers Ost, S. 233.

04 Wehrbeitrag

In der 1. Lesung des Gesetzes (138. Sitzung, 12. April 1913) wandte sich der Reichstagsabgeordnete Georg Gothein (FVP) des Wahlkreises Stralsund-Greifswald gegen die Wehrvorlage, deren Lasten noch auf das gesamte deutsche Volk abgewälzt werden sollten.

> Wir müssen heute das ausessen, was unsere Diplomatie seinerzeit bei der Haager Friedenskonferenz uns eingebrockt hat, durch ihre halsstarrige Haltung, als sie sich nicht einlassen wollte auf einen Vorschlag bezüglich der Rüstungsbegrenzung. Wir müssen ausessen, was die Antwort des Herrn Reichskanzlers seinerzeit auf unsere doch sehr bescheidene Resolution, die der Reichstag mit großer Mehrheit angenommen hat, bezüglich gleichmäßiger und gleichzeitiger Rüstungsbegrenzung, uns eingebrockt hat.[1]

Im Reichswehrgesetz von 1913 verabschiedete der Reichstag zugleich die Einführung eines einmaligen außerordentlichen Wehrbeitrags auf Vermögen und höhere Einkommen, der eine zusätzliche Finanzierungsgrundlage zur Heeresvermehrung bilden sollte.

Während Frankreich die Verlängerung der aktiven Militärdienstzeit von einem auf drei Jahre erwirkte, begann Deutschland die größte Heeresvermehrung seit Bestehen des Reichs zu finanzieren.

Die Gesetzesfindung im Reichstag brauchte drei Entwürfe und anfangs schien es, als wenn die Bevölkerung mit einer neuen Steuer zur Kasse gebeten werde, sozusagen für eine „Kriegskontribution im Frieden".

An der sozialdemokratischen Parteibasis kam es in Pommern zu Protestaktionen gegen die geplante Aufrüstung. Gegen die angekündigte Wehrvorlage organisierte die SPD 16 Protestversammlungen in der Zeit vom 23. März bis zum 6. April 1913: Stettin 2, Stolp, Stargard, Köslin, Kolberg, Barth, Bergen, Gartz auf Rügen, Stralsund, Pasewalk, Ueckermünde, Eggesin, Nemitz, Bredow und Frauendorf. In vielen Orten wurden Resolutionen verfasst:

> Die Versammelten sprechen ihr Erstaunen und ihre Entrüstung über die ungeheuerlichen Forderungen aus, die auf das Kommando des Generalstabs hin von der Regierung dem deutschen Volke angesonnen werden. Sie erblicken in dem sinnlosen Wettrüsten eine neue Verschärfung der chronischen Kriegsgefahr, ein Attentat auf den Kulturfortschritt und die Entwicklungsmöglichkeiten der Nationen.[2]

Doch überhörten der Parteivorstand in Berlin und die Mehrheit der sozialdemokratischen Reichstagsabgeordneten die Signale von unten, die SPD war seit dem Wahlerfolg 1912 von der „Industriearbeiterpartei" zu einer „Volkspartei" fortgeschritten, auf diesem

Weg zeigte sie sich bereit zu Kompromissen und in sozialen Fragen zur Kooperation mit dem Staat.

Als nach kontroversen Diskussionen und auf Drängen der SPD im Reichstag schließlich eine (beinahe) Reichensteuer vereinbart war, glätteten sich die Wogen der allgemeinen Empörung wieder.

Die Sozialdemokraten konzentrierten sich auf die Mitgliederwerbung, das Thema Krieg fand keine besondere Schlüsselstellung mehr. Durch die „Rote Woche" stieg die Mitgliederzahl vom 31. März 1913 von 982.850 auf 1.085.905 Mitglieder zum 31. März 1914 (148.109 Neuaufnahmen) an.

Erstmals in der deutschen Geschichte wurden die „hochadeligen Herrschaften", der deutsche Kaiser, die Könige (von Bayern, Sachsen und Württemberg), die Großherzöge (von Baden und in beiden Mecklenburg) zu einer direkten Steuerzahlung verpflichtet. Aus damaliger Sicht schien der erreichte Kompromiss bei den Arbeitern gut anzukommen und die „kleinen Leute" friedlich zu stimmen, die Arbeiter mussten schließlich nicht sofort die Zeche bezahlen.

> Obgleich die Militärvorlage alles übertraf, was bisher dagewesen war, und trotz aller Kämpfe der sozialdemokratischen Fraktion des Reichstages, wurde sie doch von der bürgerlichen Mehrheit des Reichstages angenommen. Von einer weiteren Protestkundgebung sahen wir ab, da sich im Volke eine Gleichgültigkeit bemerkbar machte, nachdem bekannt geworden war, dass die Lasten der Militärvorlage durch eine Besitzsteuer getragen werden sollten.[3]

Gut gestellte Steuerzahler, größere Unternehmen und Aktiengesellschaften, wurden zur Kasse gebeten, wodurch die Sozialdemokraten ihre Zustimmung zur Gesetzesvorlage gaben, wenn auch mit geteilter Meinung. Schon im Vorfeld kam vom Reichstagsabgeordneten Dr. E. Bernstein der Einwurf, dass mit dem Wehrbeitrag das Geld aus dem Wirtschaftsleben selbst herausgezogen wird, und letztendlich durch Arbeitslosigkeit die Arbeiterschaft belastet werden kann, „aber weil und solange keine Aussicht vorhanden ist, im Reichstag eine Mehrheit für eine vernünftige Steuerpolitik zu erzielen, müssen wir darauf bestehen, dass wenigstens in dieser Form der privilegierte Besitz zu der Kriegskontribution herangezogen wird".

Für den Reichswahlkreis Greifswald-Grimmen stimmte auf der 173. Reichstagssitzung am 30. Juni 1913 ebenso der Reichstagsabgeordnete Georg Gothein (FVP) für die Annahme des Gesetzes. Die Abstimmung erfolgte durch Erheben von den Plätzen.

Unmengen an Geld sollte die geplante Aufstockung der deutschen Armee und Marine verschlingen: mit 4.000 Offizieren, 14.850 Unteroffizieren, 117.000 Soldaten und 27.600 Pferden; mit neuen Formationen, Kriegsschulen, Kasernen, Ausbau der Ost-Festungen in Graudenz und Posen, Truppenübungsplätzen, mit modernen Waffen, Bekleidung, mit Schiffen, Luftschiffen, Flugzeugen und Pferden.[4]

Als steuerpflichtig in gestaffelter Höhe galten Personen mit einem Jahreseinkommen ab 5000 Mark (von 5.000-10.000 Mark = 1 Prozent) beziehungsweise mit einem Vermögen ab 10.000 Mark (e-benfalls gestaffelt). Der Höchstsatz lag bei einem steuerpflichtigen Vermögen von 5 Millionen Mark.[5]

Im Monat Januar 1914 (vom 2. bis 20. Januar) mussten die Einwohner von Greifswald und des Landkreises die zugestellten Formulare, mit den Angaben zu ihrem Einkommen, Grundbesitz etc. ausfüllen und einreichen. Die ganze Aktion lief im Rahmen und zusätzlich zu den jährlichen Steuerangaben für das Finanzamt. Für die Vaterlandsverteidigung wurde ein jeder aufgerufen, wahrheitsgetreue und richtige Angaben zum Vermögen zu machen, Differenzen zu früheren Angaben an das Finanzamt, blieben ungestraft bis zu einer angemessenen Höhe unberücksichtigt. Die Greifswalder Zeitungen vermeldeten Ende Januar 1914, dass die meisten Stadt- und Landkreisbewohner die Wehrbeitragserklärungen pünktlich und ordnungsgemäß eingereicht hatten.[6] Der vom Finanzamt ermittelte und festgesetzte Wehrbeitrag war dann in 3 Raten 1914/15/16 zu entrichten.

Von höchster Ebene existierte ein „Generalpardon“ (§ 68), das hieß, es gab eine Straffreiheit für nun entdeckte „kleine“ Steuersünder. In Stralsund beispielsweise brachte der Generalpardon ein kleines Wunder hervor, denn das für den Wehrbeitrag angegebene Vermögen der Bürger lag um 5 Millionen Mark über dem zur allgemeinen Steuerveranlagung eingeschriebenem Vermögen. Derartige Überraschungen hörte man auch aus anderen Orten. Nur wo der Steuerbetrug zu groß war, folgte Strafverfolgung durch die Gerichte. Die Höchststrafe betrug das Zwanzigfache des unterschlagenen Betrags.

Aus der durch die Finanzämter veranlagten Gesamtsumme war absehbar, dass die einkommende Wehrsteuer bis 1916 gering unter der vom Reichstag geschätzten Summe (1,2 Milliarden Mark) bleiben würde. Im September 1914 war schon die erste Rate fällig, die Greifswalder Zeitungen mahnten die Leser wiederholt mit den Worten,

„Trotz Kriegsbelastung - Zahlt den Wehrbeitrag",

- zur ersten Rate sollen etwa 315 Millionen Mark im gesamten Kaiserreich eingezahlt worden sein.

Es stellt sich die Frage, wodurch konnte so eine große Summe erzielt werden, wenn es in der Wirtschaft doch vor Ausbruch des Krieges kriselte?

Die Wirtschaft war die eine Seite, das Sparvermögen der Bürger die andere Seite. Tatsächlich sprach man allenthalben von der Grundehrlichkeit fürs Vaterland, für die Soldaten, schließlich für die eigenen Männer und Söhne. Was zu vermuten war, kam in dieser staatlichen Aktion für den Wehrbeitrag zutage, die bislang stille, wohlhabende Masse.

Weiterhin entstand eine ungeheure Spendenbereitschaft unter den gut situierten Leuten und unzählige freiwillige Spenden ergaben das große Ganze. Eine Zeile in den Formularen ließ zur Steuerpflicht noch freiwillige Beiträge für das Heer zu. Das waren nur einige Eckpunkte einer allgemein für den Einzelnen doch recht komplizierten Steuerermittlung, weshalb die Zeitungen der Regionen mehrmals Erläuterungen und relevante Hinweise gaben, auch Schreibstuben als Hilfe einrichteten.

Am 14. Mai 1914 gab Kaiser Wilhelm II. einen Erlass heraus, mit dem er seinen persönlichen Dank aussprach:

> Erlass an den Reichskanzler: Aus ihrem Berichte habe ich mit großer Befriedigung entnommen, dass zahlreiche Deutsche im In- und Ausland freiwillige Beiträge zu den Kosten der Verstärkung der Wehrmacht geleistet haben. Es ist Mir ein Herzensbedürfnis allen, die durch solche Beiträge vaterländischen Opfersinn in rühmlicher Weise betätigt haben, Anerkennung und Dank auszusprechen.[7]

In der Stadt mussten 679 Einwohner von 23.944 und im Landkreis Greifswald 378 Bewohner von 37.314 Wehrbeitrag zahlen. Der benachbarte Kreis Usedom-Wollin mit 55.212 Einwohnern erreichte für 1914 (1. Rate) eine Wehrbeitragszahlung von 207.006 Mark. Der höchste Anteil davon kam mit 109.737 Mark aus den reichen und mondänen Seebädern.[8]

Andererseits erfuhr man durch den Wehrbeitrag, wo in Deutschland die reichsten Städte lagen. 28 deutsche Großstädte mit einer Einwohnerzahl von 8,5 Millionen Menschen brachten rund 294 Millionen Mark auf. Als eine reiche Stadt mit 28 Millionen Mark Wehrbeitrag und einer sehr hohen pro Kopfziffer von 92 Mark erwies sich Charlottenburg. Aus Stettin flossen 3,5 Millionen Mark in den Militäretat ein. Danzig erreichte 1,5 Millionen Mark, aber nur mit einer Summe von 9 Mark pro Einwohner.[9]

Es gab einige überaus begüterte Adelsfamilien im Kaiserreich, die ein enormes Kapital anhäuften. Die fünf höchst, besteuerten Personen brachten zusammen die ansehnliche Summe von 22 Millionen Mark ein: Berta Krupp von Bohlen und Halbach zahlte 8 Millionen und 800.000 Mark. Ihr folgte Fürst Guido Henckel von Donnersmark in Schlesien mit 4.200.000 Mark, ein Verwandter der Familie Bohlen-Bismarck zu Karlsburg bei Greifswald und 4.100.000 Mark fielen auf den deutschen Kaiser Wilhelm II. An vierter Stelle stand der Großherzog von Mecklenburg-Strelitz mit 3.400.000 Mark und an fünfter Stelle folgte Fürst von Thun und Taxis mit 1.500.000 Mark.

Parallel zum Wehrbeitrag organisierte das Rote Kreuz eine groß angelegte, auf die einzelnen Bundesstaaten dezentralisierte Geldsammlung, die von Mai bis zum Jahresende 1914 dauern sollte. Das Rote Kreuz sah sich aufgrund der Stärkung der Wehrmacht verpflichtet seinerseits zu handeln, um bei einem Kriegsausbruch mit medizinischem Personal und Material gerüstet zu sein. Und das Deutsche Rote Kreuz verschwieg im Sammlungsaufruf an die Bevölkerung nicht das Wort „Krieg“. Aufgefordert waren nicht mehr nur die „Reichen“, sondern jetzt auch die „kleinen Leute“; jeder Groschen zählte und leistete Hilfe für die Rettung von Soldatenleben. Durch die hohe Spendenteilnahme, auch mit kleinen Geldbeträgen, gelang es den pommerschen Zweigvereinen vom

Roten Kreuz und den Vaterländischen Frauenvereinen rund 60.000 Mark einzusammeln.

> Der Zweck dieser Sammlung, die eine Folge der Wehrvorlage war, ging dahin, die finanzielle Rüstung der freiwilligen Krankenpflege zu stärken. Die Sammlung entsprach, wie sich bald zeigen sollte, einem dringenden Bedürfnis, denn im August begann die Kriegstätigkeit der Vaterländischen Frauenvereine, auf die sie sich in den langen Friedensjahren vorbereitet hatte.[10]

Finanzielle Ressourcen waren aufgedeckt worden, doch schon mit Kriegsbeginn August 1914 reichten die Mittel zur Finanzierung der Kriegskosten, der sogenannte „Reichskriegsschatz", nicht aus. Zur Deckung der laufenden Militärausgaben bewilligte der Reichstag am 4. August Kredite von bis zu fünf Milliarden Mark; nötigenfalls, konnte die Summe höher ausfallen. Als neue kurzfristige Schuldtitel des Reichs wurden neben den bekannten Schatzanweisungen „Reichsschatzwechsel" eingeführt.

Am 19. September 1914 wurde erstmals zum Kauf von Kriegsanleihen mit hohen Zinsen von 5 Prozent aufgerufen (Zur Konsolidierung der kurzfristigen Staatsschulden). Mit dieser ersten Kriegsanleihe war aber die Illusion des schnellen Sieges bereits gescheitert. Während für die erste Anleihe im Kaiserreich 4,5 Milliarden Mark gezeichnet wurden, erbrachte die zweite bereits neun Milliarden und die dritte schließlich 12,1 Milliarden Mark. Jede Anleihe schien zweifellos ein Erfolg zu sein, wurde als unkündbar bis 1924 und als die letzte angekündigt.

Im Regierungsbezirk Stralsund zeichneten die Einwohner für die ersten drei Anleihen allein bei den Sparkassen 18.200.000 Mark, was etwa 29,07 Prozent der Spareinlagen des Jahres 1914 (62.800.000 Mark) entsprach und damit überschritten sie den Durchschnittssatz (27,09) in den preußischen Provinzen.[11]

Auf der Greifswalder Stadtsparkasse zeichneten zur 1. Anleihe 191 Sparer 440.800 Mark und zur 8. Kriegsanleihe 893 Bürger 1.578.400 Mark. Um die Bevölkerung für die Finanzierung des Krieges zu begeistern, wurde zu jeder neuen Auflage ein „Ausschuss für Kriegsanleihe“ gebildet, der die Agitation betrieb und später dafür ein „Nationaltag“ ausgerufen.

Zur vierten Kriegsanleihe zeichneten die Greifswalder Einwohner auf allen heimischen Geldinstituten zusammen insgesamt 5.030.400 Mark und steigerten sich bei der 5. Anleihe auf 5.350.000 Mark.

Und die kirchlichen Körperschaften von St. Jakobi beschlossen Herbst 1916 für die neue Kriegsanleihe 26.000 Mark aus eigenen Mitteln bereitzustellen, nachdem sie bereits für frühere Anleihen 10.000 Mark eingezahlt hatten.

Die 8. Kriegsanleihe (April 1918) erbrachte für Greifswald die Rekordsumme von 8.847.000 Mark (von allen Instituten) gegen 8.404.000 Mark zur siebenten.

Noch Ende Oktober 1918, zwei Wochen vor Kriegsende, beschloss das Bürgerschaftliche Kollegium gemäß einer Magistratsvorlage, einstimmig und ohne Aussprache, aus städtischen Mitteln 300.000 Mark zur 9. Kriegsanleihe zu zeichnen.

Mit der Inflation von 1923 erledigten sich die Zahlungsverpflichtungen des Staates und die Menschen verloren mit einem Schlag ihre gesamten Ersparnisse.

Anmerkungen:

1) Siehe Reichstagsprotokolle, 1912/14,7, S. 4698.
Der linksliberale Politiker Georg Gothein (1857-1940) war Reichstagsabgeordneter für den Wahlkreis Greifswald-Grimmen und in den Wahlperioden häufig Reichstagssprecher der Freisinnigen Vereinigung und später der Fortschrittspartei. Er trat vor dem Krieg als entschlossener Friedenspolitiker auf, bekämpfte die Flotten- und Hochrüstungspolitik und blieb auch in der Kriegszeit ein Realpolitiker mit „Format".

2) Stralsunder Volkszeitung: Bericht des Bezirksvorstandes nebst Kassenberichten der Provinz Pommern. 2. Beilage zu Nr. 133 des Volksboten vom 11. Juni 1914.

3) ebenda.

4) Heeresvermehrung: Zielstellung war bis zum Jahr 1915 eine Sollstärke von 32.000 Offizieren, 110.000 Unteroffizieren und 661.478 an Mannschaften (Gemeine, Gefreite und Obergefreite), zu denen noch 16850 Einjährig-Freiwillige hinzutraten, zu erreichen.

Die etatmäßige Friedensstärke betrug im ersten Halbjahr 1914 800.646 Mann, inbegriffen Offiziere, Unteroffiziere und Einjährig-Freiwillige. Deutschland besaß vor Ausbruch des Krieges die drittstärkste Armee in Europa. Die Kriegsstärke erreichte dann ab August-Monat 1914 mit der Mobilisierung rund 3,8 Millionen Mann, davon 2,4 Millionen im mobilen Feldheer.

5) Das „Gesetz über einen einmaligen außerordentlichen Wehrbeitrag" wurde im Reichstag kontrovers und heftig diskutiert bis schließlich der 3. Entwurf vom 30. Juni 1913 zur Abstimmung kam.
6) Deutschlandweit wurde aber der Termin der Abgabe der Steuerklärungen nicht eingehalten, so dass der Abschluss der Veranlagung bis Ende April verlängert wurde.
7) Eichsfelder Tageblatt Nr. 122 vom Mai 1914.
8) Landesarchiv Greifswald: Rep. 65a, Oberpräsident Stettin, Nr. 49: Berichte über Einwirkung des Krieges auf das Wirtschaftsleben (1914).
9) Stralsunder Volkszeitung vom 6. Mai 1914.
10) Bericht über die Mitgliederversammlung des Verbandes der Vaterländischen Frauenvereine in der Provinz Pommern zu Stettin am 15. Juni 1915. In: Landesarchiv Greifswald: Rep. 65c, Regierung Stralsund, Nr. 2470, Bl. 50.
11) Greifswalder Zeitung vom 18. August 1916.

05 Kriegszustand

'Alter, was ist dir?' Der Alte hielt ein Blatt Papier in der Hand. Das Blatt lag auf dem Schreibtisch. Das muß da wohl eben hingelegt sein, als wir noch schliefen. - Da. Der Alte war an den Tisch getreten und hatte das Blatt auf das weiße Tuch geschoben. Es war ein Extrablatt der Anklamer Zeitung. Es trug in grellen, großen Buchstaben die Überschrift: 'Erzherzog Franz Ferdinand und Gemahlin ermordet.' Ein jäher Schreck war über alle gekommen.[1]

Der Sommer 1914 begann für den Bäderbetrieb an der Ostseeküste verheißungsvoll, auf der Halbinsel Fischland-Darß-Zingst, auf Rügen und Usedom, herrschte schon im Juni Hochbetrieb im Tourismus und Fremdenverkehr. Dann kam die Nachricht vom Attentat von Sarajevo auf den österreich-ungarischen Thronfolger und seiner Gattin, womit der 28. Juni 1914 als Schicksalstag in die folgenden politischen Ereignisse einging.

Das Militär fing an zu marschieren, im Kaiserreich kehrten alle auf Übungen und Märschen sich befindlichen Truppen in die Kasernen bis spät abends am 29. Juli zurück.

Der 28. Juni war auf einen Sonntag gefallen, also ein arbeitsfreier und Ruhetag. In den großen Städten liefen die Telegrafendrähte zum Abend heiß, um die Nachricht vom Attentat zu verbreiten, nach und nach wurde Details vom Hergang der abscheulichen Tat bekannt. In Berlin und Stettin verteilten die Zeitungsjungen die ersten Extrablätter mit reißerischen Aufmachungen. Wie viel man vom Attentat sofort hier an der Küste erfuhr, ist ungewiss. Regulär druckten viele Tageszeitungen keine Montagsausgabe und damit aktuell auch kein Extrablatt am Montag. Erst am Dienstag, 30. Juni, erschien die ungeheure Nachricht in den beiden Greifswalder Zeitungen und wurde umfangreich kommentiert, die politischen Folgen standen dabei im Fokus:

Der österreichische Thronfolger mit Gemahlin ermordet!

Die äußere Politik Österreichs könnte durch den Mord von Sarajevo leicht in neue Wirbel und Strudel gelenkt werden.

Thronfolgerehepaar vor dem Rathaus in Sarajevo

Zeitgleich endete am 30. Juni in Barth das erfolgreich verlaufene Provinzial-Schützenfest. Hunderte Schützen und Gäste, die die Gastgeberstadt für 3 Tage aufgenommen hatte, darunter auch viele Greifswalder, traten die Heimreise mit sorgenvollen Gedanken an.

Einige Tage lang blieb der Anschlag von Sarajevo das beherrschende politische Thema, doch zog für die meisten Menschen bald wieder der Alltag ein.

Der Juli, brachte die Schulferien und die große Urlaubszeit. Wer von den Leuten konnte, reiste in die Sommerfrische zur Ostsee, wo sich in den Bäderlisten sogar eine ansteigende Tendenz als in den beiden Vorjahren 1912 und 1913, abzeichnete. Die Bahn verkaufte in Berlin auf dem Stettiner Bahnhof vom 2. bis 7. Juli 123.500 Fahrkarten zu den vorpommerschen Badeorten.

Der „Swinemünder Badeanzeiger" vom 25. Juli 1914 verzeichnete 23.974 angemeldete Fremde, darunter 16.483 Kurgäste und 7.536 Tagesgäste (Passanten). Ahlbeck registrierte 15.677, Heringsdorf 7.717 (bis zum 22. Juli) und Bansin meldete 5.713 Kurgäste. Die letzte Badeliste von Lubmin (Nr. 6) schloss mit 1.923 Besuchern ab. Es war eben Sommerzeit und damit Ferien- und Badesaison, die Bade- und Bewegungskultur an der offenen See war groß in Mode gekommen.

Wie die kleinen Leute hinterließen auch die großen Politiker im Juli 1914 einen sorgenfreien Eindruck, was vermutlich auch so gewollt war. Kaiser Wilhelm II. trat am 6. Juli seine alljährliche Nordlandreise an, Kaiser Franz Joseph I. weilte in seiner Sommerresidenz in Bad Ischl und das französische Staatsoberhaupt reiste am 16. Juli zu einem seit längerem anberaumten politischen Besuch nach St. Petersburg.

Philipp Scheidemann von der SPD verlebte seine Ferien in den Dolomiten und zum Ende in Mittenwald a. d. Isar. In dieser Zeit begann er Tagebuch zu führen:

> 25. Juli 1914.
>
> Ich empfinde das Ultimatum als eine Ungeheuerlichkeit und bin mir vollständig im Klaren, daß Österreich den Krieg will.[2]

SPD-Vorsitzender Friedrich Ebert, seit 1913 gemeinsam mit Hugo Haase, trat am 14. Juli 1914 seinen Familienurlaub in Breege auf Rügen an, der bald aufgrund der aktuellen politischen Entwicklung nicht mehr erholsam schien; aber andererseits veranlasste die kritische Weltlage Ebert nicht sofort nach Berlin sofort zurückzukehren.

> Breege auf Rügen. 27.7.1914.
> Liebe Kollegen!
> Die Zwackel soll der Teufel holen! Mit der Ruhe zu Ferien scheints alle zu sein. Besonders beunruhigend wirkt, dass man nun so abseits vom Verkehr liegt und nicht weis, was recht los ist.[3]

Einzig die (erstmalige) Ankündigung des deutschen Reichskanzlers, jederzeit von seinem Sommeraufenthalt abrufbar zu sein, machte Zeitungsredakteure nachdenklich.

Trotz allem verlief der Sommer in Vorpommern voller Pläne und Termine, so fast überall[4]: Sommerfeste der einheimischen Vereine, Parteitag der pommerschen SPD in Stralsund, am 18. und 19. Juli, das 27. Gauturnfest in Strasburg, 26. Juli Synodalmissionsfest in Prohn und am 27. Juli beging Mönchgut auf Rügen das 7. Trachtenfest in Folge, Versammlung des Verbandes deutscher Buchdrucker (Ortsverein Greifswald), Pferderennen in Heringsdorf (31. Juli) usw.

Doch Ende Juli nahm der sommerliche Alltag eine radikale politische Wendung, die Juli-Krise spitzte sich zu - Kriegsgefahr, stand Krieg unmittelbar vor Ausbruch?

Von nun an gab es in den Greifswalder Tageszeitungen täglich eine Hiobsbotschaft nach der anderen. Am 23. Juli stellte Österreich-Ungarn an Serbien ein bedingungsloses, praktisch unannehmbares Ultimatum. 48 Stunden blieben dem Balkanstaat den Forderungen nachzukommen. Die Empörung Russlands darüber war riesengroß und das Zarenreich drängte nunmehr auf eine zügige Mobilmachung gegen Österreich-Ungarn. Die deutsche Position, dass der Konflikt zwischen der Donaumonarchie und Serbien nur die beiden Konfliktstaaten etwas angehe, wurde immer fraglicher. Am 26. Juli 1914 kippte die Stimmung um.

Der Kaiser brach seine Nordlandfahrt ab und war auf dem Weg zurück, ein ernstes Zeichen. Doch aus Aktenmaterial ist heute zu entnehmen, dass die kaiserliche Nordlandreise 1914 nur dem politischen Schein galt, um andere Nationen nicht zu beunruhigen.

Am 26. Juli feierte die akademische Turnverbindung Greifswald das 40. Stiftungsfest.

> Jorns hielt die Festrede an der Mittagstafel und schloss vorahnend mit den Worten: Schon blitzt und donnert es, kommt es zum Krieg, dann werden die Feinde ein einiges Deutschland finden. Aus der Stimmung heraus, in heller Begeisterung sang die Tischgesellschaft nach der zündenden Rede: Deutschland, Deutschland über alles.

Am Nachmittag las stud. math. Jochim Gurr im Garten des Verbindungshauses Bahnhofstraße 61

> „im Vollgefühl jugendlicher Kraft den Notenwechsel Oesterreichs und Serbiens vor."[5]

Am 25. Juli titelte die Greifswalder Zeitung:

> Das Ultimatum mit 48 Stunden Frist - Der Ernst der Stunde.

Dann erschien ein Extrablatt:

> Überreichung der Antwortnote - Der Krieg vor der Tür.

Zuvor noch versuchte England eine friedliche Lösung des Konflikts herbeizuführen, scheiterte jedoch an Deutschland mit seinem Vorhaben eine Außenministerkonferenz einberufen zu wollen.

Am 28. Juli hieß es in den Tagesausgaben:

> Kein europäischer Krieg.

An diesem 28. Juli 1914 erklärte Österreich-Ungarn Serbien den Krieg, ohne schon die totale Mobilmachung auszurufen (von 16 Armeekorps wurden neun mobilisiert).
Im deutschen Kaiserreich kehrten alle auf Übungen und Märschen sich befindlichen Truppen in die Kasernen bis spät abends am 29. Juli zurück.
In Berlin telegrafierte am Abend des 28. Juli der sächsische Militärbevollmächtigte Freiherr von Leuckart an seinen sächsischen Staats- und Kriegsminister von Carlowitz:

> Im Kriegsministerium und im Großen Generalstab ist eine fieberhafte Tätigkeit bemerkbar. Die beurlaubten Offiziere

> dieser Behörden sind nach Berlin zurückgekehrt. Nachtdienst ist eingerichtet. Zwischen Großem Generalstab und Auswärtigem Amt findet fortgesetzter Verkehr statt - ich sah Generalstabsoffiziere in Wagen des Kraftfahr-Bataillons beim Auswärtigen Amt vorfahren. Auf einem der Korridore des Generalstabsgebäudes sind Betten für bereitgestellte Ordonanzen aufgeschlagen.[6]

Am 30. Juli titelte das Blatt:

„In ernster Stunde“!

An warnenden Stimmen vor einem Vielvölkerkrieg fehlte es jenseits der Reichshauptstadt auch in Pommern nicht, insbesondere aus den Reihen der SPD und der Gewerkschaften waren die anhaltenden Stimmen vor einem Krieg nicht zu überhören, bis zuletzt: 30. Juli 1914 Volksversammlung im Gewerkschaftshaus Stralsund unter dem Thema „Nieder mit dem Krieg“ mit fast 400 Teilnehmern, 322 Männer und 72 Frauen. Zum Abschluss wurde mit großer Begeisterung eine Resolution verfasst und einstimmig angenommen:

> Die heute Abend im Gewerkschaftshaus tagende öffentliche politische Volksversammlung protestiert auf das Entschiedenste gegen die Maßnahme der österreichischen Regierung, die nach Auffassung der Versammlung nicht alles getan hat, um den europäischen Frieden zu sichern. Es wäre Pflicht derselben gewesen, alle Mittel zu erschöpfen, die eine friedliche Lösung der schwebenden Frage hätte bringen können. Die Versammlung verlangt, dass deutscher-

> seits kein Soldat dazu verwendet wird, Österreich in seiner Eroberungspolitik zu unterstützen. Die Versammlung ist nach wie vor der grundsätzlichen Auffassung, dass alle politischen Streitfragen durch internationale Schiedsgerichte geregelt werden können. Diese Resolution fand einstimmige Annahme und schloss mit einem dreifachen Hoch auf die Sozialdemokratie.[7]

Alles, was auf dieser Versammlung am Vorabend des Krieges gesagt und diskutiert wurde, notierte Herr Polizeikommissar Baer von Polizeiamt Stralsund sehr sorgfältig.

In vielen deutschen Städten gab es in den letzten Tagen und Stunden des Julimonats unter der Bezeichnung „Volksversammlung" Protestversammlungen der SPD gegen die akute Kriegsgefahr: Apolda, Berlin, Jena, Eisenach, Ilmenau, Neustadt-Orla, Rastenberg, Stettin, Weida, Weimar u. a. Der größte Menschenauflauf ereignete sich in Berlin. In der Reichshauptstadt hatte die SPD-Führung ihre Anhänger bereits am 28. Juli auf zu einer großen Demonstration für den Erhalt des Friedens aufgerufen. Der „Vorwärts", das Zentralorgan der SPD, verurteilte die „frivole Kriegsprovokation der österreich-ungarischen Regierung". Zum Juli-August-Wochenende erließ der Berliner Polizeipräsident Jagow ein Demonstrationsverbot. Statt eines großen Marsches fanden in der Reichshauptstadt und ihren Vororten insgesamt 32 formal geschlossene Versammlungen für Parteimitglieder statt, mit insgesamt mindestens 30.000, wahrscheinlich, aber mehr als 100.000 Teilnehmern.

Am 31. Juli hieß es in der Ausgabe der Greifswalder Zeitung:

„Die russische Teilmobilisierung - Deutschland zögert noch!“

Diese Schlagzeile war am frühen Morgen geschrieben und gedruckt worden.

Am Mittag des 31. Juli fiel in Berlin die erste folgenschwere politische Entscheidung für einen Krieg. Im Stadtschloss hatte Kaiser Wilhelm II. den Reichskanzler Theobald von Bethmann-Hollweg und Generalstabschef Helmuth von Moltke den Jüngeren zu einer halbstündigen Lagebesprechung empfangen. Von Moltke unterbreitete mehrere Resolutionen, darunter die wichtigste, die Order über den drohenden Kriegszustand. Der Kaiser unterschrieb im Stehen.

Damit rief Kaiser Wilhelm II. aufgrund des Artikels 68 der Reichsverfassung den „drohenden Kriegszustand“ über Deutschland aus, außer über Bayern[8], das tat der König von Bayern. Die „innere Front“ war drei Tage vor dem 1. Mobilmachungstag der Armee (2. August) eröffnet. Durch diese äußerste militär-politische Maßnahme konnten die kommandierenden und die stellvertretenden, kommandierenden Generäle in Militär- und zivilen Verwaltungsangelegenheiten direkt Einfluss nehmen, indem sie Befehle erteilten an die Landräte, Bürgermeister und Ortsversteher und das sollte bis Herbst 1918 und teilweise noch im 1. Halbjahr 1919 so bleiben.

Die Meldung vom drohenden Kriegszustand wurde von Berlin aus in alle Orte telegrafiert und öffentlich bekannt gegeben, in den Garnisonsstädten durch Militärs ausgetrommelt.[9] Innerhalb von etwa 2 Stunden war das gesamte Kaiserreich in militärische Alarmbereitschaft versetzt worden.

Der „drohende Kriegszustand“ verlangte im militärischen Sinn die sofortige Grenzsicherung im Westen und Osten, des Weiteren den Schutz aller Transportwege zu Wasser und zu Lande und der Luft. Das bedeutete, dass Eisenbahnnetze, Schifffahrtswege, Kanäle, Häfen usw. für den bevorstehenden Aufmarsch zur Verfügung stehen mussten.

42-ger vor dem Übersetzen vom Dänholm

Das Stralsund-Greifswalder Infanterie-Regiment Nr. 42 übernahm per Befehl den Küstenschutz von der mecklenburgischen Grenze bis zum Sicherungsbezirk der Festung Swinemünde. Küstenbewohner vom Darß bis Heringsdorf hatten mit dem Kriegsministerium seit Jahren Verträge für einen Ernstfall abgeschlossen und nahmen nun die Soldaten auf. In Sassnitz und auf der Festung Swinemünde wurden Kanonen zum Schutz der Ostsee ausgerichtet.

Nach 15 Uhr ging die brandeilige „elektrische Drahtmeldung" auch auf dem Kaiserlichen Postamt in Greifswald ein und wurde von dort aus durch Boten in die Dörfer verbreitet.
In Berlin hielt um 18 Uhr der Kaiser vom Balkon des Stadtschlosses seine patriotische Ansprache an das versammelte Volk:

> Eine schwere Stunde ist heute über Deutschland hereingebrochen. Neider überall zwingen uns zu gerechter Verteidigung. Man drückt uns das Schwert in die Hand. Ich hoffe, dass, wenn es nicht in letzter Stunde meinen Bemühungen gelingt, die Gegner zum Einsehen zu bringen und den Frieden zu erhalten, wir das Schwert mit Gottes Hilfe so führen werden, dass wir es mit Ehren wieder in die Scheide stecken können. Enorme Opfer an Gut und Blut würde ein Krieg vom deutschen Volke erfordern, den Gegnern aber würden wir zeigen, was es heißt, Deutschland anzugreifen. Und nun empfehle ich Euch Gott. Jetzt geht in die Kirche, kniet nieder vor Gott und bittet ihn um Hilfe für unser braves Heer!

Und die Menschen, wie reagierten sie auf diese Nachricht. Auf dem Marktplatz z. B. kam es zu spontanen Ansammlungen, ähnliche Szenen gab es auch in den Gaststätten: Die alles entscheidende Frage für jeden war immer noch: Gibt es Krieg?

An der Greifswalder Universität war die Frage zumindest für die österreichischen Staatsbürger unwiderruflich beantwortet. Die acht aus Österreich-Ungarn stammenden Studenten reisten am 28. Juli ab, um ihre militärische Vaterlandspflicht einzulösen.

Seit 1870/71 hatte in Deutschland Frieden geherrscht und nur noch die ältesten Bewohner konnten sich an Kriegsrecht und Kriegszustand usw. erinnern. Auf einmal wurden die Leute sehr geschäftig, jetzt war alles anders, denn die ungeheure Anspannung, die seit einigen Tagen die Menschen im Bann gehalten hatte, war jäh gebrochen.

Kundmachung des Kriegszustandes

Wir, Wilhelm, von Gottes Gnaden Deutscher Kaiser, König von Preußen usw., verordnen auf Grund des Artikels 68 der Verfassung des Deutschen Reiches im Namen des Reiches, was folgt: Das Reichsgebiet, ausschließlich der Königlich bayerischen Gebietsteile, wird hierdurch in Kriegszustand erklärt.

Diese Verordnung tritt am Tage ihrer Verkündung in Kraft.

Urkundlich unter Unserer Höchsteigenhändigen Unterschrift und beigedrücktem Kaiserlichen Insiegel.

Gegeben Potsdam, Neues Palais,
den 31. Juli 1914.

Wilhelm I. R.

Anmerkungen:

1) Arndt, Walther: Die Trommel schlug zum Streite historische Erzählung aus dem Kriegsjahr 1914. S. 70.

2) Scheidemann, Philipp: Der Zusammenbruch. Berlin 1921. S. 3.

3) Friedrich Ebert, Schriften, Aufzeichnungen, Reden. Mit unveröffentlichten Erinnerungen aus dem Nachlaß, Bd. 1, Dresden 1926, S. 309.

4) Pasewalker Anzeiger vom 29. Juli 1914 u. Greifswalder Zeitung v. 4. August 1914.

Im Juni 1914 fanden in Berlin friedliche „Vorolympische Spiele" für die geplanten Olympischen Spiele 1916 in Berlin statt und Engländer, Franzosen, Deutsche oder Russen wetteiferten um Zeiten und Weiten. Die Austragungsstätte dafür, dass „Deutsche Stadion", war schon 1913 fertig gestellt worden. Ende Juni trafen sich im Norden Deutschlands Segler und Politiker zur Kieler Woche. Als geladener Gast erschien ein englisches Marineschiff und Kaiser Wilhelm II. stattete der Besatzung einen höflichen Besuch ab. Ebenfalls absolvierte das deutsche Heer wie in jedem Jahr sportliche Armeewettkämpfe um Medaillen, Plätze und Ränge.

5) Rückblick auf das 40. Stiftungsfest des ATV vom 24. bis 28.7 1914 in Greifswald. Vereinsblatt des ATV zu Greifswald, Zeitung des Altherren-Verbandes, 47. Stück, Dezember 1917, S. 16.

6) Deutsche Gesandschaftsberichte zum Kriegsausbruch 1914: Nr. 31, S. 84: Bericht des sächsischen Militärbevollmächtigten in Berlin Freiherr von Leickart an den sächsischen Staats- und Kriegsminister von Carlowitz.

7) Landesarchiv Greifswald: Rep. 65 c, Regierung Stralsund „Öffentliche politische Versammlungen", Nr. 871, Bl. 9.

Auch die Stettiner Ortsvereine organisierten noch am 28. und 30. Juli 1914 zwei gut besuchte öffentliche Veranstaltungen. In der ersten Versammlung in den „Armorsälen“ wurde unter lebhafter Zustimmung der Teilnehmer für die Auflehnung der Sozialdemokratie gegen eine Beteiligung an dem bevorstehenden Krieg Propaganda gemacht. Am Schluss der zweiten Versammlung gab jedoch der Hauptredner Heise, Redakteur des Stettiner Volksboten, bereits zu erkennen, dass die Sozialdemokratie den Widerstand bei der zu erwartenden Mobilmachung nicht ausführen werde, sondern „im Feld geeint ihren Mann stehen würde.“

8) Aufgrund der verfassungsrechtlichen Sonderstellung des Königreichs Bayern im Deutschen Kaiserreich, nach Preußen, zweitgrößter Teilstaat Deutschlands, war es dem bayerischen König überlassen, die drohende Kriegsgefahr anzuordnen. Gegen 17.30 Uhr machte sich in der Münchner Residenz ein Tambourzug auf den Weg durch die Innenstadt und ein Offizier verkündete mehrfach die Ankündigung des bayerischen Monarchen König Ludwig III. Stürmische Begeisterung war die von Beobachtern registrierte vorwiegende Reaktion.

9) Die Bekanntmachung vom Kriegszustand erfolgte nach § 3 des Gesetzes über den Belagerungszustand von 1851 durch Anschlag, Ausklingeln und in Garnisonsstädten zusätzlich mit einem militärischen Zeremoniell durch einen Offizier mit „Trommelschlag und Trompetenschall“ und etwa mit folgendem Wortlaut: „Durch Kaiserliche Anordnung ist der Bezirk des 2. Armeekorps in Kriegszustand erklärt. Die vollziehende Gewalt innerhalb des Korpsbezirks geht infolgedessen an mich über. Die Zivilverwaltungen und Gemeindebehörden verbleiben in ihrem Amte, haben aber meinen Anordnungen und Aufträgen Folge zu leisten.“

06 Mobilmachung

Am Sonnabend, den 1. August, ließ der deutsche Kaiser um 17 Uhr die allgemeine Mobilmachung des deutschen Heeres und der Flotte anordnen. Zwischen dem 31. Juli und 1. August lagen wenige Stunden, in denen der Krieg hätte verhindert werden können. Ein deutsches Ultimatum an Russland war von Zar Nikolaus II. nicht mehr beantwortet worden. Russland hielt die Mobilmachung aufrecht und Deutschland erklärte dem Zarenreich den Krieg. So verlief das politische Szenario, die Weltlage hatte sich schlagartig geändert - es war Krieg.

Die Auslösung der Mobilmachung war Aufgabe des Kriegsministeriums. Als erstes informierten 53 Telegramme die General- und Garnisonskommandos der Armeekorps. Von dort erhielten alle Telegrafenstationen den Mobilmachungsbefehl mit dem Text:

> **Mobilmachung befohlen, erster Mobilmachungstag der 2. August. Dieser Befehl ist sofort ortsüblich bekannt zu machen. Reichs-Postamt.**

An diesem Sonnabend waren die Straßen und Plätze in Greifswald wie die Tage zuvor von Passanten überfüllt. Oder waren sie noch belebter? Zeitungsberichten zufolge standen überall die Leute, Männer und Frauen in Gruppen beieinander, heftig diskutierend. Den ganzen Tag warteten alle auf die letzte Entscheidung, wird es Krieg geben oder nicht, wird die Mobilmachung ausgerufen. Menschenansammlungen bildeten sich vor den öffentlichen Gebäuden der Stadt: dem Rathaus, dem Kaiserlichen Postamt und vor den Redaktionen der Zeitungen. Denn die neuesten Informationen von auswärts kamen nur durch Telegrafie, Telefon und den Zeitungen. So warteten die Leute begierig auf die aktuellsten Depeschen. Journalisten griffen die eingehenden Meldungen auf, um sie redaktionell aufzuarbeiten. In diesen Sommertagen mussten die Anschläge für die Öffentlichkeit bis mindestens 22 Uhr im Schaufenster der Geschäftshäuser bekannt gemacht werden.

In Berlin indes trat der deutsche Kaiser gegen 18.30 Uhr zum 2. Mal zu einer patriotischen Ansprache an, wie am Tag zuvor vom Balkon des Schlossportals aus:

> Wenn es zum Kriege kommen soll, hört jede Partei auf, wir sind nur noch deutsche Brüder. In Friedenszeiten hat mich zwar die eine oder andere Partei angegriffen, das verzeihe ich ihr aber jetzt von ganzem Herzen. Wenn uns unsere Nachbarn den Frieden nicht gönnen, dann hoffen und wünschen wir, dass unser gutes deutsches Schwert siegreich aus dem Kampf hervorgehen wird.[1]

Die Nachricht von der Mobilmachung aus Berlin erreichte Greifswald über das Telegrafenamt noch vor 19 Uhr. An allen Straßenecken, an den Litfaßsäulen, in Schaukästen, wurden rote Zettel mit dem kurzen Mobilmachungstext angeschlagen. Spontan kam es zu Kundgebungen für das Vaterland auf dem Markt vor dem Kriegerdenkmal[2] und das Rathaus war noch lange von diskutierenden Leuten umringt. Währenddessen bemühten sich Boten die roten Zettel mit dem Mobilmachungsbefehl mit Automobilen und Pferdekutschen auf die Dörfer im Landkreis zu verteilen.

Eingezogen am 2. August wurden aus den Kasernen die Jahrgänge 1893 und 1894 und der Landsturm aller Jahrgänge (nur) in den Grenzbezirken, damit auch aus dem 2. Armeekorps (Pommern). Auf die Bekanntmachung; „Mobilmachung befohlen. Erster Mobilmachungstag: 2. August“ hatte jeder Reservemann in seinem Militärpass nachzusehen. Darin fand er ein Blatt eingeklebt, das informierte, wo er sich zu melden habe, und am wievielten Mobilmachungstag. Jeder Einberufene trat entweder bei dem Truppenteil an, in dem er eingestellt werden sollte, oder beim zuständigen Bezirkskommando, von wo aus er sofort weiterbefördert wurde.

Daraufhin hieß es für die ersten Einberufenen antreten und Abschied nehmen von Frau und Kindern, von Eltern und Freunden.

Was für traurige Szenen müssen sich im Privaten abgespielt haben und haben sie wirklich geglaubt, Weihnachten zu Hause zu sein?

Der Straßenverkehr war in den Städten unerträglich dicht, auf den Durchgangsstraßen fuhr ein Automobil nach dem anderen. So einen lauten und dichten Verkehr hatten die Einheimischen wohl selten erlebt. Die hastig eilenden und meist stillen Menschen, ob Urlauber, Geschäftsreisende oder Händler, sie hatten nur ein Ziel, sie wollten schnellstens nach Hause. Einige Männer hatten den Gestellungsbefehl in der Tasche und wurden von den Angehörigen zu den Garnisonen beispielsweise nach Stralsund, Swinemünde oder Stettin gefahren.

Am Sonntagvormittag waren die Kirchen zu den Gottesdiensten brechend voll, die Leute drängten sich auf den Plätzen und verfolgten gespannt die ersten Kriegspredigten. Dann am Nachmittag soll eine beängstigende Totenstille in Greifswald geherrscht haben. Fenster und Türen der Häuser waren verschlossen. Nur der Bahnhof zeigte sich weiterhin rege belebt mit jungen Männern, die mit ihrem Gestellungsbefehl zu den Sammelstellen strebten und in ihrem Gefolge die Familien mit sich führten.

Und auch das ereignete sich. Unter Alkoholeinfluss spielten sich kleinere Prügelszenen ab oder äußerten sich gar Andersdenkende in Greifswald, die auf den Krieg schimpften und eben von den Patrioten verbeult wurden.

Die Oberste Heeresleitung (OHL) gab 20 Mobilmachungstage vor, entsprechend der militärischen Dringlichkeit und Logistik, die längst ausgearbeitet und streng geheim gehalten war. An den ersten 4 Mobilisierungstagen (2. bis 5. August) hatten sich die Beurlaubten der aktiven Einheiten an ihren Garnisonsorten[3] einzufinden, danach die Reservisten, gefolgt vom Landsturm.

Und es gab die vielen, von der vaterländischen Sache überzeugten Freiwilligen, überwiegend die junge Garde. Von August bis Jahresende 1914, innerhalb von 5 Monaten, registrierte das Polizeibüro 1.100 Kriegsfreiwillige, die dort Bescheinigungen für freie Eisenbahnfahrten zu den Garnisonen beantragten.

> Ich entsinne mich noch jenes ersten August-Sontags im Jahre 1914, als sich die Träger der bunten Mützen in langen, langen Reihen zu den Beamten im Militärbüro (Zimmer 10 des Rathauses Greifswald) herandrängten und in feuriger Begeisterung sich freiwillig meldeten.[4]

Übers Jahr 1915 nahm die Zahl der Kriegsfreiwilligen ab, betrug aber immerhin noch 1.500 Personen, doch 1917 und 1918 war die Anzahl auf 30 bzw. 40 herabgesunken. Aber immerhin, es gab sie noch, die jungen Greifswalder Patrioten.

Für die studentische Corps Borussia der Universität fiel das Stiftungsfest aus, viele studentische Mitglieder waren zu den Waffen geeilt. Die Turnerschaft Teutonia meldete sich fast vollständig freiwillig. Nicht wehrpflichtige Studenten sollten sich als Erntehelfer im Geologischen Institut melden, von der Universität ging diesbezüglich durch Prof. Philipp ein Aufruf an alle deutschen Universitäten und etwa 1.100 Studenten meldeten sich, um der pommerschen Landwirtschaft zu helfen.[5]

Am Montag (20 Uhr) versammelte sich die Marienkirch-Gemeinde zu einer Beicht- und Abendmahlsfeier für die Familien der einberufenen Männer und Söhne.

Kaiser Wilhelm II. rief für den Kriegsgang den ersten außerordentlichen und allgemeinen Landesbettag aus:

> Wie ich von Jugend auf gelernt habe, auf Gott den Herrn meine Zuversicht zu sehen, so empfinde ich in diesen ernsten Tagen das Bedürfnis, vor ihm mich zu beugen und seine Barmherzigkeit anzurufen. Ich fordere mein Volk auf, mit mir in gemeinsamer Andacht sich zu vereinigen und mit mir am 5. August einen außerordentlichen allgemeinen Bettag zu begehen. An allen gottesdienstlichen Stätten im Lande versammle sich an diesem Tage mein Volk in ernster Feier zur Anrufung Gottes, daß er mit uns sei und unsere Waffen segne.

Weitere offizielle Bettage der evangelischen Kirche folgten, bis sich die Christen in allen Kirchen Preußens letztmalig am 20. Oktober 1918 versammelten, für den Krieg und das Vaterland beteten (Deutsches Volk, du stehst vor deiner Schicksalsstunde).

Das Infanterieregiment Prinz Moritz Anhalt von Dessau (5. Pommersches) Nr. 42 machte in der ersten Augustwoche an seinen beiden Standorten Greifswald und Stralsund mobil. Oberstleutnant von Hackewitz, der neue Regimentskommandeur, brachte die Mannschaften auf den „Kriegsstand“. Erfahrene Unteroffiziere sorgten für die Einkleidung der neuen Soldaten, für die Bewaffnung und soweit es die Zeit noch ermöglichte, für die Ausbildung: Exerzieren, Waffenübungen und Instruktionen aller Art. Munition, Wagen und Pferde mussten besorgt werden. Die Offiziere stellten die Kompanien kriegsbereit um und neue Reserven auf: 3 aktive Bataillone, das Ersatzbataillon, Fuhrparkkolonne 5 und 6, Etappenfuhrparkkolonne.[6]

Ausgewählte, höhere Offiziere wechselten in andere Regimenter des Armeekorps.[7] Insgesamt handelte es sich in jenen Tagen um eine Anzahl von 7500 Soldaten und 500 Pferden, die zu bewegen waren. Heftiges, aber durchaus geordnetes Treiben herrschte auf den Kasernenhöfen in Stralsund und Greifswald.

Am 7. August 1914 zog das in Greifswald in Garnison stehende 3. Bataillon des Infanterieregiments gerüstet an die Front, die beiden Stralsunder Bataillone mit Maschinengewehrabteilung, Fuhrkolonnen folgten am 8. August. Bürgermeister und der Rektor der Universität überbrachten dem Bataillonskommandeur Major von Knobelsdorff und seinem Bataillon die Wünsche der Stadt und der Universität für eine siegreiche Heimkehr.

Predigt in St. Jakobi am 8. August 1914:

> Wie dicht beieinander wohnen jetzt in unserer Stadt, im ganzen Land und in jedem einzelnen Menschenherzen Furcht und Hoffnung, Sorge und frohe Begeisterung. Unsere kampfesfreudig hinausziehende Jugend haben wir vorgestern gesehen, wir sahen aber auch die Tränen der Mütter, der Frauen und Jungfrauen, den verhaltenen Ernst der zurückbleibenden Männer.[8]

Bis Ende November 1914 kämpfte das Regiment eingegliedert in die 1. Armee an der Westfront, danach im Osten und ab 1918 wieder an der Westfront.

Mit dem Reichstag am 4. August 1914 war der „Burgfrieden zwischen den Parteien" eingetreten, es gab nur noch das Vaterland und keinen Widerstand mehr gegen den Krieg.

> Eines der bedeutsamsten weltpolitischen und geschichtlichen Ereignisse war die Solidaritätserklärung der Sozialdemokraten in den verschiedenen Ländern mit ihren Regierungen. Kein Fall der Kriegsdienstverweigerung wurde bekannt. Die parlamentarischen Vertretungen der Sozialdemokratie bewilligten die Kriegskredite" (Außer Italien).[9]

Von der sofortigen Mobilmachung der Männer war auch die Greifswalder Stadtverwaltung erheblich betroffen. Von 10 Magistratsmitgliedern mussten vier sofort dem Einberufungsbefehl folgen. Mit den „rechtskundigen" Ratsherren Dr. Müller und Schmidt sowie den Ratsherren Fielitz und Haupt, fehlten wichtige Fachkräfte.

Vor der Abfahrt. — Phot. Photo-Union

Abfahrt einer Matrosenabteilung. — Phot. Photothek

Anmerkungen:

1) Kaiserrede: Frankfurter Zeitung v. 2. August 1914 u. Röhl: Wilhelm II., S. 1178.

2) Das Kriegerdenkmal war ein als Kunstbrunnen gestaltetes Denkmal mit einer Siegesgöttin auf einer viereckigen Säule mit Bildnis und Inschrift Kaiser Wilhelm I., gewidmet den Teilnehmern der Kriege 1866 und 1870/71 und wurde am 2. September 1892 eingeweiht.

3) Innerhalb des 2. Armeekorps existierten Garnisonskommandos in: Stettin, Stargard, Kolberg, Bromberg, Gnesen, Hohensalza, Stralsund, Schneidemühle, Altdamm, Treptow an der Rega, Köslin, Pasewalk, Demmin, Belgard, Greifswald, Anklam, Neustettin, Greifenberg, Deutsch Krone, Naugard und in Swinemünde die Festungskommandantur.

4) Bentlage, G. A.: Skizzen von der Ostsee zur Kriegszeit. Greifswald 1916. S. 129.

5) Schon am Abend des 31. Juli 1914 sprach Dr. Philipp bei der Landwirtschaftskammer in Stettin vor, um über eine Organisierung der Studentenschaft Deutschlands für die Erntearbeiten in Pommern zu verhandeln. Auf den Greifswalder Aufruf meldeten sich auch zahlreich Schüler der höheren Schulen, von denen sofort etwa 200 Schüler im Landkreis Greifswald eingesetzt wurden. In den weiteren Tagen ergab sich, dass kein zusätzlicher Bedarf mehr an Erntehelfern bestand. Vgl. Bericht der Landwirtschaftskammer in: Landesarchiv Greifswald: Rep. 65 c, Regierung Stralsund, Nr. 2825, Bl. 287).

6) Mayer, Hanns: Geschichte des Infanterie-Regiments Prinz Moritz von Anhalt-Dessau (5. Pomm.) Nr. 42 während des Krieges 1914/18. Oldenburg/Berlin 1927. S. 18-21.

7) Größte militärische Einheit im Heeresverband in Friedenszeiten. Die deutsche Armee bestand aus 25 Armeekorps (Bayern 3, Württemberg 1, Baden 1, Sachsen 2, Preußen und seine Bundesstaaten 18). 1 Armeekorps etwa 40.000 Mann.

Das 2. Armeekorps zu Stettin umfasste Gebietsteile von 3 Provinzen: Pommern, die westpreußischen Kreise Dt. Krone und Flatow und den zur Provinz Posen gehörenden Regierungsbezirk Bromberg. Das 2. und 21. Armeekorps bildeten im Krieg als einzige keine Reservekorps. Der Stab des 2. Armeekorpses bildete später die Südarmee, die Bugarmee, Heeresgruppe Linsingen und Heeresgruppe Kiew.

8) Goltz, Eduard Alexander: Kriegspredigten: Was fordert die Zeit von uns? Predigt am 9. August 1914 in St. Jakobi zu Greifswald. S. 3 u. 4.

9) Düwell, Wilhelm: Vom inneren Gesicht des Krieges Beiträge zur Psychologie und ..., Jena 1917. S. 38.

07 Militärfahrplan

**Und wie gräßlich lange hielt der Zug
auf den Stationen. Auf jeder Station
stiegen neue Reisende ein: alle Wagen
wurden überfüllt … Entsetzlich langsam
fuhr der Zug. Gerade heute (1. August),
wo alles ringsumher hastete und fieberte. Mitten auf den Strecken blieb er plötzlich Minuten und minutenlang stehen. Er schien anderen Zügen Platz machen zu müssen, die in rasender Eile an ihm vorbeijagten. In
Lichterfelde hielt er ganz und gar: Alle
mussten umsteigen und den Vorortzug benutzen: es war schon spät geworden: weit umher hatte sich die Nacht gebreitet:
die Hast des Umsteigens gab dem Bilde den Eindruck panikartiger Unruhe.**

1

Noch vor dem 1. Mobilmachungstag (2. August) kollabierte der Zugverkehr. Bewaffnetes Militär hielt seit 28. Juli die Bahnbrücken auf wichtigen Strecken streng unter Bewachung. Mit langen Verspätungen und aktuellen Fahrplanänderungen waren die Reisenden auf allen Strecken plötzlich konfrontiert:

In den Bädern an der Ostseeküste setzte am 1. August fluchtartig eine Rückreisewelle ein. Der Fahrplan von Stralsund nach Berlin geriet völlig durcheinander, trotz des Einsatzes von Sonderzügen an diesem 1. August. Allein auf dem preußisch-hessischen Eisenbahnnetz wurden 235 Sonderzüge gefahren und auf den Berliner Bahnhöfen 157 Züge abgefertigt.

Vom 2. August bis zum 20. August 1914 galt der Militärfahrplan für den Truppenaufmarsch von 7 Armeen gegen Westen und einer Armee nach Osten, der sämtliche, bisher geltende Zugfahrpläne außer Kraft setzte. Die Organisierung der Militärtransporte erfolgte durch Linienkommandanturen[2].

Lange vor dem Krieg waren die Fahrtrouten, die „Transportstraßen“, für einzelne Armeekorps festgelegt. Auf den Zielbahnhöfen in der Etappe[3] wurden die Truppenteile ausgeladen und zu den Sammelstellen befördert, hier erweitert oder neuformiert, nochmals nachgerüstet und dann direkt an die Frontplätze geschickt, mitunter auf sehr langen Marschstrecken zu Fuß auf Straßen, durch Wälder, Feld und Flur.

Die Eisenbahn unterstand während der Mobilmachung dem höchsten Sicherheitsprinzip, was sich im Kriegsverlauf nicht wesentlich ändern sollte. Zum bewaffneten Schutz der Gleise, Züge und der Bahnhöfe wurden überall aus dem (älteren) Landsturm, oder durch städtische Bürgerwehren, Bahnschutztruppen eingesetzt. Zivilpersonen blieb vorerst jeglicher Zutritt zu den Bahnanlagen (außer dem direkten Zugang zu den Bahnsteigen) untersagt.

Der Magistrat von Greifswald verbot am Bahnhof im Umkreis von 500 Metern den Verkauf von Alkohol, damit einheimische Gestellungspflichtige oder Soldaten aus haltenden Transporten keinen Alkohol konsumieren konnten.

Der Militärfahrplan war aus der Sicht der Heeresführung für einen erfolgreichen Kriegsauftakt von äußerster Wichtigkeit und Bedeutung.

Das pommersche aktive Militär (2. Armeekorps) vollzog bis zum 12. August den Aufmarsch an die Westfront und wurde dort in die 1. Armee unter Generaloberst von Kluck eingegliedert. Die Ausladungen erfolgten südwestlich der Linie Mönchengladbach an der Bahn Lindern-Rheydt.

Zwei lange Militärzüge beanspruchte das Stralsunder Infanterieregiment Nr. 42. für das in Greifswald stationiertes 3. Bataillon, das am 7. August 1914 nachmittags (15.14 Uhr) ausrückte. Die beiden Stralsunder Bataillone folgten am 8. August. Mit insgesamt 79 Offizieren, 3298 Mannschaften, 236 Pferden, 7 Maschinengewehren und 3 Munitionswagen zog das Regiment ins Feld.[4]

Die Eisenbahnfahrt führte über Neubrandenburg, Lübeck, Hamburg Bremen, Osnabrück, Münster, Essen, Düsseldorf, Mönchengladbach, Erkelens in 50-stündiger Fahrt nach Lindern (23 km nordöstlich von Aachen), wo die Mannschaften am 10. August abends eintrafen.

Für alle Soldaten waren es lange Fahrten zu den Etappenzielen, bis zu 2-3 Tagen, sie verliefen oftmals langsam und nahezu gespenstisch. Der Militärfahrplan schrieb in der Zeit des Hauptaufmarsches eine reduzierte Grundgeschwindigkeit von 30 km/h auf den Hauptbahnen und 25 km/h auf den Nebenbahnen vor und die Züge wurden auf den Hauptstrecken im 30-Minutentakt abgelassen. Die gedrosselte und gleichmäßige Geschwindigkeit bot die Gewähr für einen reibungslosen Verlauf des Bahnverkehrs. So konnten mögliche Zwischenfälle, wie Zugverspätungen, rasch wettgemacht und etwaige Unfälle vermieden werden. Unterwegs waren auf größeren Bahnhöfen Halte eingeplant, die Lokomotiven brauchten Kohlen- und Wassernachschub und die Soldaten und Tiere Verpflegung. Darauf richteten sich wie in Greifswald die Gemeinden, die Frauenvereine oder das Rote Kreuz mit „Erfrischungsstellen" auf den Bahnhöfen ein und versorgten die Soldaten.

Den Hauptetappenort (das Ziel) kannte nur der Kommandeur, die Soldaten wussten erst genauer am Rhein oder nach den Schwarzwaldbergen, wohin die Fahrt letztendlich führte. An den Waggons zeigten Kreideschriften der enthusiastischen jungen Männer, wohin der Zug rollen sollte:

> Auf nach Paris", „Immer feste drauf", „Jeder Tritt, ein Britt, Jeder Stoß - ein Franzos, Jeder Schuß - ein Ruß", „Die Infanterie von Halle macht die Franzosen Alle" und „Bei den Pommern gibt's kein Zurück! u. a.[5]

Viele Jungens waren eben voller Enthusiasmus, einige gar voller Übermut.

Doch bald mussten die Soldaten das Leben hergeben. Der erste Kriegstote aus der Greifswalder Einwohnerschaft war der Vizefeldwebel Hans Freiherr von Forstner (zuvor Amtsrichter). In einem Brief an Forstners Vater schrieb der Bataillonskommandeur:

> Wir lagen am 27. August südwestlich Hohenstein. Ich fragte ihren Herrn Sohn, ob er sich morgen die Epauletten abholen wollte, was er freudigen Herzens bejahte. Es sollte leider nicht sein. Als am 28. das Bataillon am Waldrand entlang den Anschluss an die Brigade suchte, erhielt es Maschinengewehrfeuer. Die Aussicht auf den Feind war dadurch erschwert, dass die vor uns liegende Heide brannte und einen ziemlichen Rauch entwickelt. Bei dieser Gelegenheit muss ihr Herr Sohn, wie aus den Verletzungen hervorgeht, sich unbekümmert um die feindlichen Geschosse aufgerichtet haben und hat hierbei als unerschrocken tapferer Mann sein Leben gelassen. Er muss sofort verschieden sein, er war von einer größeren Anzahl Geschosse in die Seite getroffen. Von Forstner ist etwa 6 km südwestlich von Hohenstein bei der Försterei Nitzponie bestattet. Er liegt in einem Grabe mit seinem Kompaniechef …[6]

Noch einmal erlebten die Menschen in Greifswald einen formierten und feierlichen Soldaten-Auszug. Eine Reserve-Einheit des Grenadier-Regiments „König Friedrich der Große“ (3. Ostpreußisches) Nr. 4 lag Anfang September 1914 einige Tage in Greifswald zur Formierung in Quartier und zog dann in den Krieg:

> Am gestrigen Donnerstagnachmittag verlies unsere Einquartierung von Grenadierregiment Nr. 4 die Stadt Greifswald. Die Soldaten traten auf dem Marktplatz an. Fast alle „Marsianer“ hatten ihre Gewehre mit Astern und Rosen geschmückt. Von der hiesigen Einwohnerschaft wa-

> ren die Soldaten noch mit Blumenschmuck und Erinnerungszeichen aus Greifswald versehen worden. Unter Gesang marschierten die Soldaten nach 5 Uhr zum Bahnhof. Gegen 6.30 Uhr verließ lange Zug unter begeisternden Kundgebungen die bisherige Station. Den Grenadieren hatten sich 48-50 Kriegsfreiwillige angeschlossen. Die Freiwilligen entstammten den verschiedensten Ständen und den verschiedensten Altersklassen; es waren vertreten ein Privatdozent, mehrere Beamte, eine größere Zahl Kaufleute und so weiter. Die Freiwilligen waren in Zivil auf dem Marktplatz mit angetreten und sind mit zum Bahnhof marschiert. Ein Freiwilliger fand sich noch kurz vor Abfahrt des Zuges auf dem Bahnhof ein.[7]

Der Militärfahrplan schränkte den Personen- und der Güterverkehr stark ein. Für den regionalen Verkehr hießen dann die Fahrpläne, von Nebenbahnen, aber auch von Hauptbahnen ohne militärische Bedeutung, „Militärlokal-Fahrpläne“. Privates Reisen war in den ersten Kriegswochen durch den Vorrang des Militärfahrplans beschwerlich oder gar unmöglich geworden. Schnellzüge wie Regionalzüge fielen ersatzlos aus. Die Menschen kamen nach auswärts mitunter nicht mehr zur Arbeit und fühlten sich von der Welt abgeschlossen. Ebenso abgeschnitten vom Verkehr blieben Industrie und Handwerk, die auf die Zulieferung von Rohstoffen und den Absatz ihrer Produkte angewiesen waren.

Auf der Strecke Stralsund-Pasewalk fuhren im Personenverkehr in den ersten Tagen 3 Züge hin und zurück. Zwischen Stralsund und Neubrandenburg verkehrten beiderseits dreimal am Tag Züge. Die Verbindung Greifswald-Grimmen-Triebsees und zurück wurde morgens und abends einmal befahren. Zwischen Züssow und Wolgast befuhren ein Früh- und ein Abendzug beide Richtungen.

Von den Ausfällen im Güterverkehr wurden die Greifswalder Fischerei und der Fischhandel stark betroffen. Sowohl ein großer Teil der Frischware als auch vom Räucherfisch nach Berlin ließ sich nicht mehr absetzen und vergammelte in diesen warmen Augusttagen.

Der Steinkohlenimport per Schiff aus England endete mit dem Kriegsbeginn und Ersatz aus Schlesien mit der Bahn war noch nicht nachgeschaffen, das Gaswerk und die Eisengießerei sowie die Maschinenfabriken konnten nur noch reduziert produzieren.[8]

Im Regierungsbezirk Stralsund trat ab 3. August ein Milchfahrplan in Kraft. Erst als die erste große Mobilmachungsphase abgeschlossen war, konnte im Norden am 23. August planmäßig der internationale Schnellzugverkehr zwischen Berlin und Sassnitz wieder aufgenommen werden. Auch das sollte nicht durchgehend und von Dauer sein.

Vom militärischen Aufmarsch waren neben der Bahn auch die Schiff- und Kahnfahrt beeinträchtigt. Für Eisenbahnbrücken über die Gewässer, die nach Bedarf zur Durchfahrt der Schiffe und Lastenkähne geöffnet werden konnten, traten Sonderregelungen ein. Am 8. August 1914 informierte der Oberpräsident von Pommern die Landräte von Franzburg, Demmin, Rügen, Ueckermünde und Usedom-Wollin sowie die Magistrate von Greifswald und Stralsund über die getroffenen Einschränkungen im Schiffsverkehr. Bis auf weiteres blieben die „Schiffsdurchlässe“ bei Demmin (Peene), bei Pasewalk (neue Uecker), bei Torgelow (Uecker), bei Stettin (Drehbrücken über die Oder und über die Parnitz hinter dem Silberwiesentunnel) sowie für die Kahnfahrtbrücke bei Finkenwalde gesperrt. Ausnahmen, aber nur in von der Militärbehörde genehmigten dringenden Fällen, gab es für die Eisenbahnbrücken über das Haff (Drehbrücke bei Karnin), über die Dievenow bei Wollin und in Anklam (Klappbrücke über die Peene).[9]

Bis zum 20. Mobilmachungstag wurden auf deutschem Boden insgesamt etwa 20.800 Eisenbahntransporte abgewickelt.[10] Die etwa 300.000 preußischen Eisenbahner gehörten zu jenem Personenkreis (unabkömmliche Beamte bzw. Personen), die während der Mobilmachung nicht und die meisten von ihnen auch nicht bis Anfang 1916 zu irgendwelchen Truppen eingezogen wurden, sie waren bereits vorher verplant und hatten eine riesige Aufgabe zu erfüllen.

Auch weiterhin bestimmten im zivilen Bereich die Militärlokal-Fahrpläne den deutschen Eisenbahnverkehr, oft mit zahlreichen Einschränkungen versehen, da Lokomotiven, Wagen und Personal für kriegsnotwendige Truppenverschiebungen, für Sanitätszüge, ja für Versorgungsaufgaben aller Art an den Fronten, selbst für den Urlauberverkehr der Soldaten usw. reserviert und abgezogen wurden. Anfang 1917 wurde auf einer geheimen Besprechung über die Errichtung der Kriegswirtschaftsämter im Sitzungssaal des Herrenhauses zu Berlin betont:

> Am 10. Januar hat eine weitere Beschränkung des Verkehrs stattgefunden, und ich glaube, in nicht allzu ferner Zeit wird man in der Sache noch weitergehen. Nach den angestellten Erhebungen ist aber der Vergnügungsverkehr nur sehr gering. Man rechnet den militärischen Verkehr, bei dem der Urlauberverkehr eine große Rolle spielt, unge-

fähr bis zu 80 Prozent. Der Zivilverkehr betrifft jedenfalls hier im Innern Deutschlands und im Westen fast nur noch die Leute, die dienstlich und geschäftlich dringend zu Reisen haben. Die Bemühungen des Kriegsamts sind dauernd darauf gerichtet, den Personenverkehr auf das notwendige Bedürfnis einzuschränken.[11]

Anmerkungen:

1) Arndt, Walther: Die Trommel schlug zum Streite historische Erzählung aus dem Kriegsjahr 1914. S. 95.

2) Die Grundlage für die militärische Nutzung der Eisenbahnen bildete das Gesetz über die Kriegsleistungen vom 13. Juni 1873. Das deutsche Eisenbahnnetz war in Liniengebiete eingeteilt, in denen Linienkommandanturen die notwenige Kommunikation mit der zivilen Eisbahnverwaltung herstellten. Die Linienkommandantur S stationierte beispielsweise in Saarbrücken.

3) Das Wort wurde in der napoleonischen Zeit ins Deutsche übernommen und findet sich im Deutschen als stapeln wieder: Ein Stapelplatz für Kriegsausrüstung aller Art im Rücken der Front. Im ersten Weltkrieg bildete die Etappe eine Verbindungszone zwischen kämpfender Truppe und Heimat. Diese erstreckte sich vom rückwärtigen Heimatgebiet bis hin zum eigentlichen Operationsgebiet. Im Etappenort lagen die wichtigen Frontlazarette, Pferdelazarette, Genesungsheime sowie auch die Freizeiteinrichtungen für Truppen. Die Verpflegungsvorräte, Feldpost und die Liebesgaben aus der Heimat gelangten mit Eisenbahnzügen oder Schiffen in die Etappengebiete. Die bürokratische Organisation unterlag der Etappeninspektion, an deren Spitze ein General stand, der über einen großen Stab von Mitarbeitern verfügte. Dieser war für die Organisation der Verpflegung und des Verkehrs zuständig sowie im Besatzungsgebiet für den Umgang mit der zivilen Bevölkerung und den Verwaltungsbehörden.

4) Mayer, Hanns: Geschichte des Infanterie-Regiments Prinz Moritz von Anhalt-Dessau (5. Pomm.) Nr. 42 während des Krieges 1914/18. Oldenburg/Berlin 1927. S. 21.

5) Ahnert, Kurt: Fröhliche Heerfahrt! 600 lustige Aufschriften an Eisenbahnwagen. Nürnberg 1914, S. 60.
6) Kriegs-Zeitung Pomerania: Mitteilungen über unsere am Kriege teilnehmenden Korpsbrüder. Nr. 1, S. 2.
7) Greifswalder Zeitung vom 12. September 1914.
8) Landesarchiv Greifswald: Rep. 65 c Regierung Stralsund, „Die Mobilmachung 1914", Nr. 2825, Bl. 203 ff.: Bericht des Magistrats Greifswald vom 7. November 1914: Einwirkung des Krieges auf das Wirtschaftsleben. Abschnitt: VIII.
9) Stadtarchiv Greifswald: Rep. 5, Nr. 958 „Nachrichten für die Schifffahrt im Kriege 1914/16" Bl. 6 VS.
10) „Mobilmachung und Versammlung des Heeres an den Grenzen sind vollendet. Amtliche Kriegs-Depeschen haben die deutschen Eisenbahnen die gewaltige Transportbewegung ausgeführt. Dankbar gedenke Ich zunächst der Männer, die seit 1870/71 in stiller Arbeit eine Organisation geschaffen haben, die nunmehr ihre ernste Probe glänzend bestanden hat. Allen denen aber, die Meinem Rufe folgend, mitgewirkt haben, das deutsche Volk in Waffen auf den Schienenwegen den Feinden entgegen zuwerfen, insbesondere den Linienkommandanturen und den Bahnbevollmächtigten sowie den deutschen Eisenbahnverwaltungen vom ersten Beamten bis zum letzten Arbeiter spreche ich für ihre treue Hingabe und Pflichterfüllung Meinen Kaiserlichen Dank aus. Die bisherigen Leistungen bieten Mir die sicherste Gewähr, daß die Eisenbahnen auch im weiteren Verlauf des großen Kampfes um des deutschen Volkes Zukunft jederzeit den höchsten Anforderungen der Heerführung gewachsen sein werden. Großes Hauptquartier, gez. Kaiser Wilhelm, I. R." Greifswalder Zeitung vom 23. August 1914.
11) Landesarchiv Greifswald: Rep. 60 c Oberpräsident, Nr. 2883 „Kriegswirtschaftsämter", Bl. 46 ff. S. 17.

08 Angst um das Geld

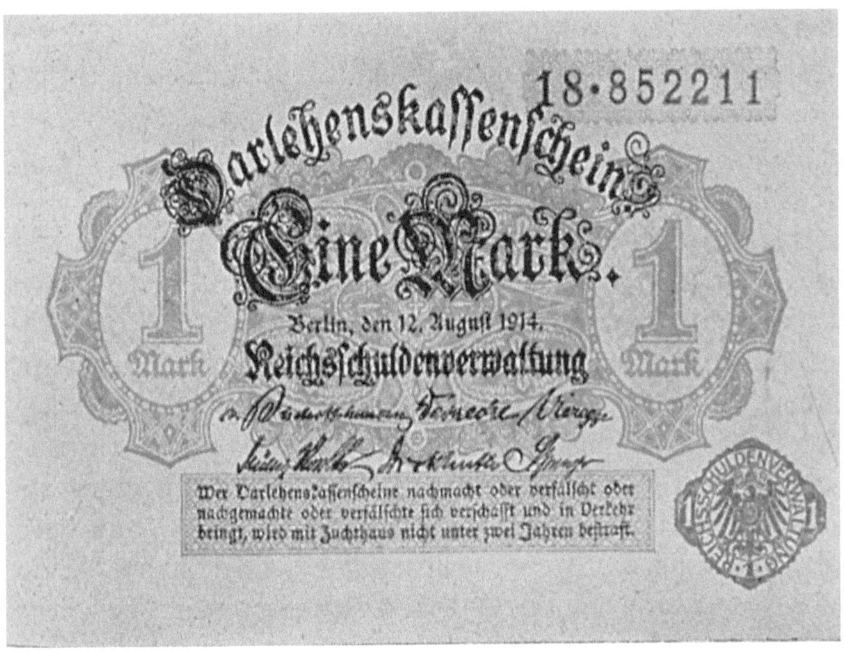

Der Kriegsausbruch schürte soziale Ängste und Unsicherheiten bei den Leuten, das betraf alle Lebensbereiche, wie die Frage nach dem Arbeitsplatz, wie lange gibt es ausreichend Butter und Mehl zu kaufen, was wird mit den Kindern, wenn die Lehrer in den Krieg ziehen und ganz wichtig: was wird mit dem ersparten Geld?

Die letzte Juli-Woche 1914 brachte einschneidende Veränderungen in der deutschen Finanzwelt. Die Börsen schlossen und die Geldinstitute des In- und Auslandes wurden mit Verkaufsaufträgen überschüttet, die Banken mit vorzeitigen Kreditabzahlungen und Wechseleinlösungen bestürmt und ein Großteil der Kunden forderte ihre Guthaben zurück.

Kontoinhaber auf der Greifswalder Stadtsparkasse oder Kreissparkasse, vom Spar- und Bauverein oder der Greifswalder Bank trauten der Sicherheit ihrer Finanzeinlagen nicht mehr und wollten größere Abhebungen tätigen. Nach den kommunalen Sparkassenstatuten beispielsweise war die Höchstsumme für Abhebungen pro Tag auf 5 Prozent des Sparguthabens begrenzt. Deshalb führte der „Bank Run" auch nicht zum Ruin der Geldinstitute. Insbesondere bei den Sparkassen befanden sich die Geldeinlagen außer Gefahr. Sie waren als Kommunalkassen gegründet worden und mit Beginn ihres Bestehens bürgten die Immobilien der Kommunen, die Häuser, Grundstücke und der Landbesitz, für die eingelegten Spargelder. Zudem verfügten sie genügend liquide Mittel.

Massenhafte Geldabhebungen waren in jenen Jahren allerdings nicht neu. Das war in der Reichshauptstadt Berlin so, wo schon am 27. Juli 1914 circa 7.000 Sparer insgesamt 935.000 Mark abhoben und das setzte sich in Vorpommern fort. Aus der Zeitung erfuhren die Leser, das mit dem Tag der Mobilmachung zwei erfolgreiche Bankiers bekannter deutscher Geldinstitute, in Weimar und Potsdam, durch Selbstmord ihr Leben beendet hatten, was die allgemeinen Spekulationen um den Verbleib des Geldes nur noch anheizte.

Kleinsparer sorgten sich um ihr Sparguthaben, insbesondere Industriearbeiter, Dienstboten oder Landarbeiter. Die meisten Soldaten dachten tatsächlich, der Krieg würde nur eine kurze Zeit andauern und sie glaubten bald wieder aus dem Schlachtfeld heimzukehren. Weihnachten glaubten sie wieder zu Hause zu sein. Mit dem Gestellungsbefehl zum Bezirkskommando Stralsund oder nach Anklam in der Hand, suchten Männer und Väter oft noch schnell die Sparkasse auf, um für ihre Abwesenheit bares Geld für Frau und Kinder zusätzlich abzuheben, es sollte der Familie helfen die kommenden schweren Zeiten zu überstehen.

Greifswalds Bürgermeister Dr. Gerding fand auf der ersten Kriegssitzung des Bürgerschaftlichen Kollegiums markige Worte.

> Kleinliche Engherzigkeit und Egoismus sind dem deutschen Volke fremd. Deutscher Tradition zuwider und unwürdig handelt daher derjenige, der in den Stunden, in

denen sich das Vaterland in Gefahr befindet, sein Geld den öffentlichen Kassen entzieht.

Dennoch wurden bei der Stadtsparkasse Greifswald im August 1914 2.748 Auszahlungen getätigt, gegenüber 1.699 im August 1913. Interessanterweise differierte aber die Gesamtauszahlungssumme (August 1913 = 491.210 Mark, August 1914 = 498.729 Mark) nicht wesentlich.[1]

Auf der Kreissparkasse (59. Geschäftsjahr) hoben die Sparer in der ersten Augustwoche rund 76000 Mark mehr ab, als sie einzahlten.[2] Wegen der Unberechenbarkeit der Situation nahm der Kreistag auf seiner Sitzung am 7. August 1914 bei der Provinzialhilfskasse eine Anleihe von 2 Millionen Mark auf, um sie bei der Reichsbank zur eventuellen Abhebung zu lombardieren.[3] Bis Jahresende indes glich sich alles nicht nur wieder aus, sondern die Bilanz der Kreissparkasse verbesserte sich. Gegenüber 1913 erhöhten sich die Spareinlegen um rund 110.00 Mark, die Anzahl der Sparer stieg von 27.208 auf 28.508 Personen.[4] 1917 verzeichnete die Kreissparkasse nach dem Geschäftsbericht 34.284 Sparbücher.

Bei den meisten Leuten reichten die mühsam zusammen getragenen Ersparnisse ohnehin nicht auf lange Zeit, nur vorläufig sollte es reichen! Wieder ein Irrtum, wie wir heute wissen, der Krieg dauerte viel länger und von Beginn an musste die gesetzliche staatliche Familienunterstützung für die zurückgelassenen Soldatenfamilien sorgen und die Kommunen halfen, mit finanziellen Zuschüssen die größte Not im Alltag zu lindern.

Um dem allgemeinen Misstrauen zu den deutschen Finanzen entgegen zu wirken, veröffentlichten die Zeitungen mahnende Artikel und die Redakteure hörten im Auftrag der Geldinstitute nicht auf zu betonen, dass das Geld auf den heimischen Geldinstituten absolut sicher sei: Die Abhebung von Spar- und Bankeinlagen sei verkehrt. Das Geld wäre bei den Banken sicher aufgehoben und als Privateigentum jedem Zugriff des eigenen Staates sowie des Feindes entzogen. Papiergeld wäre auch in Kriegszeiten dem gemünzten Gelde als vollwertig anzusehen.

Nach einiger Zeit wirkten die öffentlichen Argumente erfolgreich und die Leute zahlten ihre Gelder auf die Sparbücher, Kontokorrentkonten wieder ein oder deponierten es in Schließfächern auf ihrem Geldinstitut. Außerdem boten die Sparkassen auf Spargutgaben im Durchschnitt 3,5 Prozent Zinsen als individuellen Anreiz.

Schwierigkeiten im Zahlungsverkehr bereitete anfangs das Kleingeld (Scheidemünzen aus Silber, Kupfer und Nickel), das ausging, und phasenweise während der Kriegszeit zu „Notgeldausgaben“ in Papierform von 50 Pfennig bis zu 5 Mark der Gemeinden führte. 1916 entstand eine neue und noch größere Notgeldetappe, getragen von 2251 öffentlichen und privaten Ausgaben.

Auch der der Greifswalder Magistrat gab begrenzt für den Stadtbezirk per 28. März 1917 Kriegsnotgeld in Form von Zinkhartgeld zu 25 und 5 Pfennig heraus. Die Vorderseite trug das Wappen der

Stadt umrahmt mit den Worten „Stadt Greifswald 1917“ und auf der Rückseite standen: „Kleingeldersatzmarke“ und der Wert.

Insgesamt war schon im ersten Kriegshalbjahr der Geldbedarf sowohl des Heers (Mobilmachung, Löhnung, Unterhalt der Truppen) als auch der Zivilbevölkerung und der Industrie enorm. Die Reichsbank reagierte mit der Ausgabe von Darlehnskassen- und Reichskassenscheinen in Millionenhöhe, in größeren und kleinen Werten. Sie brachte vom 8. August bis 31. August 1914 69,3 Millionen Mark an Darlehnskassenscheinen, 18,6 Millionen Mark an Reichskassenscheinen und 77,5 Millionen Mark in Scheidemünzen, zusammen rund 165 Million Mark, in den Verkehr, ohne indes den Bedarf vollständig decken zu können.

Aber aus Angst vor der Inflation trauten viele Bürger dem neuen Papiergeld (noch) nicht.[5] Lieber wollten sie Scheine gegen Münzen eintauschen. Das hochwertige Hartgeld, die Goldmünzen (Doppelkronen und Kronen) und die Silbermünzen zu 5, 3, 2, 1 und 0,5 Mark, enthielten Gold oder Silber, und konnten alle Zeiten und Währungen überdauern. Allgemein stand der Nennwert einer Mark für einen Feingehalt von fünf Gramm Silber. Eine fünf Mark Silbermünze enthielt also 25 g Silber. International erhöhte sich 1916 der Silberwert rapide. Mit Münzen wusste man, was im Sparstrumpf lag. Schließlich wies die Regierung in Berlin die Reichsbank- und Postbeamten an, den Umtausch in klingende Münzen einzustellen.

Dennoch nahmen sich auch in Greifswald einzelne Kaufleute heraus, Papiergeld abzuweisen und vom Kunden nur Hartgeld zu akzeptieren und trieben zudem die Warenpreise unzulässig hoch. So blühte sehr schnell der Kriegswucher auf.

Der Stellvertretende Generalkommandeur des 2. Armeekorps zu Stettin drohte, alle Geschäfte, Wirtschaften, Hotels usw. unverzüglich polizeilich schließen zu lassen, in denen Reichskassenscheine und Reichsbanknoten nicht zum vollen Wert in Zahlung genommen oder wo, unverhältnismäßige Preise für notwendige Nahrungsmittel gefordert wurden. Binnen kurzem sollte die Festsetzung von Höchstpreisen folgen.

Handwerk und der Handel hatten schon in der ersten Kriegswoche die Zahlungen auf Rechnung verweigert und verlangten für ihre Dienstleistungen und den Verkauf von Waren konsequent eine Barzahlung. Wie die Kohlenhändler der Stadt, Bedke, Below, Blunck, Bong, Fischer, Grädener, Großkopf, Grünwald, Haß, Metzler, Michaelsen und Scheel, annoncierten, konnten die Käufer den „kläglichen" Rest an Briketts und Steinkohlen nur noch gegen Bares erwerben. Ja, die Unsicherheit um das Geld war eben in allen Kreisen groß.

Weiterhin wurde vom deutschen Volk verlangt Gold- und Silbermünzen herauszugeben, um sie in Papiergeld umzutauschen, um die Goldwährung der Reichsbank zu stützen. Tatsächlich erweiterte sich der Goldbestand der Reichsbank in der Zeit vom 1. August 1914 bis 30. April 1915 um 910.000 Millionen Mark allein durch freiwillige Sammlungen aus der Bevölkerung und betrug nun einschließlich des Reichskriegsschatzes und der gebildeten Goldreserve (insgesamt 205 Millionen Mark), abzüglich der in dem Zeitraum geringen Goldausgaben, 1.115 Millionen Mark.

Einige hartnäckige „Verweigerer“ gaben ihre Münzen nicht her und waren zum Schluss die „Dummen“. Beispielsweise wurde das silberne 2-Markstück aus dem Verkehr gezogen und im Sparstrumpf wertlos.

Auf dem Greifswalder Wochenmarkt schritt die Polizei gegen den unerhörten Preiswucher ein, beispielsweise gegen auswärtige Kartoffelhändler, die ganz unverhältnismäßig hohe Preise haben wollten. So verlangte ein Händler aus Hinrichshagen-Dorf nicht weniger als 5,50 Mark für den Zentner. Ihm wurde das Handwerk gelegt.“[6]

Doch blieb die Kartoffelversorgung weiterhin problematisch, bis die Stadtverwaltung dann im Herbst 1914 eine wirtschaftliche Lösung fand.

> Für den Zentner Kartoffeln wurden 3,50 Mark verlangt. Diese Verhältnisse veranlassten den Magistrat, den Kartoffelverkauf selbst in die Hand zu nehmen. Zwei Großgrundbesitzer erklärten sich bereit der Stadt 2000 Zentner Kartoffeln nach Vereinbarung eines Kaufpreises von 2,60 Mark zu liefern. Die Stadt war hierdurch in die Lage versetzt, und nach der Berechnung aller Unkosten, den Zentner Kartoffeln zum Selbstkostenpreis von 2,80 Mark frei Haus abgeben zu können. Es wurden bisher an 462 Familien 1800 Zentner Kartoffeln geliefert.[7]

In einem anderen Fall verkaufte ein Bäcker Brot zu 50 Pfennig, das aber nur 3 Pfund anstatt der geforderten 4 Pfund auf die Waage brachte. Polizei und Bevölkerung nahmen es nicht hin und so vertrieb man das zu leichte Brot wieder vom Markt. Solche „unpatriotischen" Vorfälle traten aber immer wieder auf, wechselten nur die Erscheinungen.

Der Herbst verging und der erste Kriegswinter stand vor der Tür. Die zu Beginn eingetretene Verkehrsstockung und die Einziehung von etwa 50.000 Bergarbeitern in das Heer, lies die Kohleförderung sinken, was sofort zum Anstieg der Kohlenpreise führte. Für einen Zentner Kohlen wurden 1,60 Mark verlangt, für einen Zentner Briketts mussten 1,30 Mark und darüber bezahlt werden. Nachdem die Eisenbahn wieder Kohlentransporte fuhr und auch die Zufuhr schlesischer Kohlen möglich wurde, fielen die Preise wieder. Um gerade die ärmere Bevölkerung zu unterstützen, kaufte die Stadt Greifswald 1000 Zentner Kohlen an und gab sie zu billigen Preisen ab.

Am meisten wurden die Betriebe und Greifswald selbst durch den kriegsbedingten Wegfall der Steinkohlenimporte geschädigt. Während die Stadt vor dem Krieg für einen Zentner englische Kohlen rund 0,97 Mark aufzuwenden brauchte, kostete nun der Zentner schlesischen Kohle 1,15 Mark und ein Zentner westfälischer Kohle 1,25 Mark. Mit Rücksicht auf die Verteuerung der Kohlen musste der Gaspreis um drei Pfennig erhöht werden, was mehrmals erfolgte.[8]

In der Tendenz nahmen bis Anfang 1918 sowohl die Spareinlagen als auch die Anzahl der Sparer zu. Die Erhöhung der Lebensmittelpreise wurde um ein Vieles kompensiert durch den ausfallenden Konsum. Es gab ja kaum noch Waren wie Kleidung, Haushaltsartikel oder Möbel zu kaufen. Der Markt war wie leergefegt. Wo in den Haushaltungen Geld einkam durch Verdienst oder Mieteinnahmen, trug man das Geld auf die Bank. Erst zu Kriegsende war das Vertrauen gebrochen.

Vertrauliche Mitteilungen, 26. Oktober 1918

In der letzten Zeit hat sich in ganz auffälliger Weise ein Aufsammeln von Zahlungsmitteln, namentlich den jetzt den Zahlungsverkehr vermittelnden Banknoten, bemerkbar gemacht. Gegen dieses Hamstern von Banknoten muß umso mehr mit allem Nachdruck gewirkt werden, als diese Erscheinung sehr bedauerlicherweise sich nahezu in allen Kreisen bemerkbar macht. Es behalten jetzt die Arbeiter das von ihrem Lohn Ersparte im Hause und bringen es nicht mehr zur Sparkasse und ebenso werden im Mittelstand und selbst in begüterten Kreisen die Zahlungsmittel im Hause festgehalten.
Es muß auf die große Gefahr aufmerksam gemacht werden, hierdurch dieses Treiben für die ganze Volkswirtschaft entsteht.[9]

Anmerkungen:

1) Landesarchiv Greifswald: Rep. 65 c, Regierung Stralsund, „Die Mobilmachung 1914", Nr. 2825, Bl. 203 ff.: Bericht des Magistrats Greifswald vom 7. November 1914: Einwirkung des Krieges auf das Wirtschaftsleben. Bl. 219.
2) Greifswalder Zeitung vom 7. August 1914, S. 3.
3) Wolgaster Zeitung vom 7. August 1914, S.
4) Siehe „Verwaltungsbericht des Kreisausschusses des Landkreises Greifswald für das Kalenderjahr 1914. Internetquelle: Staatsarchiv Krakau:
https://www.szukajwarchiwach.pl/65/73/0/2.10/848/str/1/10/15 /SgNvaZSFOl0-kjCysGG9fg/#tabSkany.
4) Das Bankgesetz schrieb vor, dass nur so viel Papiergeld ausgegeben werden durfte, wie die vorgeschriebene Deckung zuließ. Diese Deckung war eine dreifache: ein Drittel durch den Goldbestand, ein Drittel durch Wechsel und das letzte Drittel durch Lombardierung. Wenn in der Reichsbank beispielsweise 2 Milliarden Gold lagerten, so konnten höchstens 6 Milliarden in Papiergeld ausgegeben werden; von diesen wurden 2 Milliarden durch das Gold gedeckt. Zwei weitere Milliarden erhielten Deckung durch absolut sichere Wechsel, die die Reichsbank ausgab. Wechsel waren 1914 im geschäftlichen Leben schon lange als Zahlungsmittel üblich und die Wechsel der Reichsbank, zwei einwandfreie Bürgen sicherstellten, boten entsprechend Sicherheit. Das letzte Drittel

wurde gedeckt durch Lombardierungen, d. h. Verpfändungen von Waren (z. B. Holzlager, Warenbestände) oder Wertpapieren.

5) Um den Goldbestand des Reichs zu sichern, wurde gleich zu Anfang des Krieges das Münzgesetz dahin abgeändert, so dass bis auf weiteres anstelle der Goldmünzen Reichskassenscheine und Reichsbanknoten traten (Gesetz vom 4. August 1914 Ges.-Bl. 326). Die Goldmünzen wurden in der Reichsbank angesammelt und erreichten bis Ende 1916 den Betrag von ca. 2,75 Milliarden Mark. Zur leichteren Bewältigung des Zahlungsverkehrs wurden mit obigem Gesetz (Ges.-Bl. 340) 99 Darlehenskassen in deutschen Städten gegründet und Darlehenskassenscheine ausgegeben. Diese sowohl als auch die Reichskassenscheine wurden gesetzliche Zahlungsmittel.

Die vorher geltende Bestimmung, wonach die Reichsbank verpflichtet war, Kassenscheine auf Verlangen wieder in Gold umzuwechseln, wurde aufgehoben (Ges.-Bl. 1914, S. 347).

Auch Scheine zu 2 und 1 Mark wurden herausgegeben (Gesetz vom 31. August 1914 Ges.-Bl. 393) und für diese ebenso die Verbindlichkeiten zur Umwechslung in Gold außer Kraft gesetzt (Gesetz vom 28. August 1914 Ges.-Bl. 417).

6) Wolgaster Zeitung vom 12. August 1914, S. 3.

7) Landesarchiv Greifswald: Rep. 65 c, Regierung Stralsund, „Die Mobilmachung 1914“, Nr. 2825, Bl. 203 ff.: Bericht des Magistrats Greifswald vom 8. November 1914: Einwirkung des Krieges auf das Wirtschaftsleben. Bl. 219.

8) ebenda.

9) Staatsbibliothek Berlin: Vertrauliche Mitteilungen Nr. 19, 1918.

09 Bürgerwehr

Mit Einzug der Männer an die Front wurden in allen Bereichen des gesellschaftlichen Lebens, ganz besonders bei den Sicherheitsorganen: der Polizei, Gendarmerie oder in der Freiwilligen Feuerwehr erhebliche Lücken gerissen, die es schnellstens zu schließen galt. Vor dem Krieg sorgten 27 angestellte Polizisten für Ordnung und Sicherheit und bald musste die Gemeinde mit weniger Polizeiaufsicht auskommen.
Die deutsche Kriegspropaganda schärfte von Anbeginn das Feindbild und die Leute hatten Angst und Sorgen vor Verlusten um ihr Hab und Gut. Wenn es auch nicht alle Menschen gleichermaßen betraf, wurde doch ein Großteil in der Ungewissheit mitgerissen.

Die Kriegspropaganda[1] offerierte schon am 3. August 1914 das „Weißbuch“,[2] das die politischen und diplomatischen Ereignisse und Fakten, die zum Krieg führten, aufschlüsselte. Darin wurde letztendlich das Deutsche Kaiserreich als ein Land dargestellt, dem andere Länder, insbesondere Frankreich, England und Russland, den Krieg aufgezwungen hatten. Das Weißbuch sollte beweisen, dass Deutschland sich bis zuletzt um Frieden bemühte und schließlich einen Präventivkrieg führen musste, jedoch, Fehler in der Eile, Verfälschungen und Auslassungen inklusive. In Auszügen setzten die Greifswalder Zeitungen die Leser von dieser „Notlage des deutschen Vaterlandes“ in Kenntnis.

Ausländer in Deutschland hatten es in diesen Kriegstagen sehr schwer, besonders die ausländischen Schnitter wurden kritisch beobachtet. Überhaupt waren immer wieder Gerüchte in Umlauf gebracht worden, die Panik verursachten und dem musste man entschieden entgegentreten.[3] Da hieß es z. B., dass der deutsche

Kronprinz durch zwei russische Studenten umgebracht worden sei oder französische Spione sollten in Maurerkleidung mit Fahrrädern mit einem Teil des Kriegsschatzes von Frankreich nach Russland unterwegs sein, usw.

Unversehens galten alle Ausländer aus „Feindesland“, aus Russland, England und Frankreich, als potenzielle Spione, Saboteure, Attentäter usw.

Aufgrund der Unruhen sowie der „Spionitis“ in Pommern griff der kommandierende General des 2. Armeekorps Stettin, von Linsingen, zum äußersten Mittel seiner Militärgewalt und rief bereits am 3. August 1914 für Pommern, unter Berufung auf das Gesetz über den Belagerungszustand von 1851, den „verschärften Kriegszustand“[4] mit besonderer Militärgerichtsbarkeit über die zivile Gesellschaft aus.

> Infolge verbrecherischer Anschläge ausländischer Individuen auf Gegenstände, die für die Durchführung der Mobilmachung von Bedeutung sind, bestimme ich im Interesse der öffentlichen Sicherheit und des Wohles des Vaterlandes folgendes: Für die Regierungsbezirke Stralsund und Stettin, jedoch mit Ausnahme der Festung Swinemünde, und für denjenigen Teil des Regierungsbezirks Köslin, welcher zu dem Bezirk des 2. Armeekorps gehört, wird unter Aufhebung des Artikel 7 der Verfassungsurkunde ein Kriegsgericht mit dem Sitz in Stettin gebildet.[5]

Bis zum 19. August 1914 hatte das Kriegsgericht in 39 angezeigten Fällen polizeiliche Untersuchungen angestellt, doch erfolgten zu den schweren Spionagevorwürfen fast ausnahmslos Freisprüche.[6]

Schnell wurden Bürgerwehren in den Gemeinden ins Leben gerufen, die zur Aufrechterhaltung von Ordnung und Sicherheit, dazu zählte ebenso der Schutz vor verdächtigen Subjekten aller Art, vor Anschlägen auf Bahnanlagen, Betrieben usw. dienen sollten.

In Greifswald erklärten sich Mitte August 1914 über 100 Bürger bereit, in die Bürgerwehr einzutreten und für die Sicherheit der Stadt einzustehen. Nach der Versammlung blieben von den Erstmeldungen lediglich 60 übrig. Diese „Wehrmänner der Heimat" wollte ein Polizeibeamter der Stadt militärisch ausbilden und alle Mitglieder der Wehr sollten eine Armbinde tragen sowie als Ausweis eine Legitimationskarte erhalten.[7]

Am 31. August 1914 berichtete der Regierungspräsident zu Stralsund:

> In fast allen Städten und in einigen größeren ländlichen Ortschaften des hiesigen Regierungsbezirkes sind im Interesse der Aufrechterhaltung der Ruhe und Ordnung Bürgerwehren ins Leben gerufen worden, denen Männer aus allen Bevölkerungsklassen, insbesondere Mitglieder der Kriegervereine und Feuerwehren beigetreten sind. Die Mannschaften der Bürgerwehren tragen mit Aufschriften versehene Armbinden, auch sind sie mit Ausnahme derjenigen in Greifswald und Damgarten, soweit erforderlich, (schon) bewaffnet worden. Der Magistrat der Stadt Stral-

sund hat von der Einrichtung einer Bürgerwehr abgesehen, da ihm noch Polizeibeamte in ausreichender Zahl zur Verfügung stehen und in besonderen Fällen militärische Hilfe erbeten werden kann. Auch in der Stadt Bergen ist eine Wehr nicht errichtet worden, weil der Magistrat glaubt, mit dem vorhandenen Polizeipersonal Ruhe und Ordnung aufrechterhalten zu können. Die Überlassung von Waffen beantragen nur die Magistrate von Greifswald und Damgarten. Der Magistrat von Greifswald bittet um 20 Armeerevolver mit Munition, da die Greifswalder Polizeibeamten nur mit 4 Pistolen bewaffnet und von den Waffenfabriken weitere Schusswaffen zurzeit nicht zu erlangen seien.[8]

Vom Artilleriedepot Stettin erhielten die Bürgerwehren entsprechende Waffen und Munition zugestellt.

Nach dem ersten Vierteljahr entspannte sich die Lage, auch in Greifswald, denn die Leute beruhigten sich wieder. Gerüchte eilten immer wieder durch die Stadt, aber tatsächliche kleine Vorkommnisse gehörten bald zum Alltag und wurden jetzt gelassen hingenommen. Der Kriegsalltag hatte Einzug gehalten und fast überall in Vorpommern lösten sich die Bürgerwehren auf. Bei der Waffen- und Munitionsrückgabe wurde peinlich genau gezählt und schriftliche Rechenschaft verlangt. Doch Schüsse waren von den Bürgerwehren kaum abgegeben worden.

Am Ende des ersten Kriegsjahrs schrieb das Artilleriedepot an den Regierungspräsidenten zu Stettin:

Von den während der Mobilmachung zur Verfügung gestellten 10.000 scharfen Patronen 88 E sind von den einzelnen Landräten der Provinz insgesamt 9255 Patronen an das Artilleriedepot zurückgesandt worden. Die fehlenden 745 Patronen müssen, da sie in Ausgabe verbleiben, belegt werden.[9]

Zum 15. Februar 1915 ließ von Vietinghoff, nun der stellvertretende kommandierende General, ein zweites Kriegsgericht innerhalb des 2. Armeekorps in Greifswald einrichten, welches für den Regierungsbezirk Stralsund zuständig wurde.[10]

Vor das Kriegsgericht gehörten die Untersuchung und Aburteilung von Verbrechen des Hochverrats, des Landesverrats, Morde, des Aufruhrs, der tätlichen Widersetzung, der Zerstörung von Eisenbahnen und Telegrafen, der Befreiung von Gefangenen, der Meuterei, des Raubes, der Plünderung, der Erpressung, der Verleitung von Soldaten zur Untreue, Verstöße gegen Anordnungen und Befehle der Generalkommandos (mit Höchststrafe bis zu 150 Mark).

Nach der Novemberrevolution 1918 zogen durch politische Streiks, Aufruhr, Mordanschläge auf linke Politiker, Konterrevolution usw. in den Großstädten Gewalt und Unruhe ins Land. Das Ministerium des Inneren forderte die Gemeinden auf zum Schutz Bürgerwehren zu bilden. Von alledem blieb Greifswald weitgehend verschont, abgesehen von gelegentlichen handgreiflichen Auseinandersetzungen zwischen Studenten und linken Arbeitern auf öffentlichen Versammlungen. Berliner Zustände mit Straßenkämpfen und Toten, befürchtete niemand in Greifswald. So fand der Aufruf des Magistrats zur Bildung einer Bürgerwehr mit Unterstützung von 20.000 Mark bei der Einwohnerschaft keine Resonanz mehr.

November 1919 musste sich das Bürgerschaftliche Kollegium erneut mit der Einwohnerwehr beschäftigen, um der mehrfachen Weisung des Reichsministers des Inneren, zuletzt vom 15. September 1919, Folge zu leisten.

An Kosten wurden 10.000 Mark beantragt. Die Unabhängigen und die Mehrheitssozialisten stimmten gegen die Vorlage, während die bürgerlichen Parteien ihre Befürwortung aussprachen, so dass die Magistratsvorlage angenommen wurde. Aufgerufen zum Beitritt in die Einwohnerwehr waren „erprobte Feldzugsteilnehmer" und besonders vertrauenswürdige Personen, für die Aufrechterhaltung der Ruhe, Ordnung und Sicherheit; die Verwendung gegen einen äußeren Feind sollte ausgeschlossen sein. Jedoch blieb die Resonanz unter den Erwartungen, lediglich etwa 70 Personen meldeten sich.

Anmerkungen:

1) Ziel jeder Kriegspropaganda in der Geschichte von Kriegen war es den Gegner bloß zu stellen, zu diffamieren, und die eigene Kriegshandlung zu rechtfertigen.

2) Im 19. Jahrhundert begannen die Staaten mit einem Farbbuch die Ursachen von Kriegen, Konflikten oder Krisen durch Quellen aus Politik und Diplomatie zu begründen. In deutscher Tradition stand seit 1870 das Weißbuch, England bevorzugte blau, Frankreich wählte gelb und Russland stand auf orange. Im Ersten Weltkrieg gab Deutschland als erstes kriegführendes Land sein Weißbuch heraus. Als letzter Kriegsteilnehmer veröffentlichte Frankreich im Dezember 1914 sein „Gelbbuch". Am 2. Mai 1915 folgte eine neue Ausgabe des deutschen Weißbuchs. Nachdem Italien Mai 1915 in den Krieg eintrat, entstand das „Grünbuch" (vom 20. Mai 1915).

3) „... das war eine allgemeine Nervosität, die aus der Ungewissheit und auch in nicht geringem Grade aus Furcht vor dem Kommenden bestand. Typisch hierfür ist die Gerüchtemacherei jener Tage. Der Vorgang war einfach: einer erzählte irgend etwas 'wirklich' Richtiges und Verbürgtes dem anderen, selbstverständlich unter dem Siegel der Verschwiegenheit. Der Dritte erfuhr die Sache schon mit kleinen Zusätzen - und gab sie gleichfalls verziert und breiter ausgebaut an den Vierten und Fünften weiter. Bald war dann auf diese Weise irgendeine Unsinnigkeit in aller Leute Munde. Das Ende vom Liede kam gewöhnlich mit einer geharnischten Gegenerklärung von amtlicher Stelle oder in der Tagespresse. Aber damit war die Wirkung der Massensuggestion nicht mehr aus der Welt zu schaffen: sie wirkte nach und hielt die Gemüter in ständiger Aufregung, die sich bei jeder Gele-

genheit in lautem Lärmen äußerte." In: Düwell, Wilhelm: Vom inneren Gesicht des Krieges Beiträge zur Psychologie und ..., 1917. S. 43.

4) Der „verschärfte Kriegszustand" war eine Steigerung zum „drohenden Kriegszustand" und setzte neue restriktive Maßnahmen auf das Zivilleben. Er wurde durch das Militär (der Generäle der 24 Armeekorps) unter Aufhebung von entsprechenden Paragrafen bzw. Artikeln der Verfassung ausgelöst, ohne Zustimmung des Reichstags, Bundesrats, von Provinzialregierungen usw. Einige Generalkommandos riefen den „verschärften Kriegszustand" während der Kriegszeit mehrmals aus, für Pommern beispielsweise am 3. August 1914 und per 1. März 1915.

5) Vgl. Pasewalker Anzeiger vom 7. August 1914. Der Paragraf 7 bzw. Artikel 7 unter dem Titel: „Vom Rechte der Preußen" aus der preußischen Verfassungsurkunde (Staatsgesetz) vom 31. Januar 1850 lautet: „Niemand darf seinem gesetzlichen Richter entzogen werden. Ausnahmegerichte und außerordentliche Kommissionen sind unstatthaft."

6) Die ernannten Militärgerichte verhandelten mit drei Offizieren und 2 zivilen Richtern. Den Vorsitz führte ein ziviler Richter. Gegen die Urteile der Kriegsgerichte gab es kein Rechtsmittel. Die auf Todesstrafe lautenden Erkenntnisse unterlagen jedoch der Bestätigung des zuständigen Militärbefehlshabers.

7) Landesarchiv Greifswald: Rep. 65 c Stralsund, Nr. 2825 „Die Mobilmachung 1914", Bl. 92.

8) Landesarchiv Greifswald: Rep. 60 Oberpräsident, Nr. 3031, Bl. 24.

9) ebenda Bl. 119.

10) Greifswalder Zeitung vom 13. Februar 1915 S. 3: Bekanntmachung.

10 Universität

Die jungen deutschen Studenten zogen im August 1914 überwiegend als Freiwillige mit in den Krieg. Bis zum 14. Dezember 1914 befanden sich von 52708 eingeschriebenen (reichsdeutschen) Studenten an den deutschen Universitäten 29863 junge Männer im Feld. Sie waren darauf ideologisch und militärisch gut vorbereitet worden.

In den Greifswalder studentischen Korporationen der Borussia, Germania, Cimbria, Studentischen Liedertafel, Guestfalia, Markomannia, Pomerania, Sedina oder im Wingolf, in den Wirts- und Verbindungshäusern der Universitätsstadt, pflegte die akademische Elite traditionell ihr Vereinsleben.

Es waren junge Männer, die sich regelmäßig zusammenfanden auf patriotischen Versammlungen oder festlichen Umzügen mit vaterländischen Gesängen. Mit Kriegsausbruch bildeten die Vereinigungen den Rahmen für die nationalistische Euphorie der Augusttage und die Studenten trugen überall den „Puls der Zeit“ auf die Straße. Viele von ihnen strebten nach großen Taten für Vaterland und Kaiser, ganz auf den Spuren vergangener Kriege und für einige Sonderlinge war es im August 1914 reine Abenteuerlust.

Andere, wie zukünftige Mediziner, Zahnärzte, Tierärzte und Pharmazeuten, konnten die Ausbildung offiziell vorzeitig beenden bzw. um ein Jahr kürzen. Im April 1914 hatte der Deutsche Reichstag ein Gesetz verabschiedet, das ihnen unter „Kriegsbedingungen“ die Erlangung der Approbation unter Verzicht auf das praktische Jahr, ermöglichte. Von 342 in Greifswald eingeschriebenen Medizinstudenten standen im Wintersemester 1917/18 252 (freiwillig) im Sanitätsdienst in der Armee, von 22 bei den Stomatologen 21. In den vier Jahren nutzen etwa 5500 deutsche Medizinstudenten die Kriegsapprobation.

Nach beschleunigter Rückkehr aus Greifswald trat ich am 1. August 1914 im Breslauer Feldartillerie-Regiment nebst vielen Bekannten als Kriegsfreiwilliger ein. In dem Rekrutendepot, in dem die Anfangsgründe artilleristischen Wissen uns gelehrt wurden, befanden sich gegen 20 Korpsstudenten. Besonders der Breslauer S. C. und zufälliger Weise auch der gesamte Grypser waren vertreten. Ich hatte das Glück bereits mit dem

2. Freiwilligenersatz hinaus gesandt zu werden. Ich werde den Abend des 25. September nicht vergessen, ...[1]

Durch die laufenden Einberufungen und freiwilligen Meldungen von Studenten und Mitarbeitern der Universität zum Kriegsdienst, kam es zum beträchtlichen Personal- und Hörerschwund. Der reguläre Studien- und Lehrbetrieb fand nur noch stark eingeschränkt statt. Um den bestehenden wissenschaftlichen Anforderungen dennoch gerecht zu werden, mussten grundsätzliche Fragen geklärt werden u. a.: Wie sollte man weiter arbeiten unter den Folgen der Personaleinschränkungen in jeder Hinsicht? Das schnell um sich greifende Gerücht von einer Schließung der Universität zum Wintersemester wurde von staatlicher Seite dementiert und in den Greifswalder Zeitungen von den Behörden entschieden zurückgewiesen.

Im Verlauf des Krieges richtete sich das Hauptaugenmerk auf die Erhaltung und Förderung der Medizinischen Fakultät. Das Kriegsgeschehen forderte ausgebildete Ärzte, Zahnärzte und auch Apotheker an die Front und in die Etappe, um Menschenleben zu retten oder Verwundete wieder wehrdienstfähig zu machen.

Im amtlichen Personal-Verzeichnis der Greifswalder Universität waren für das Wintersemester 1914/15 (mit alten und neuen Studenten) 1.065 Studenten eingeschrieben, darunter befanden sich 64 Frauen. Im vorhergehenden Sommersemester lag die Zahl mit 1.456 Studenten erheblich höher. Dazu kam, dass diese für das Wintersemester ansprechende Gesamtzahl lediglich im Matrikelbuch der Universität stand. Nach der Universitäts-Chronik für das

Jahr 1914/15 befanden sich von den Immatrikulierten seit August etwa 750 Studenten im Krieg, so dass im Winter 1914 rund 300 junge Leute tatsächlich studierten.[2]

Der reguläre wissenschaftliche Lehrbetrieb funktionierte mit der kleinen Studentenschar nur mäßig. Privatdozenten verloren an Honorar und Stellen wurden vorübergehend nicht besetzt. Brotlose Akademiker waren keine Seltenheit.

Die wenigen Studenten aus „kriegsfeindlichen“ Ländern wurden auf höhere Anweisung exmatrikuliert oder gaben das Studium selbst auf.

Insgesamt hatten sich im Sommersemester 1914 34 Ausländer eingeschrieben, darunter zehn Russen, sechs Studenten aus Österreich-Ungarn, fünf Asiaten, zwei aus Serbien, drei Amerikaner, zwei Afrikaner, ein Engländer und einige junge Leute aus anderen Ländern. Im Wintersemester 1914/15 studierten nur noch neun Ausländer in Greifswald, darunter zwei Studenten aus Russland, einer aus Österreich-Ungarn, ein Niederländer, ein Norweger und ein Amerikaner und es war nur eine Frage der Zeit, wann auch sie die Universität verließen.[3]

Es blieben die Wehrdienstuntauglichen und die studierenden jungen Damen, später kehrten die von der Front Kriegsbeschädigten zurück.

Am staatswissenschaftlichen Seminar begann beispielsweise das Wintersemester 1914/15 mit 7 Teilnehmern, von denen in den kommenden Wochen einer nach dem anderen zu den Fahnen gerufen wurde, so dass am Schluss nur noch 2 Teilnehmer verblieben. Am germanistischen Seminar schmolz die Zahl der Teilnehmer vom Sommersemester mit 223 auf 46 im Wintersemester zusammen.[4]

Zeitweise besuchten Greifswalder Kriegsstudenten oder von anderen Hochschulen die Uni, die von der OHL und vom Kriegsministerium für Praktika, Zwischen- oder Abschlussprüfungen freigestellt und zugewiesen wurden. Mediziner absolvierten 1915/16 das Physikum am botanischen Institut. 1917 und 1918 promovierten Kriegsteilnehmer.

In der Tendenz stieg 1916 an den preußischen Universitäten bei den Medizinern die Anzahl der Kandidaten zur Hauptprüfung gegenüber dem Vorjahr um 25 Prozent an, aber die Zahl der Bestandenen nahm um 31,6 Prozent ab. Eine Folge der fehlenden Professoren und Dozenten bzw. durch den ständigen Wechsel der Lehrkräfte bedingt.

Vom wissenschaftlichen Personal der Greifswalder Universität leisteten 1914/15 13 Professoren und 18 Dozenten aktiven Kriegsdienst. Aus der philosophischen Fakultät waren seit August im Krieg die Professoren Jaeckel, Pernice, Schöne, Vahlen, Lommatzsch, Heller und die Privatdozenten Curschmann, Philipp, Jacoby, Zadow, Leick und Klinghardt. Von den Medizinern zog Prof. Dr. Paul Kroemer ins Feld, musste aber August 1915 wegen Krankheit entlassen werden und übernahm danach als Stationsarzt Sanitätsdienst im Reservelazarett Greifswald bis zu seinem Ableben (2. November 1917).

Weitere 9 Professoren und 2 Dozenten, die meisten nicht mehr im wehrdienstfähigen Alter, arbeiteten bzw. halfen im Reservelazarett in der Krankenpflege, Seelsorge und beim Bürodienst. Darunter der Kinderarzt Erich Peiper (1856-1936) sowie der Physiologe Max Bleibtreu (1861-1939).[5] Mitte 1916 leisteten vom Lehrkörper 37 und von den Beamten und Angestellten 7 Personen Kriegsdienst, darunter auch die akademischen Zeichenlehrer Kreutzfeld und Fischer. In der Physik zog 1915 Dr. Stark, der einzige lehrende Physiker am Institut und spätere Nobelpreisträger, den Waffenrock an. Bei allem Lehrpersonalmangel konnten jedoch 1915/16 143 Promotionen durchgeführt werden.

In den Jahren 1914-15 schien das sonst so rege und bunte Universitätsleben im Vergleich zum vorangegangenen Sommersemester im Frieden, mit 1.456 Studenten, wie erstarrt. Im Greifswalder Stadtbild fehlten die jungen Leute, die Mietzimmer standen leer und die Gasthäuser wie „Großadmiral", „Flotte", „Bismarck-Eiche", „Bürgergarten" oder der „Ratskeller" verwaisten zunehmend. Die alt ehrwürdige Alma Mater besaß zweifelsohne großen Einfluss auf das Wirtschaftsleben der Stadt.

> Verschiedene Geschäfte, die mit Rücksicht auf die Universität errichtet worden sind, zum Beispiel Buchhandlungen und Buchbindereien, gehen außerordentlich schlecht. Da sich die Mehrzahl der Dozenten im Felde befindet, wird Greifswald von Kranken aus der Umgebung weniger aufgesucht als früher.[6]

> Gryps selbst liegt ja leer und tot dar, Studenten werden wie Wunder angestaunt, die Droschken gehen noch langsamer wie früher, keine bunten Mützen zeigen sich, nur zwei eben aufgestellte eroberte Geschütze strecken ihre Rohre drohend gen Himmel und weisen den Krieg.[7]

Dabei riss die Verbindung der Heimatstadt mit den Studenten nicht ab. Ein ehemaliger Greifswalder Student und Doktorand, der nun unter den Bayern kämpfte, schrieb über sei erstes Kriegsweihnachten an der Front:

> Rührend ist das Gedenken der Greifswalder an ihre alten Doktings; Weihnachtsliebesgaben aus Pommern waren für mich reichlich eingetroffen. Vor allem hat uns der Korn und die Spickgans gut gemundet, welche die alte Wirtin uns sandte.[8]

Im weiteren Verlauf des Krieges nahmen die Immatrikulationen an den deutschen Universitäten und technischen Hochschulen allgemein wieder zu. Nach dem Bericht des preußischen Ministers stieg die Studentenzahl vom Sommersemester 1914 von 26.000 auf 30.000 im Sommersemester 1917, wobei etwa 30 Prozent „beurlaubt" waren (im Krieg).[9]
Im Wintersemester 1917/18 zählte Greifswald 1.184 Eingeschriebene, im Sommersemester 1918 1.234 (Neuzugang 160 Studen-

ten, davon 7 aus dem Heer) und zum Wintersemester 1918/19 1.264 junge Leute. Nach wie vor studierten in allen Semestern durchschnittlich nur etwa 300 Studenten.

Die Universitätsbibliothek war ebenso von den Kriegsauswirkungen ab August 1914 betroffen. Die finanziellen Einnahmen sanken enorm, im Winterhalbjahr hatten lediglich 301 Studierende und 119 Nichtstudierende eine Leihgebühr in Höhe von 1.050 Mark bezahlt. Die Anzahl der Buchbestellungen verringerte sich von 76.000 im Jahr 1913 auf 44.600 im Jahr 1914. Nicht besser sah es bei der regelmäßigen Buchausleihe aus, rückläufig von 71.000 (1913) auf 41.000 (1914). Die Gesamtzahl der Benutzer fiel von 1.705 auf 1.484, dabei reduzierte sich die tägliche Besucherzahl im Lesesaal fast um die Hälfte, von 21.000 (1913) auf 11.800 im Wintersemester 1914/15.

Auch die Universitätsbibliothek musste mit reduziertem Personal arbeiten. Von den Beamten standen ab August der Bibliothekssekretär Neumann, der Hilfsbibliothekar Dr. Arsen und die drei Diener, Großkopf, Steinbrinck und Seel, im Feld. Hermann Neumann fiel am 16. November 1914 in Lenczyza (Polen).

Die verbliebenen Bibliotheksmitarbeiter hatten sich große Aufgaben gestellt, sie trieben die wissenschaftliche Katalogisierung des Bibliotheksbestands voran und wurden außerdem bei den Rot Kreuz Sammelaktionen, der Liebestätigkeit für die Soldaten im Feld, mit eingesetzt, als es galt Lesematerial, insbesondere Bücher für die Soldaten ins Feld zu schicken.

Dank der großen Spendenfreudigkeit der Greifswalder Bürger, die sich an der „Sammlung von Lesestoff“ für die 15 Lazarette in

Greifswald und für die Greifswalder Soldaten an der Front regelmäßig beteiligten, kamen etwa 3.000 Bände zusammen. Bibliotheksmitarbeiter sortierten die Bücher nach Sach- und Fachgebieten, verteilten, verpackten und verschickten sie in Gemeinschaftsarbeit mit dem Roten Kreuz. 10 Frachtballen konnten für die Soldaten versendet werden und die Resonanz war enorm. Lesen war in Spitälern und im Feld gleichermaßen eine willkommene geistige Ablenkung geworden.[10]

> Noch mehr Freude bereitet uns allen die Bibliothek, mehrere hundert Bände aller Art, eine Stiftung der Greifswalder Universitätsbibliothek. In einem bombensicheren Unterstand waltet ein Kriegsfreiwilliger, Dr. phil. seines Amtes als Bibliotheksdirektor. Vor dem Stand hat er auf einer großen Tafel den Katalog ausgehängt, wer seit Anfang des Krieges draußen ist, der weiß, daß die Seele durch das ewige Einerlei des Krieges trotz starken Willens zuweilen müde wird. Wer sich das Bild so malt, daß unsere Soldaten immer in Kameradschaft schwimmen, daß nie Reibungen vorkommen, daß der Soldat immer lustig und fidel ist, der schätzt uns doch zu oberflächlich ein. Sentimentalität und Kopfhängenlassen sind uns allen draußen verhaßt, aber unser inneres Leben bedarf zuweilen der geistigen Erfrischung.[11]

Über die Kriegszeit blieb an der Universität der Geist von 1914 erhalten. Im Jahr 1916 beteiligte sich die Universität an der Goldabgabe und verkaufte einige der goldenen Jubiläumsmedaillen.

Der Ertrag von 116,65 Mark wurde zunächst in einem Sparkassenbuch angelegt und für die spätere Erweiterung der Medaillensammlung bestimmt. (Senatssitzung vom 26. Oktober 1916). Als aber 1917 der Verkauf der goldenen Amtskette des Rektors zur Disposition stand, wandte sich der akademische Senat dagegen. (Senatssitzung vom 17. Oktober 1917).

Im November 1917 gründete sich in Greifswald eine Ortsgruppe der in Berlin entstandenen Deutschen Vaterlandspartei, die vorgab keine Partei im Sinne des Wortes zu sein, sondern eine Vereinigung zur Rettung der Nation (aufgelöst November 1918), die auf den „Siegfrieden" setzte. Der Rektor übernahm den Vorsitz der Ortsgruppe und wenig später den stellvertretenden Vorsitz der Provinzialgruppe in Stettin. Der pommersche Landesparteitag der DVP vom 21. Juni 1918 wählte den Universitätsprofessor Römer in den Reichsausschuss.

In den Kriegsjahren ehrten die Studenten die „Helden" und gedachten ihrer gefallenen Kameraden. Aus den akademischen Turnvereinen Cimbria, Markomannia und Teutonia erhielten bis zum 1. März 1915 32 Kriegsteilnehmer das Eiserne Kreuz 1. Klasse verliehen. Berühmtestes Mitglied aus der Cimbria war der Journalist, Feuilletonist, Heimat- und Heidedichter, Wegbereiter des Naturschutzes Hermann Löns (*1866; †1914).

Aus Brosewitz in Schlesien stammte der Greifswalder Student Georg Malich:

> Auf dem Felde der Ehre gefallen ist am 24. Dezember 1914 der Einjährig-Freiwillige Unteroffizier der 12. Kompanie, In-

fanterie-Regiment Nr. 42, Stud. phil. Georg Malich, Mitglied der katholischen Studentenverbindung 'Normannia' ... Fast 5 volle Monate hat er alle Schicksalsschläge, die das Greifswalder Bataillon auf französischem und russischem Boden trafen, glücklich überstanden, bis am Heiligen Abend eine feindliche Kugel seinem jungen hoffnungsvollen Leben ein viel zu frühes Ziel setzte.[12]

Am 10. Januar 1915 wurde erneut ein Medizinstudent zu Grabe getragen:

> Eine ernste und würdige Trauerfeier fand auf dem neuen Friedhof statt. Es galt, den seinen in Polen erhaltenen Wunden erlegenen Leutnant der Reserve Ernst Ruthenberg zur letzten Ruhe zu geleiten. Seine Leiche wurde aus dem Lazarett Lübben nach Greifswald überführt ... Dann sprach Justizrat Scharff als alter Herr der Teutonia: 'Du warst ein guter Teutone, wir danken Dir für Deine Hingabe und Treue. Lebe wohl.' Und als Zeichen der höchsten Ehre, die Teutonia zu vergeben hat, flogen Mütze und Band ins offene Grab nach."[13]

Noch ehe der Krieg endete organisierte der Studentenausschuss am 23. Oktober 1918 eine vaterländische Kundgebung, ein letztes politisches Aufbegehren gegen einen verlorenen Kampf. Frieden sollte werden, aber nur ein Siegfrieden. Die Professoren- und Doktorenredner forderten am 23. Oktober 1918 auf einer Kundgebung des Studentenausschusses den Fichteschen Geist an die Universität und nährten die spätere Dolchstoßlegende.

> Unsere Lage habe nicht deshalb den ernsten Standpunkt erreicht, weil unsere Truppen vom Feinde besiegt seien, sondern weil die Heimat mit ihrem Bangen und mutlosen Verzagen, ihnen in den Rücken gefallen sei, anstatt sie zu stärken .... Der Geist von 1914 müsse wieder erwachen ... nur die Heimat wanke und zage, ja, sie vergäße sogar die Heldentaten, die vollbracht seien.[14]

Zu guter Letzt noch solche Aussagen? Angesichts der Tatsache, dass die strenge Zensur weiterhin herrschte, dass die Heeresberichte seit der 2. Hälfte 1918, die sich abzeichnende Niederlage der deutschen Armee an der Westfront verschwieg und beinahe „lügenhaft" große Siegeszuversicht auf einen Sieg verbreitete, ist das eine Erklärung.

Andererseits stellte die Universität in den letzten Kriegsmonaten weichen für die Zukunft. Hierzu zählten die Bildung eines „Freundeskreises zur Förderung der Universität Greifswald" und die Orientierung auf die nordische Wissenschaft. Juli 1918 konnte ein Nordisches Institut unter Leitung von Prof. Gustav Dalman (Theologe, 1855-1941), mit den weiteren Mitarbeitern: Prof. Braun (1881-1940, Geographie), Prof. Wilhelm Kähler (1871-1934, Staatswissenschaft), Prof. Coenders (Recht) und Prof. Wolf von

Unwerth (1886-1919, nordische Sprachen, Literatur und Volkskunde) gegründet werden.

Die „Verhandlungen von Vertretern deutscher Regierungen in den Hochschulangelegenheiten“ in Berlin vom 26. und 28. September 1918 stellte fest:

> Die Pflege des nordischen Kulturkreises ist die Aufgabe der Universität Greifswald, wenn auch die wissenschaftlichen Beziehungen zu Dänemark nach wie vor an der Universität Kiel eine Stätte finden sollen. In Greifswald ist ein nordisches Institut gegründet worden. Obwohl die Mittel zunächst bescheiden sind, ist durch das warme Interesse der beteiligten Professoren, von denen der eine, eine neu gegründete Lehrstelle für Nordisch erhalten halten hat, und durch das große Interesse, dass dieser Gründung von Seiten Dänemarks und Schwedens entgegengebracht worden ist, schon jetzt einen kulturellen Mittelpunkt entstanden, der der geistigen Annäherung Deutschlands an Skandinavien erhebliche Dienste leisten wird. Die deutschen Professoren haben bereits persönliche Fühlung in Dänemark und Schweden genommen, und nordische Professoren haben in Greifswald und Königsberg gesprochen.[15]

Dann setzte die Novemberrevolution mit ihren Neuerungen und Wirren die Zeichen.

Am 11. November 1918 erschien der Arbeiter- und Soldatenrat unter Führung von Ratsherr Burmann mit Forderungen vor Rektor Pernice. Der Kurator, Geheimrat Bosse, sollte, da er „reaktionär“ sei, unverzüglich entlassen werden, die Universität sollte ihr Gütervermögen anstelle durch Kuratorverwaltung in eigene Regie übernehmen und der Stadt mit Landverkauf für die Bürger entgegenkommen. Nach dem Senatsprotokoll war der Ton der Ansprache derart, „dass es uns nicht möglich sei, anders zu handeln, als dem Verlangen des Arbeiter- und Soldatenrats nachzukommen.“

Greifswalder Studenten zeigten sich nun politisch aktiv und bildeten an der Universität eine „sozialistische Arbeitsgemeinschaft“. Vor 1914 national und konservativ gesinnte Studenten wechselten jetzt mitunter zur Sozialdemokratie. Studenten begannen junge Arbeiter anzuerkennen und umgekehrt.

Aus dem Wiecker Studenten Hugo Bech, der 1914 seinen eigenen Kommilitonen und Poeten, Oskar Kahnel wegen Gotteslästerung (Zeitschrift „Wiecker Bote“) beim Landgericht anzeigte, wurde 1918 ein „Novembersozialist“ und Mitglied des Arbeiter- und Soldatenrats, der 1919 von den Mehrheitssozialisten zu den linken Unabhängigen übertrat. Doch besagter Bech trat aus der USPD wieder aus, ließ die Revolution hinter sich und suchte sein Glück als Redakteur bei der nun stark konservativ ausgerichteten Greifswalder Zeitung.

Anfang Januar 1919 beschloss der akademische Senat die nächste Forderung des Arbeiter- und Soldatenrats, das Universitätshauptgebäude anlässlich der Wahlen zur verfassungsgebenden preußischen Landesversammlung am 26. Januar mit der roten Fahne zu beflaggen, abzulehnen, es sei denn, es drohe Gewalt. Trotzdem hisste der Arbeiter- und Soldatenrat die rote Fahne, die Mitarbeiter des Universitätskrankenhauses unter Leitung von Professor Morawitz drohten geschlossen in den Streik zu treten und Leichtkranke zu entlassen, wenn nicht binnen 24 Stunden die rote Fahne entfernt wird.

Später bildete die Universitätsleitung eine „Reformkommission", um die Alma Mater in die neue Zeit zu führen (Juli 1919 aufgelöst).

1918 ehrte die Universität die Gefallenen durch eingerahmte Tafeln mit Bildern und Namen im Universitätshauptgebäude, einige Namen kamen noch hinzu.

Am 9. Februar 1919 betrauerte die Universität auf einer Gedenkfeier für die heimgekehrten Kriegsteilnehmer an Gefallenen: 1 Professor, 3 Privatdozenten und Dozenten, 3 Beamte und 182 Kommilitonen. Mai 1919 musste der neue Rektor anlässlich der Übernahme des Rektorats mit 213 gefallenen Studenten einen neuen, traurigen Kenntnisstand verkünden.

Nicht wenige der „demobilisierten" Studenten waren vom Krieg gesundheitlich schwer gezeichnet. Wie aus dem Polizeibericht der Stadt für das Jahr 1918 hervorgeht, wurden im Laufe des Jahres 237 Kriegsbeschädigte kontrolliert (bei einem Abgang durch Wegzug von 27 bis Jahresende), darunter 37 Studenten, also rund 14 Prozent der Greifswalder Versehrten.

Der Krieg war endlich beendet und aus den Kriegsstudenten wurden wissbegierige junge Leute, die ihr eigenes Leben gestalten wollten, was mitunter nicht so einfach war. Sie wollten ihren Bildungsweg fortsetzen, abschließen, den sie vor Jahren für das „Vaterland" unterbrochen hatten bzw. aufgegeben mussten. Die Waffen tauschten sie gegen Bücher. Deutschland erwartete Anfang 1919 an den Gymnasien, technischen Hochschulen und Universitäten einen großen Andrang von Schülern und Studenten und die Universitäten richteten ab Februar 1919 ein Zwischensemester ein. Kriegsteilnehmer mit „Notabitur" schlossen Wissenslücken und Primaner holten die Abitur-Abschlussprüfungen nach, um anschließend das Studium zu beginnen.

Der Greifswalder Senat beschloss im Zwischensemester Freitische zu gewähren mit Gesamtkosten bis in Höhe von 10.000 Mark. Während zum Wintersemester 1918/19 in Greifswald 1.278 Studenten und Studentinnen (davon die Kriegsteilnehmer nicht anwesend) angemeldet waren, zählte das Zwischensemester zum Februar 1919 1.746 anwesende Studenten und das reguläre Sommersemester dann 2.222 Studierende, eine Anzahl, die Greifswald noch nie erreicht hatte. Die Anfängerkollegs waren überfüllt, die Kollegs für Fortgeschrittene und Examenskandidaten weniger. Dabei fehlten noch „alte" Studenten, deren Aufenthalt noch ungewiss schien, aus der Kriegsgefangenschaft, aus Internierungslagern oder aus Lazaretten.

In eine schwierige Situation geriet mit Kriegsbeendigung das Frauenstudium. Preußen hatte Ende 1916 etwa 4.000 immatrikulierte weibliche Studentinnen und 11.000 ausgebildete Volksschullehrerinnen. Die Länder einigten sich darauf, dass Kriegsteilnehmer durch die studierenden Frauen, nicht benachteiligt werden dürfen, eher vor ihnen begünstigt werden müssen.[16]

Ausblick:

Aus der Rede des Abgeordneten Dr. Kaehler aus Greifswald in der preußischen Landesversammlung:

„Meine Damen und Herren, es ist ja eine eigentümliche Beobachtung, wenn wir die Universitäten heute in ihrer Stellung zur Revolution oder zu den heute herrschenden Geistesströmungen ansehen: die Stellung der deutschen Universitäten, die im Jahre 1818 und im Jahre 1848 durchaus auf Seiten der starken revolutionären oder reformatorischen Bewegung standen, sind heute nicht mehr auf dieser Seite, und das, obwohl an den Universitäten nach der Zahl der Studenten wie der Dozenten die naturwissenschaftlichen und medizinischen Fächer eine viel größere Bedeutung haben als früher die Geisteswissenschaften."[17]

Friedrich Wiegand

Rektor der Universität Greifswald.

Anmerkungen:

1) Kriegs-Zeitung Nr. 2. Mitteilungen über unsere am Kriege beteiligten Korpsbrüder. Greifswald 1915. S. 12.

2) Chronik der Königlichen Universität Greifswald für das Jahr 1914/15: S. 14-16.

3) Für das Lehrpersonal aller Universitäten erging vom Minister der geistlichen und Unterrichts-Angelegenheiten am 30. August 1914 die Aufforderung an die Universitätskuratoren, dass Angehörige feindlicher Staaten nicht ferner zum Studium sowie zu einer Lehrtätigkeit an öffentlichen deutschen Schulen und Hochschulen zugelassen werden. Eine Normalisierung trat erst nach dem Krieg auf, im Oktober 1919 richtete die Universität ein Lektorat für russische Sprache ein. Allerdings forderte der außerordentliche Kriegsärztetag vom 23. Juni 1918 in Eisenach das Studium der Ausländer an den deutschen medizinischen Fakultäten und die Niederlassung ausländischer Ärzte in Deutschland zu beschränken ..." Deutschland hatte schon 1914 33.031 zugelassene Ärzte und 1914-18 kamen 5.800 Kriegsapprobierte dazu und erwartete nach Kriegsende einen Überschuss an Humanmedizinern.

4) Chronik der Königlichen Universität Greifswald für das Jahr 1914/15: S. 31 u. 33.

5) ebenda S.12.

6) Landesarchiv Greifswald: Rep. 65 c, Regierung Stralsund, „Die Mobilmachung 1914", Nr. 2825, Bl. 203 ff.: Bericht des Magistrats Greifswald vom 7. November 1914: Einwirkung des Krieges auf das Wirtschaftsleben. Abschnitt: II.

7) Kriegs-Zeitung Nr. 2. Mitteilungen über unsere am Kriege beteiligten Korpsbrüder. Greifswald 1915. S. 44.

8) Greifswalder Zeitung vom 12.01.1915.

9) ebenda vom 4.04.1918.

10) Chronik der Königlichen Universität Greifswald für das Jahr 1914/15: S. 53-63.

11) Hohmann, Walter: Die 21-cm-Mörser. In: Hildebrandt, Paul: Das deutsche Schwert. Kriegserlebnisse deutscher Oberlehrer, 2. Ausgabe 1918. S. 106 u. 107.

12) Greifswalder Zeitung vom 8. Januar 1915 S. 6.

13) ebenda vom 10. Januar 1915.

14) Ueckermünder Kreis- und Tageblatt vom 25. Oktober 1918.

15) Landesarchiv Greifswald: „Niederschrift der Verhandlungen von Vertretern Deutscher Regierungen in den Hochschulangelegenheiten vom 26/28. September 1918", S. 14.

16) ebenda S. 24.

Vgl. auch Klövekorn, Anton: Hochland! eine Feldgabe von Mitgliedern des Verbandes der Katholischen Neustudentischen Verbindungen „Hochland". 1918. S. 31.

17) Greifswalder Zeitung vom 17. Dezember 1919 S. 1.

11 Frauen

Brief: Hilde Steuermann, Buchdruckereibesitzergattin, an ihren Vater, Rat Feltern, auf Rügen.

6. August 1914.
„Lieber Vater! Mein erster freier Augenblick seit 6 Tagen. Täglich denke ich: wenn ich dich hier hätte! Wie lange wird es nur dauern, bis dieser Brief zu dir hinauf nach Rügen kommt! Für eine Frau in meiner Lage ist es schier zu viel, was jetzt alles auf mich geladen wird.“[1]

Selbstmord. Seit Montag dieser Woche war die Eigentümerin eines kleinen Hauses der Kuhstraße nicht mehr gesehen worden. Als die Polizei heute Kenntnis von dieser Beobachtung erhielt, ließ sie das Haus öffnen und fand die Frau erhängt an der Treppe vor. Nach den Feststellungen scheinen Nahrungssorgen der Grund zu diesem Selbstmord der Frau gewesen zu sein, die vor etwa zwei Jahren ihren Mann verlor und Anverwandte nicht mehr hat, die sich um sie kümmern.[2]

Mit Kriegsausbruch wurden Millionen von Frauen zu Kriegerfrauen ausgerufen, wodurch sie direkt angesprochen und für den Krieg mobilisiert werden konnten. Dahinter verbarg sich einmal mehr ein ideologisches Schlagwort der deutschen Kriegsgesellschaft, von denen viele im Ersten Weltkrieg geprägt wurden und die in die Alltagssprache eingingen. Als Kriegerfrauen galten Ehefrauen und Mütter, deren Männer oder Söhne als deutsche Militärangehörige kämpften. Gleichgestellt waren die Frauen von Mitgliedern des Roten Kreuzes, die in der Etappe, in den Frontlazaretten als Sanitäter ihren Dienst taten. Vor diesem Hintergrund wurden die Frauen und Mädchen von Anbeginn in die moralische Pflicht gegenüber den Männern an der Front genommen und selbst für zivile Kriegszwecke ausgebildet und eingesetzt. Eine besondere Rolle spielten dabei die verschiedenen Frauenvereine, allen voran der Vaterländische Frauenverein als übergeordneter Provinzialverein in Stettin und seine Zweigvereine in den einzelnen Kreisen, Städten und Gemeinden.

Indessen verschlechterten sich die finanziellen und sozialen Lebensbedingungen für die Frauen und Familien in jeder Hinsicht schlagartig. Täglich verließen Männer in Scharen die Heimat und die Frauen blieben mit den Anforderungen des Tages zurück. Per 14.

November 1914 waren seit August ungefähr 1700 Greifswalder Männer (einschließlich mit Wohnsitz Greifswald angemeldete Studenten) in den Krieg gezogen. Die Ortskrankenkasse verzeichnete einen Abgang von 1200 männlichen Arbeitern und Angestellten, von insgesamt 6000 Mitgliedern vor 1914. Dagegen blieb der Anteil der in Arbeit stehenden weiblichen Mitglieder mit 2.200 gleich. Als Folge der Einberufungen verringerte sich die Einwohnerzahl Greifswalds von 26.225 auf 23.190 Personen.[3]

Der anfängliche Kriegsjubel auf den Straßen war schnell verflogen und bald waren sorgenvolle Gespräche zu hören: „Das Leben muss ja weiter gehen“ oder „Wenn die Kinder nicht wären …“ In der Wilhelminischen Gesellschaft war die soziale Stellung der Frau dem Mann traditionell untergeordnet. Der Kampf für politische und soziale Frauenrechte stand erst am Beginn und wurde hauptsächlich von der bürgerlichen Frauenbewegung und der Sozialdemokratie geführt. Männer waren nicht nur die Haupternährer der Familie, sondern galten als so genannter Hausvorstand, als letzte Instanz der Familie mit allen rechtlichen Konsequenzen.

Der Krieg brachte aber nun enorme Veränderungen mit sich, viele Frauen wurden mit ganzer Person gefordert, auf ihren Schultern ruhte die wirtschaftliche und soziale Verantwortung für Kinder und Eltern. Frauen gingen nun auf die Ämter oder zum Arbeitgeber, nutzten die Arbeitsnachweise und mussten sich überall im komplizierten Alltagsleben durchzusetzen. Das galt genauso in der Familie wie in der Kindererziehung. Was insgesamt schwierig war, denn es gab immer wieder neue staatliche Vorschriften, an denen sich die Frauen zu halten hatten in ihrer Arbeitstätigkeit, in der Anfertigung ihrer eigenen Bekleidung, bei der (militärischen) Erziehung der Kinder, um nur einiges zu nennen.

Die Soldaten erhielten nur dürftigen Sold (30 Mark monatlich). Für die soziale Sicherheit der zurückgebliebenen Familie traten Staat und Kommunen mit ständig neu erscheinenden Verordnungen ein.

In der ersten Kriegssitzung beschloss das Bürgerschaftliche Kollegium den einberufenen Beamten und Lehrern 100 Prozent vom Gehalt, den städtischen Angestellten und Arbeitern in der Gasanstalt, im Elektrizitätswerk, Schlachthof, Hafen und in der Abfuhr, 50 Prozent des Lohnes, gestaffelt ab einem Kind unter 15 Jahren, weiterzuzahlen. Jedenfalls, vorerst. Als Ausgleich für die von Jahr zu Jahr ansteigenden Lebensunterhaltungskosten gewährte die Stadt ihren Beamten, Lehrern und Angestellten einmalige Teuerungszulagen, gestaffelt nach Familienstand und Anzahl der Kinder. Letztmalig Anfang 1918 betrug dafür die Gesamtsumme rund 35.000 Mark: Teuerungszulage 280 Mark für Verheiratete, 150 Mark für Unverheiratete und 20 Mark für jedes Kind. Die städtischen Angestellten und Arbeiter erhielten ein zusätzliches Monatsgehalt in Höhe des regulären Gehalts vom Januar 1918.

Für die Arbeiterfamilien, deren Männer vor dem Krieg in den einheimischen Betrieben, im Handwerk oder auf den Dörfern und Gütern in der Landwirtschaft arbeiteten, sah es in dieser Hinsicht weniger günstig aus.

Zudem fiel in den Ostseebädern mit Kriegsbeginn die Saisonarbeit für Frauen fast ganz aus, da die Feriengäste mit dem 1. August abreisten. In der Saison 1915 zählten die Seebäder an der pommerschen Ostseeküste 66.000 Badegäste im Vergleich zum Jahr 1913 mit 200.000 Besuchern. 1916 fuhr der Dampfer „Greifswald“ nur noch 2 Mal mit Ausflüglern zur Insel Ruden und das Gasthaus auf der Insel Oi wurde gar nicht mehr eröffnet.

Zunächst galten für die Soldatenfrauen und Soldatenfamilien nach dem Reichsgesetz vom 28. Februar 1888 und der Novelle vom 4.

August 1914 ausschließlich die reichsstaatlichen Unterstützungssätze, die gleichsam Mindestsätze darstellten, aber den Kriegerfrauen nicht automatisch, sondern nur bei nachgewiesener sozialer Bedürftigkeit zustanden. Verpflichtet zur Auszahlung wurden die Lieferungsverbände (Städte, Kreise). Sie erhielten die verausgabten Summen bis zur Höhe der gesetzlichen Mindestbeträge später von der Reichskasse zurückerstattet. Die Reichsfamilienunterstützung betrug ab August 1914 9 Mark (Sommersatz) und im Winter 12 Mark monatlich für die Ehefrau, für Kinder unter 15 Jahren 6 Mark und wurde im Verlauf des Kriegs wegen der zunehmenden Teuerung erhöht, auf 30 Mark für Ehefrauen und 17,50 Mark für Kinder.

Sie wurde auch auf uneheliche Kinder ausgedehnt, galt ebenso für schuldlos geschiedene Soldatenfrauen, elternlose Enkel, Pflegeeltern, Pflegekinder, Großeltern, Schwiegerväter und Schwiegermütter usw.

Problematisch war aus rechtlicher Sicht die Anerkennung unehelicher Kinder.

> Minister des Innern Berlin, den 17. Februar 1915
> Betreffen die Unterstützung von Familien in den Dienst eingetretener Mannschaften, ist die Voraussetzung für den Anspruch der unehelichen Kinder auf Unterstützung, die Feststellung der Verpflichtung als Vater zur Gewährung des Unterhalts. Diese Feststellung gilt in Friedenszeiten nur in der Form der rechtskräftigen Verurteilung ... das wird nicht möglich sein... Es ist daher nichts dagegen einzuwenden, wenn diese Feststellung behufs Anweisung der Unterstützung durch Briefe an die uneheliche Mutter oder auf andere Weise erfolgt... Die Unterstützung kann auch dann gezahlt werden, wenn nachgewiesen wird, dass der Vater des unehelichen Kindes, ohne die Vaterschaft anerkannt zu haben und ohne

verurteilt zu sein, freiwillig für den Unterhalt des Kindes regelmäßig gesorgt hat.

Auf der anderen Seite darf aber auch in der Zahlung der Familienunterstützungen, von deren regelmäßigen Fortgang die Kampfesfreudigkeit der vor dem Feind stehenden Familienväter ebenfalls wesentlich abhängig ist, keine Unterbrechung eintreten.[4]

Auch die verheirateten Soldaten, Unteroffiziere und Offiziere schickten oft aus dem Schützengraben von ihrer Löhnung, nach Dienstgrad gestaffelt, Geld nach Hause, um Frau und Kinder zu unterstützen.

Die Kommunen mussten die Familienunterstützung selbst regulieren. Auf der Sitzung am 15. August 1914 bewilligte das Greifswalder Bürgerschaftliche Kollegium 50.000 Mark zur Auszahlung der reichsgesetzlichen Familienunterstützung und zusätzlich 50.000 Mark für Soldatenfamilien in besonderer Not in Form von Mietbeihilfen. 586 Gesuche hilfsbedürftiger Soldatenfrauen gingen bis zum 20. September beim Magistrat ein. Eine erste Geldsammlung für die Not leidenden Familien brachte die Summe von 14.000 Mark ein.[5]

Bis Mitte November 1914 stellten in Greifswald-Stadt 763 Frauen bzw. andere Familienangehörige Anträge auf Gewährung von zusätzlichen Familienunterstützungen. An reichsgesetzlichen Unterstützungen wurden bis zu diesem Zeitpunkt 49.080,35 Mark ausgezahlt.

Februar 1915 war das Geld für die Familienunterstützung aufgebraucht, so dass das Bürgerschaftliche Kollegium weitere 200.000 zur Verfügung stellte (9. Außerordentliche Sitzung 15. Februar)

Aus dem Landkreis Greifswald traten von 1. August 1914 bis Ende 1916 3764 Ernährer in den Kriegsdienst ein, für deren Familien der Kreis vorschussweise für das Reich Familienunterstützungen zahlte. Bis Ende 1916 belief sich die Summe auf 1.972.930,70 Mark. Hiervon hatte das Reich bis zu diesem Zeitpunkt dem Kreis 338.293 Mark erstattet.

Die reichsgesetzlichen Kriegsfamilienunterstützungen waren aber auch hier teilweise nicht ausreichend, besonders bei ärmeren Familien in den kreisangehörigen Städten Lassan, Wolgast und Usedom. Für die erste Zeit standen Zusatzunterstützungen aus privaten Spenden zur Verfügung. Nachdem dieser Fond aufgebraucht war, musste der Kreis eintreten. Die drei genannten Städte und der Kreis gaben bis Ende 1916 für die zusätzliche Unterstützung 76.736,86 Mark aus. Der Staat konnte davon 45.856 Mark bis Ende 1916 zurückerstatten.[5]

Zu aktuellen Veränderungen in der sozialen Gesetzgebung hörte man regelmäßig in der Zeitung und informierte die „niederen Stände der Stadt“. Die Frauen mussten sehr aufmerksam sein. Anträge mussten fristgerecht immer wieder erneuert und begründet werden. Wie es sich bald zeigte, reichten diese staatlichen Leistungen jedoch nicht aus und die Stadt sowie der Landkreis nahmen in den vier Kriegsjahren hohe Kredite auf, um die Hilfe aufzustocken. Die Lebenskosten stiegen enorm an, Lebensmittel- und Bekleidungspreiserhöhungen mussten schließlich staatlicherseits gestoppt werden mit sogenannten Höchstpreisgrenzen. Dennoch gelang es kaum den Preiswucher aufzuhalten und so blühte der Schwarzmarkt. Die städtischen Frauen reisten zum Handeln aufs Land, kauften und tauschten, da konnte keine Gendarmerie auf dem Bahnhof sie abhalten, um es demnächst wieder zu versuchen.

Doch das Geld reichte kaum hin und her, so dass Armut und soziale Not durch die verschiedenen sozialen Stände, auch im Bürgertum, zu spüren war. Auf die Zunahme von sozialen Notfällen bereits im ersten Kriegshalbjahr verwiesen die zahlreichen Stundungsgesuche für städtische Steuerzahlungen: „An Schulgeld sind bisher 972 Mark, an Kommunaleinkommen-, Gewerbe- und Gebäudesteuern sowie Abfuhrgebühren sind 6983 Mark gestundet worden."[6]

Für das Jahr 1916 beklagte auch die Synode der Stadt Greifswald einen erheblichen Ausfall von Kirchensteuern.

Um die sozialen Aufgaben organisatorisch zu meistern, bildete sich eine städtische Kriegskommission, die aus 6 vom Bürgerschaftlichen Kollegium gewählten Mitgliedern bestand und bis Ende 1918 unter dem Vorsitz von Ratsherr Düsing erfolgreich wirkte.

Von der Kommune erhielt die Mehrheit der Antragstellerinnen bis Mitte November 1914 aufgrund besonderer sozialer Notlage als Aufschlag zur Reichsfamilienunterstützung Hilfen in Gesamthöhe von 10.719,65 Mark, entweder als Beihilfe zur monatlichen Miete oder als Zuschlag von 50 Prozent auf die gesetzliche Unterstützung. So war ab 1. Oktober 1914 bis Ende des Jahres die monatliche Miete für 470 Familien mit durchschnittlich je 20 Mark unterstützt worden. Der Magistrat prognostizierte Ende 1914 aufgrund der noch nicht bearbeiteten Anträge für das 1. Quartal 1915 weitere 12.000 bis 15.000 Mark.

Das schien damals eine durchaus reale Vorausschau zu sein. Ein Blick auf die Mitte der Kriegszeit zeigt, dass von August 1914 bis zum 1. Juli 1916 insgesamt 629.615 Mark ausgezahlt worden sind und zum 1. Dezember 1916 belief sich die Zahl der unterstützten Frauen und Familien der Stadt Greifswald auf 1842 Fälle. (Der Landkreis Greifswald unterstützte Ende 1916 3764 Familien)·

Bis zum Ende des Kriegs summierte sich die Zahl der Gesuche um reichsstaatliche Unterstützung auf 3048 und in der fast gleichen Anzahl auf kommunale Zusatzhilfe.

Allgemein wurden die Anträge eingehend und wohlwollend geprüft. Als Nachweis für die Bedürftigkeit galten die Einkommensteuerzahlungen des Vorjahres bis zu einer gewissen Höhe, kleine Sparguthaben blieben unberücksichtigt und auch die Zeichnung von Kriegsanleihen, ansonsten wurde jede Mark angerechnet, im Zweifelsfall fanden Hausbesuche statt. Nicht ausgeschlossen bei der Beurteilung wurden der Lebenswandel und die Moral der bedürftigen Frauen. Die Verweigerung der Annahme einer Arbeit z. B. konnte ein Ablehnungsgrund sein.

Bei alle dem erwies sich die (männliche) Kriegsgesellschaft als moralische Instanz für die Frau, schrieb vor, die Trauer um den gefallenen Mann oder Sohn nicht öffentlich zu zeigen, keine Jammerbriefe an die Front zuschreiben oder wie viel Meter Stoff ein Rock haben dürfe. Nicht genug, denn das Stellvertretende Generalkommando konnte nunmehr Befehle auch an Frauen erteilen, was hinreichend geschah.

Neben den Familienunterstützungen leistete die Greifswalder Kriegsfürsorge für Frauen und Familien bei schwierigen Lebenssituationen eine Fülle von Hilfen, die sich aber auch auf die gesamte Einwohnerschaft bezog.

Teure Preise und Lebensmittelknappheit führten im Herbst 1915 erstmals zur Einrichtung einer Massenspeisung, die die „Herberge zur Heimat“ übernahm. Bereits im ersten Monat (November) wurden täglich 100 Essen abgegeben, nach einem Jahr waren es 74.926 Mittagsportionen, davon 8.000 Essen unentgeltlich an Kriegerfamilien gegen Freikarten. Sommer 1916 eröffnete eine zweite Volksküche in einem nicht mehr benutzten Schulhaus in der Gützkowerstraße. Eine Teilnahme an der Massenspeisung führte wiederum zum Verlust der Lebensmittelkartenabschnitte, um eine doppelte Versorgung auszuschließen, wofür von der Stadt „teilbare" Lebensmittelkarten ausgegeben wurden. Die Volks- bzw. Kriegsküchen kochten bis Ende 1919 über 600.000 Mittagsessen, davon 325.000 für Erwachsene zum Preis von 30 Pfennig, 75.000 für Kranke und 200.000 für Kinder unentgeltlich. Die Massenspeisung blieb auch nach dem Krieg unentbehrlich. Auf der Sitzung der Bürgervertretung vom 27. Oktober 1919 bewilligte das Bürgerschaftliche Kollegium für die Unterstützung der Speisung erneut 15.000 Mark. Weiterhin wurde Dezember 1919 eine Mittelstandsküche, mit besserer Speisekarte sowie auch erhöhten Preisen, für das Bürgertum eröffnet.

In Krankheitsfällen erhielten arbeitende Soldatenfrauen ein zusätzliches Krankengeld von 10 Mark im Monat, längstens drei Monate lang. Für stationäre Behandlung und für Heilkuren wurden die Kosten ersetzt (für Kurkosten insgesamt fast 20.000 Mark).

Von 1914-18 wurden in 102 Fällen Beerdigungshilfen in einer Gesamthöhe von 5478 Mark gewährt.

Als ab 1. Januar 1916 die Krankenkassen die kostenfreie ärztliche Behandlung von Soldatenfrauen einstellten, übernahm die städtische Kriegsfürsorge die Kosten. Bis Ende Dezember 1918 sind an Behandlungs- und Arzneikosten bezahlt worden: Für Arzthonorar 12.951,90 Mark, für Arznei 9.262,71 Mark, für Bäder 210,20 Mark, Bruchbänder, Brillen usw. 291,40 Mark, zahnärztliche Behandlung 1.583 Mark. In Fällen besondere Not wurden Bekleidung und Schuhwerk in natura geliefert.

Zur Beschaffung von Einsegnungsbekleidung wurden Beihilfen bewilligt, die bei zunehmender Preissteigerung von 30 auf 75 Mark für jedes Kind erhöht worden sind. Im Ganzen wurden 1914-18 als Einsegnungshilfen tatsächlich 10.150 Mark genehmigt.

Im kalten Winter 1916/17 wurden von der Stadt stark verbilligte Briketts zum Preis von 0,90 Mark je Zentner an die Angehörigen von

Kriegsteilnehmern verkauft. Den Kostenausfall übernahm die Kriegsfürsorge. Ebenso wurden im Winter 1917/18 429 Raummeter Kiefern- und Birkenholz zum Preis von 12 bzw. 15 Mark je rm an die Kriegerfrauen abgegeben. Die Mehrkosten mit rund 4.000 Mark sind wiederum übernommen worden.

In den beiden letzten Wintermonaten 1918 erhielten die Kriegerfrauen auf Antrag von der Kriegsfürsorge Vorschüsse zum Ankauf von Kartoffeln. Für die Beschaffung von Krankenspeisung sind noch 1740,20 Mark bezahlt worden.

Neben der staatlichen und städtischen Unterstützung für die Kriegerfrauen und -familien entfaltete sich eine breite solidarische und karitative Hilfe unter der Bürgerschaft. Anfang September 1914 beschloss der Greifswalder Lehrerverein, dass seine Mitglieder auf 3 Prozent des zum 1. Oktober fälligen Vierteljahresgehalts zu Gunsten bedürftiger Soldatenfamilien verzichten. Damit und durch andere Privatspenden aus der Lehrerschaft, konnten der „Kriegshilfe“ rund 1700 Mark zugeführt werden.

Von der „Maschinenfabrik, Eisengießerei und Kesselschmiede“ erhielten die Soldatenfamilien der Mitarbeiter finanzielle Unterstützungen, die sich je nach Kinderzahl auf 16 bis 32 Mark im Monat beliefen.

Die Greifswalder Bürgerschaft veranstaltete z. B. im Spätherbst 1914 eine zweite Geldsammlung für die Bedürftigen, die einen Ertrag von 2.1163,21 Mark einbrachte und für die größte Not zur Verteilung kam.

Und Frauen halfen Frauen. Während der Notzeiten zeigten die Frauen ihr Bildungs- und handwerkliches Potential, sie organisierten, halfen und unterstützten einander, Frauen und Mädchen verschiedener sozialer Stände kamen in Frauenvereinen zusammen, um solidarisch zu sein. Bislang hatte der preußische Staat den Mann stets in den Vordergrund der Gesellschaft gestellt und in der Gesetzgebung in Stein gemeißelt, jetzt forderte der Staat von den Frauen ihren Kriegsanteil. Die moralischen Formulierungen der Bekanntmachungen in den Zeitungen wie: Aufruf zur Liebestätigkeit, Opferwilligkeit und Hingabe in der Krankenpflege, usw. haben ihre manipulative Wirkung nicht verfehlt. Frauen sollten in der Feldpost nicht klagen, ihre Notsituation verschweigen usw.

Die Evangelische Frauenhilfe der preußischen Landeskirche wirkte schon 1914 in 2207 Kirchgemeinden und die Frauenförderung ging weit über die gesellschaftlichen Standesschranken hinaus. Auf dem in Berlin 1915 organisierten „Frauensonntag" der Berliner Kirche musste eingestanden werden, dass der Zustrom zu den kirchlichen Frauenvereinen aber nicht gleichermaßen gewachsen war, wie bei den Vaterländischen Frauenvereinen.

Die Hausfrauenvereine der Stadt und des Kreises, als weitere traditionelle Frauenvereinigungen, organisierten Einkochküchen. Frauen ernteten restlos das Obst und Gemüse, mosteten oder weckten es unter Beteiligung vieler fleißiger Hände ein. Keine Frucht sollte verderben in diesen schwierigen Zeiten. Die Hausfrauenvereine bildeten eine Brücke zwischen den Stadt- und Landfrauen Pommerns.

Die Vaterländischen Frauenvereine waren mitgliederstark und gut durchorganisiert (Anfang 1918 zählte der pommersche Provinzialverein 45.082 Mitglieder). Der Zweigverein Greifswald im Provinzialverband hatte 1914 2015 Mitglieder. Bis Sommer 1915 stieg die Mitgliederzahl auf 3522 Frauen an. Anfang Januar 1918 konnte der Vaterländische Frauenverein sein 50-jähriges Bestehen begehen. Die Geschäftsstelle befand sich in Greifswald, geleitet von Fräulein Julie von Wolffradt. In der Langen Straße Nr. 16 entstand alsbald eine „Kriegsschreibstube" mit täglichen Öffnungszeiten.

Innerhalb eines Jahres nutzten sie etwa 1.310 Frauen. Gebildete Frauen halfen beim Ausfüllen von Anträgen und Formularen, denn nicht jede Frau war den bürokratischen Anforderungen gewachsen. Auch beim Abfassen von Karten und Briefen, dem Versenden von Päckchen und Paketen an die Front, musste geholfen werden, weil sich ständig die Vorschriften für die Feldpost änderten. In den vier Kriegsjahren gab die Reichspost etwa 400 Post-Erlasse heraus.

Jedweder schriftliche Postverkehr blieb für lange Zeit die einzige Verbindung zwischen der Heimat und dem Schützengraben. Sie, die Frauen, schrieben Feldpostbriefe, Postkarten und schickten Päckchen an die Männer, die Zahl der Feldpostsendungen ist, die Kriegsjahre 1914-18 gerechnet, für das Deutsche Reich auf über 28 Milliarden geschätzt. Was dennoch an Privatem, Mentalem und Intimem in den Briefen stand, wissen wir kaum. Von den Briefschreiberinnen erwartete die deutsche Gesellschaft, dass sie den Männern an der Front eine moralische Stütze boten, für das Durchhaltevermögen in Schnee und Kälte sorgten, auch im Anblick des Todes direkt nebenan und das war pure Durchhalte-Ideologie: Schreibt keine Jammerbriefe!

1915 bildete sich mit dem Verein Greifswald-Land (West) ein zweiter Verein, der das westliche Kreisgebiet einen Teil vom Kreis Anklam betreute. 1916 kam mit dem Zweigverein Greifswald-Südost die dritte (vaterländische) Frauenvereinigung hinzu.

Mit regelmäßigen Geldsammlungen schufen die Frauen in den drei Vereinen, und in Gemeinschaft mit dem Zweigverein vom Roten Kreuz, einen finanziellen Fond, aus dem Not leidende Frauen und Familien geholfen werden konnte. Zum 1. Oktober 1914, zum 1. Januar 1915 und zum 1. April 1915 erhielt daraus die Kommune für bedürftige Soldatenfamilien je 1000 Mark für

Wohnungsunterstützung, dazu kamen zu Weihnachten 800 Mark für Kohlenlieferungen und 1050 Mark für Strick- und Nählöhne.

Nach dem Rechenschaftsbericht des Frauenvereins Stadt-Greifswald für das Jahr 1916 wurden von den Frauen 46 Zentner Wolle verstrickt und im Ganzen 1.244 Mark an sie Stricklöhnen ausgezahlt. 200 Sandsäcke konnte der Verein an das Militär ausliefern und den fleißigen Frauen dafür ebenfalls einen kleinen Verdienst gewähren. Bis Sommer 1917 wurden insgesamt 85.000 Sandsäcke gefertigt.
Im Rahmen der Hindenburg-Spende 1916/17 setzten sich für die Verbesserung der Ernährungssituation in den deutschen Großstädten und Industriezentren auch Greifswalds Frauen ein. Im Dezember 1916 organisierte der Frauenverein Greifswald-Stadt eine Buttersammlung. 65 Pfund frisch gebutterte Butter brachten sie zusammen und schickten sie als Weihnachtsgabe und Eilgut nach Duisburg.[7]
Mit Hilfe der Frauenvereine organisierten und regelten die Frauen miteinander viele Dinge das Kriegsalltags, dabei wurden Fähigkeiten freigesetzt, sie setzten ihre Rechte bei den Ämtern durch, organisierten verstärkt die Klein-Kinderbetreuung, die Vereine führten eine medizinische Versorgung von Wöchnerinnen und Säuglingen ein und es gab Bildungsveranstaltungen und Kochkurse.

> An die Frauen ergeht daher der Ruf zum Kriegsdienst im Stillen. Helft, daß nicht das, was das Schwert gewinnt, durch Schlaffheit und Selbstsucht verloren geht. Nehmt mit bestem Willen die von uns zusammen gestellten Küchenzettel vor, kocht nach ihnen und Ihr werdet sehen, daß das Sparen auf diese Weise wirklich geht![8]

Mal ganz abgesehen von den handwerklichen Fähigkeiten der Frauen bei der Herstellung von dringend benötigter Soldatenbekleidung, die der Vaterländische Frauenverein mit der Unterhaltung einer Näh- und Strickstube förderte und Gelder auftrieb, um ihre Arbeit zu entlohnen, zeigte sich, dass weder das Schneiderhandwerk noch die industrielle Bekleidungsproduktion den Frontbedarf: mit Uniformen, Hemden, Unterhemden, Unterhosen, Handschuhen allein hätten bewältigen können ohne die vielen Frauenhände.

September 1915 erteilte das Stellvertretende Generalkommando des 2. Armeekorps Aufträge zum Nähen von 200.000 Winterhemden für die Soldaten an der Ostfront. Zugeschnittener Flanellstoff wurde übergeben, der Arbeitslohn betrug 65 Pfennig pro Hemd, wovon die Näherinnen mindestens 55 Pfennig erhalten sollten. Auf den Vaterländischen Frauenverein Greifswald Stadt fielen 100 Hemden.

Und überhaupt, ohne die laufenden Spenden aus den privaten Kleider- und Küchenschränken, aus Vorratskellern und Bücherregalen sowie aus den vielen Sammlungen für „Liebesgaben“ an die Kriegsfront, wie hätten die Soldaten die Kriegszeit überstehen können.

Ende Oktober 1914 konnte das 42ger Regiment erstmals Liebesgaben aus Greifswald in Empfang nehmen.

> Die ersten Liebesgaben trafen ein! Besonders aus Greifswald! Wie wohl tat dieses Gedenken der Heimat! Wie gut waren die Wollsachen zu gebrauchen! Wie köstlich mundeten die Ess, Trink- und Rauchwaren![9]

Frauen in Arbeit

Im Verlauf des ersten Kriegsjahrs hatte Greifswald, wenn auch zunächst befürchtet, keine gravierende Arbeitslosigkeit zu verzeichnen, wie beispielsweise in vielen deutschen Großstädten, doch entstanden zu Anfang gerade für die Frauen einige Schwierigkeiten in Arbeit zu kommen. Der Frauenanteil in Arbeit gegenüber den beschäftigten Männern betrug vor dem Krieg gut 36 Prozent.

> Seit Ausbruch des Krieges sind durch den städtischen Arbeitsnachweis 80 Stellen für männliche und 20 für weibliche Personen vermittelt worden. Zurzeit ist ein Überangebot von Frauen für leichte Arbeiten vorhanden“[10]

Problematisch entwickelte sich der Bereich der Dienstleistungen weiterhin. Professoren der Universität, Beamte der Stadt und Offiziere der Garnison, kämpften an der Front und ihre Familien mussten aus wirtschaftlicher Vernunft auf die Haltung von Mägden, Köchinnen oder Waschfrauen verzichten, gaben selbst gewohnte Traditionen auf. In diesen Tages- und Lohndiensten hatten es die Frauen schwer die Arbeit zu behalten oder eine bezahlte Arbeit zu finden, wie der Magistrat am 18. März 1915 an die Regierung zu Stralsund berichtete:

> Die Frauen finden aber keine Arbeit, weil viele Herrschaften seit dem Ausbruch des Krieges keine Waschfrauen mehr annehmen, viele auch ihre Aufwärterinnen entlassen haben. Die Arbeit suchenden Frauen nach dem Land zu verweisen, scheint aber nicht angängig, weil sie in den meisten Fällen eine Anzahl Kinder haben, die sie auf längere Zeit sich nicht allein überlassen können.[11]

Wenn Arbeitsstellen durch die eingezogenen Kriegsteilnehmer in der kommunalen Verwaltung oder auch in den Büros von Betrieben frei wurden, dann betraf dies meist qualifizierte Arbeitsplätze. Als sich im 3. Kriegsjahr der staatliche Verwaltungsapparat durch den „Kriegssozialismus“ stark aufblähte, wurden Fachkräfte in der Nahrungsmittelorganisation und -verteilung gebraucht. So musste der Landkreis Greifswald in der Mühlenstraße ein zusätzliches Gebäude mit 24 Büros beziehen, damit die Ressorts Bezugsschein-Abteilung, Fett-Abteilung, Schlachterlaubnisstelle und Kartoffelabteilung u.a. sachgemäß arbeiteten. Pensionäre aus dem Ruhestand kamen zurück.

Für die Frauen, meist ohne Qualifizierung und Berufserfahrung, blieben wenige Chancen, außer für zeitweilige Hilfstätigkeiten, zum Austragen von Lebensmittelmarken usw. Da half den Frauen auch 1916 kein Hilfsdienstgesetz, sie konnten nicht angefordert werden oder wurden bei Bewerbungen wegen fehlender Qualifikationen und Berufserfahrung abgelehnt. Ausnahmen blieben die Regel, die Post bot Stellen zum Briefe austragen an, mit geringer Bezahlung. Überhaupt verdienten die weiblichen Angestellten in Deutschland schon 1914 nur 51 Prozent des Jahresgehalts von Männern. Einen Seltenheitswert in der Region stellte die weibliche Heizerin auf einer Lokomotive der Nebenbahn Greifswald-Jarmen dar.

Trotz der Ausfälle im Dienstleistungssektor waren zum 31. Oktober 1918 2.475 Greifswalder Frauen beschäftigt, also 275 Frauen mehr als zum gleichen Stichtag 1914. Wie vor dem Krieg gab es dennoch frauentypische Berufe.

Im Vergleich dazu sank die männliche Mitgliederzahl von 3.800 vor dem Krieg auf 1.523 zum 31. Oktober 1918. Rein statistisch gesehen hinterließen die Kriegsteilnehmer zeitweise oder über die gesamten 4 Jahre zu Hause 2277 Arbeitsplätze, die natürlich durch die prekäre Wirtschaftslage von den Unternehmern zumeist nicht wiederbesetzt wurden.[12]

Wenigsten blieben die Greifswalder Stadtfrauen von der gesellschaftlichen Kritik verschont. Anders dagegen die Landfrauen des Kreises, weil über sie das Damoklesschwert der Volksernährung hing.

> Die Landflucht der Kriegerfrauen bildet allerdings ein weniger erfreuliches Kapitel in der Kriegsgeschichte der Heimatarmee. Ist es doch vorgekommen, daß einige Frauen Kuh, Hühner, Garten und Frei-Wohnung im Stich gelassen haben und in die Stadt gezogen sind, auf jedwede Vermehrung der Nahrungsmittel verzichtend.
>
> „Wi brukeu't je nich mehr, wi Hebben ja uns Kriegsunterstützung!" sagte eine Frau in Gr. - Kiesow, ehe sie in eine benachbarte Stadt zog. Es scheint sich eine gewisse Gleichgültigkeit der Kriegerwitwen auch auf dem Lande gegen nationale Pflichten zum Durchhalten geltend zu machen. Dazu kommt noch ein gewisser Hang zu Staat und Putz. Es ist doch nur verständlich, daß man auf dem Lande nicht in Samt und Seide gehen kann, wenn man diese und jene Gartenarbeit verrichten muß.[13]

Um die Arbeitskräfte für die Industrie und Landwirtschaft zu sichern, wurden bei den Provinzialregierungen und Kreisen Kriegswirtschaftsämter eingerichtet. Sie vermittelten zwischen Heer und Heimat. Aus Pommern wurde u. a. berichtet:

> dass dort kriegsgetraute Frauen, die früher immer gearbeitet hatten, nach der Kriegstrauung plötzlich die Arbeit verweigerten und erst durch die Drohung, man werde ihnen die Kriegsunterstützung entziehen, wieder zur Arbeit veranlasst werden konnten. Auf dem Land hätten zur Zeit der Hackfruchternte im Herbst die Kriegerfrauen nicht arbeiten wollen. Der Erlaß des kommandierenden Generals, dass sie einen halben Tag arbeiten müssten, habe dann ausgezeichnet gewirkt. Auch für die Frühjahrsbestellung dürfte eine ähnliche Verfügung erlassen werden. In krassen Fällen könnten die Kriegsunterstützungen wirklich entzogen werden.[14]

Gedenkblatt der Novemberrevolution

An Alle, die im Krieg ein teures Menschenleben verloren!

Die Krieger kehren heim zu Weib und Kind. Mit Sehnsucht erwartet, von Jubel begrüßt. Mit Tränen im Auge steht ihr abseits. Das sind die Tage, in denen Euch das Leid grimmiger denn je am Herzen frißt. Eure Klage schweift hinaus zu den blutgetränkten Fluren, in deren Schoß der Gatte, der Sohn, der Bruder die letzte Ruhe fand.

Deutsche Frauen, kein Mensch kann diese Bürde von Euch nehmen und keiner Euch das Glück wiedergeben, das der unerbittliche Krieg Euch gemordet hat.

Aber ein holder Trost steht Euch bereit:

Ihr gabt euer Teuerstes, aber Ihr gabt es nicht vergebens.

Blickt um Euch: Der Frühling der Freiheit ist herein gebrochen; eine neue Zeit hebt an, in der es rohe Gewalt nicht geben wird, nicht willenmordenden Zwang, nicht wahnsinnige Gebote und Pflichten, die des Nächsten Sicherheit bedrohen und ihm nach dem Leben stehen. Die Ketten sind gesprengt, die Pforten der Kerker und Verließe, in den denen wir schmachteten, weit aufgetan.

Seht, das ist das Werk Eurer Helden.

Sie wussten nicht, wohin sie die Fahrt trug, und sie meinten, vielleicht eng umgrenzten Kriegszielen zu dienen und ihr Leben für das Wohl und Wehe ihrer Machthaber in die Schanze schlagen zu müssen. Aber es ging um höhere Dinge. Wie Saul der auszog seine Eselin zu suchen und ein Königreich fand, so erging es dem deutschen Volk. Aus den Opfern verbrecherischer imperialistischer Machtspiele zog der Freiheitsgedanke ungeahnte Kräfte.

Deutsche Frauen, die Ihr dem Tod euer Liebstes lassen musstet, tragt den Kopf stolz hoch! Haltet Euch die Seele frei von Bitterkeiten! Entschlagt Euch des Grolls und lasst Euer befreites Vaterland nicht entgelten, was die Regierung des Geknechteten verbrach! Vertraut den Männern, die es übernommen haben, für Euer und des ganzen Volkes Wohl Sorge zu tragen. Sie werden Euch nicht im Stich lassen, aber sie erwarten, dass auch Ihr Seite an Seite zu ihnen steht. Ihrer harrt ein schweres Werk, und sie brauchen dabei Eure Hilfe, Euer Vertrauen.

Wehmütig der Toten gedenkend, aber das Herz leidenschaftlich den neuen Zielen und Aufgaben hingegeben, arbeitet freudig mit, wenn eine neue Herrlichkeit über den alten Trümmern erstehen soll.[15]

Frauenarbeit in einer Konservenfabrik

Anmerkungen:

1) Wildegg, Els: Mutters Bester, Gelsenkirchen 1915. S. 1.

2) Greifswalder Zeitung vom 10. Februar 1915.

3) Stadtarchiv Greifswald: Rep. 5, Nr. 997 „Bericht über die Einwirkung des Krieges auf das Wirtschaftsleben", Abschnitt: I.
Nach der Volkszählung vom 8. Oktober 1919 stieg die Einwohnerzahl auf 35.000 Personen, was eine große Wohnungsnot brachte. Einen großen Anteil am Zuzug hatten die Studenten und die Eisenbahner (etwa 500 Familien). Die Eisenbahndirektion Stettin ließ am Bahnhofsgelände Barackenbauten errichten.

4) Landesarchiv Greifswald: Rep. 65 c, Regierung Stralsund, „Unterstützung hilfsbedürftiger Soldatenfamilien desgl.", Nr. 2858, Bl. 105 u. 64.

5) Siehe „Verwaltungsbericht des Kreisausschusses des Kreises Greifswald für das Jahr 1916", Staatsarchiv Krakau: https://www.szukajwarchiwach.pl/65/73/0/2.10/848/str/1/19/15/29JQfmZGY6jBohxLkopfZA/#tabSkany).

6) Landesarchiv Greifswald: Rep. 65 c, Regierung Stralsund, „Die Mobilmachung 1914", Nr. 2825, Bl. 203 ff.: Bericht des Magistrats Greifswald vom 7. November 1914: Einwirkung des Krieges auf das Wirtschaftsleben. Abschnitt: XV.

5) Stadtarchiv Greifswald: Rep. 5, Nr. 950, „Arbeitslosigkeit und Arbeitsnachweise", Bl. 58 VS u. RS. Weiter: Wolgaster Zeitung vom 17. August 1914 und: Hennig, Martin: Heilge Nacht auf ferner Wacht ein Weihnachtsgruß für deutsche Krieger. 1914.

Über die Geldmittel hinaus, welche das Reichsgesetz festlegte, hatten wohl alle Städte Hilfe für die Kriegerfamilien aufgebracht; so stellten Hannover 3 Millionen, Greifswald 50.000 Mark, Kattowitz 30.000 Mark zur Verfügung. Andere Kommunen zahlten allgemein

Zuschläge zu den Reichssätzen, in Halle 200 Prozent, in München 50 Prozent, in Altona 66 Prozent.

6) Stadtarchiv Greifswald: Rep. 5, Nr. 997 „Bericht über die Einwirkung des Krieges auf das ff. u. Abschnitt: VIV, Bl. 87.

7) Wolgaster Zeitung v. 19. Dezember 1916.

8) „An die Hausfrauen der Eisenbahner“: S. 3, Bromberg, Herausgegeben im April 1915.

9) Mayer, Hanns: Geschichte des Infanterie-Regiments Prinz Moritz von Anhalt-Dessau (5. Pomm.) Nr. 42 während des Krieges 1914/18. Oldenburg/Berlin 1927. S. 48.

10) Siehe Magistratsbericht 9. September 1914. In Greifswald vermittelten ein städtischer Arbeitsnachweis und drei gewerbliche Arbeitsvermittlerinnen Arbeitsplätze. Vermittelt wurden neben Dienstbotinnen hauptsächlich die landwirtschaftliche Arbeiterin, Stickerin, Schneiderin, Putzmacherin, Buchhalterin, Verkäuferin, Kellnerin, Kochpersonal, Wasch- und Aufwartefrau sowie Tagelöhnerin. In Gastwirtschaften mit weiblicher Bedienung, die sich als „Animierkneipen“ auswiesen, mussten Kellnerinnen auf Befehl (Nr. Z 3635) des Stellvertretenden Generals des 2. Armeekorps vom 4. Februar 1915 innerhalb von 3 Tagen entlassen werden (um die Soldaten der Garnison und ausgangsfähige Lazarettinsassen vor Geschlechtsverkehr zu bewahren), sonst drohte die Schließung der Lokale. Der Greifswalder Magistrat reagierte und meldete Vollzug.

Per 8. Februar 1917 ließ v. Vietinghoff die weibliche Bedienung in Gastwirtschaften grundsätzlich zu, „4. bei anständigem Benehmen und unauffälliger Kleidung“, der „Animier-Befehl“ blieb jedoch in Kraft.

11) ebenda.

12) Greifswalder Tageblatt vom 27.11.1918: Bericht der Allgemeinen Ortskrankenkasse.

13) Bentlage, Gustav A.: Skizzen von der Ostsee zur Kriegszeit: Eindrücke eines Wanderers. 1916, S. 14.

14) Landesarchiv Greifswald: Rep. 60, Oberpräsident, Nr. 2883: Kriegswirtschaftsämter. Bl. 20.

15) Landesarchiv Greifswald: Rep. 65 c, Regierung Stralsund, Nr. 2910, Betr.: Gedenkblätter für die Gefallenen. Bl. 74.

12 Kriegssanitätswesen

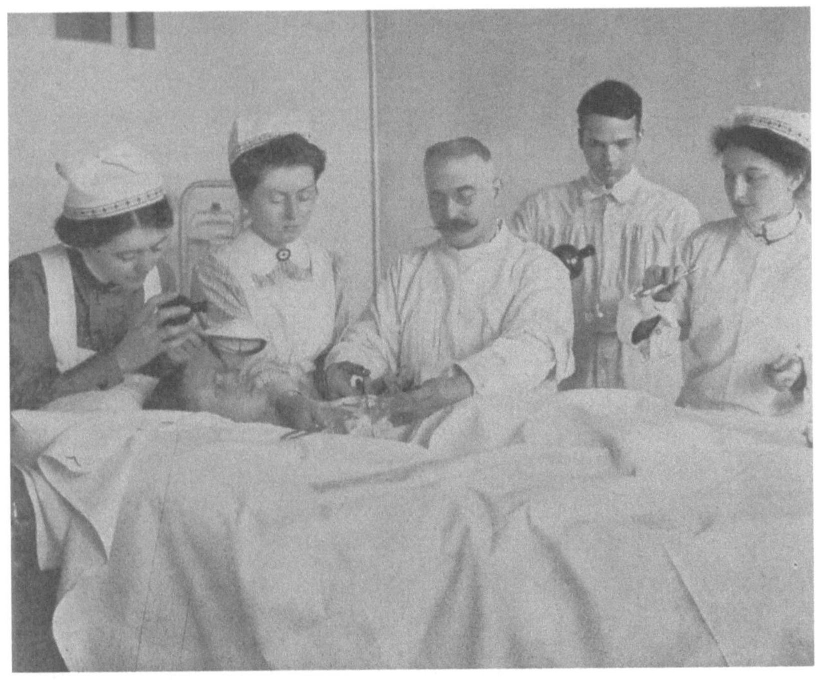

Die medizinische Versorgung der verwundeten und erkrankten Kriegsteilnehmer im Ersten Weltkrieg erfolgte von militärischer Seite unter Verantwortung und Leitung des Sanitätsamts im Kriegsministerium und über die untergeordneten Sanitätsämter der Armeekorps. Von ziviler Seite kooperierte mit den militärischen Sanitätsämtern das Rote Kreuz mit seinen Provinzial- und Zweigvereinen und in Persona mit seinen Territorialdelegierten.

Die Universitätsstadt Greifswald spielte mit ihrer bedeutenden Kapazität an medizinischen Einrichtungen, Technik, Personal und Erfahrungen im Bereich des 2. Armeekorps eine wichtige Rolle. Gleichwohl der Personalschwund durch die Kriegseinberufungen auch vor den akademischen Medizinern und praktischen Ärzten nicht Halt machte.

Aus der Medizinischen Fakultät wurden im Spätherbst 1914 und im Wintersemester 1915 die Professoren Kallius, P. Römer, Kroemer, Pels Leusden, Morawitz, P. H. Römer, Peter; die Privatdozenten: G. Schöne, Wagner, Löhlein, Gebb, Add. Hoffmann, Vorkastner, Adloff, Hesse, v. Trappeiner und v. Möllendorff zeitweise zum Kriegsdienst eingezogen.[1]

Paul Kroemer (Chirurg) musste im August 1915 wegen Krankheit aus dem Frontdienst entlassen werden und arbeitete bis zu seinem Tod, am 12. November 1917, als Stationsarztarzt im Greifswalder Reservelazarett.

Ende Oktober 1917 kehrte der Direktor der medizinischen Klinik, Professor Morawitz, vom Kriegseinsatz zurück, der stellvertretende Direktor, Professor Dr. Groß, nahm seinen Platz an der Front ein.

Mai 1918 starb der Privatdozent der Chirurgie Dr. med. Friedrich Hesse als Führer einer Sanitätskompanie auf dem östlichen Kriegsschauplatz.

Etwa 18.000 eingezogene zivile Ärzte arbeiteten während des Kriegs unter schwierigsten Bedingungen in den militärischen Formationen an den verschiedenen Kriegsfronten, weitere 8000 in den Lazaretten, unterstanden einerseits der militärischen Disziplin und andererseits ihren eigenen moralischen Wertvorstellungen.

Ein Armeekorps verfügte bei den Truppen über etwa 80 Ärzte, 160 Sanitätsunteroffiziere, 400 Krankenträger und in seinen Sanitätsformationen über rund 100 Ärzte, 135 Sanitätsunteroffiziere, 150 Militärkrankenwärter und 725 Krankenträger.

> Unsere acht Krankenwagen wurden zu den Truppenverbandplätzen zwecks Abschub angefordert, die Führer der Sanitätshunde fuhren mit vor, und wir schlüpften eiligst in unsere weißen Mäntel. Wir arbeiteten die Nacht durch, den nächsten Tag durch, und als es wieder Nacht wurde, ebbte die Flut der Verwundeten etwas ab, so dass wir uns den Dienst für die Nacht schon teilen konnten. In 30 Stunden hatten wir 660 Verwundete versorgt und in dringlichen Fällen operiert.[2]

Auch in Greifswald geborene Mediziner wie Klaus Scherpeltz (Feldunterarzt, 25 Jahre alt, 1918 an Fleckfieber verstorben) oder Prof. Walter Dibbelt (Verwundung) dienten an der Front in den Truppen- und Etappenlazaretten und ließen ihr Leben. Sie waren zwei von insgesamt 1.325 Toten des deutschen Sanitätskorps. Den Tod unter den Medizinern brachten überwiegend nicht die Kugeln und Granaten (562 Tote), 763 der Todesfälle resultierten aus Ansteckungen in den Seuchenlazaretten trotz aller hygienischen Maßnahmen und Schutzimpfungen. Hunderte Mediziner starben an Infektionskrankheiten wie Cholera, Ruhr, Typhus oder dem Fleckfieber und zum Ende noch durch die Grippe.

In der Heimat errichtete das Militär in Greifswald während der ersten vier Kriegswochen das drittgrößte Reservelazarett[3] der Provinz Pommern, nach Stettin und Kolberg, unter medizinischer Leitung des Geheimen Rats Hugo Schulz und des Reservelazaretts-Delegierten, Ratsherrn Fleischmann, mit 15 Stationen in den Universitätskliniken und innerhalb des Stadtgebiets. An der Universität entstanden der Sache nach die meisten Lazaretteinrichtungen. Das anatomische Institut stellte beispielsweise 60 Betten zu Verfügung und in der psychiatrischen- und Nervenklinik entstanden 60 Bettenplätze in 2 Abteilungen. Im Universitätsjahr 1915/16 wurden 246 Militärangehörige aufgenommen und in 14.416 Belegungstagen behandelt. Auch der Greifswalder Wingolf übergab sein Verbindungshaus in der Karlstraße, gleichfalls ließ der Johanniterorden ein Gebäude des Martinsstifts in der Steinstraße räumen, um dort ein Lazarett einzurichten.

Zusätzlich unterhielt der Vaterländische Frauenverein ein Vereinslazarett mit 67 Betten.

Ebenso sind Privatinitiativen zu nennen. Der Landrat Graf Behr-Behrenhoff ließ zusammen mit dem Grafen Bismarck-Bohlen (Karlsburg) im Raum des Akademischen Turnvereins (Bahnhofstraße 61) ein Lazarett mit 24 Betten einrichten, dass der Landrat (1918 vom Arbeiter- und Soldatenrat abgesetzt und trat 1. April

1919 nach 24 Amtsjahren in den Ruhestand) mit 15.000 Mark über die Kriegsjahre Aufrecht erhielt.

Auch die Greifswalder Stadtgemeinde musste auf Anordnung der Militärbehörde vom 2. August 1914 bis zum folgenden 5. August das Armenarbeitshaus[4] an der Anklamer Straße zum Ausbau einer Krankeneinrichtung abtreten, die bisherigen Bewohner mussten in die Armenkolonie umgesiedelt werden. Für den Umzug und die Folgekosten stellte der Magistrat einen Unkostenbetrag in Höhe von 10.000 Mark ein, der sich durch die Zahlung eines jährlichen Mietzinses vom Militär in Höhe von geschätzten 16.500 Mark wieder amortisieren sollte.[5]

Alles zusammen, Greifswald war Ende August 1914 aufnahmebereit für maximal 868 Verwundete.

Unter Führung des Roten Kreuzes[6] hatte sich schon im Frühjahr 1913 eine gemeinsame Mobilmachungskommission zur Versorgung der Lazarette, Ausbildung von Hilfspflegerinnen und Krankenpflegern gebildet, der der Rotkreuz-Verein selbst, der Vaterländische Frauenverein Stadt-Greifswald und die Sanitätskolonne angehörten.

Mit den Frontkämpfen im Osten trafen bald die ersten Verwundetentransporte ein. Die zivile Gesellschaft hatte sich gründlich vorbereitet, um ihre Pflicht und humanitäre Hilfe zu leisten. Am 30. August 1914 vormittags fuhren zwei Züge mit etwa 450 verwundeten Soldaten und Offizieren von der Ostfront auf dem Greifswalder Bahnhof ein. Die Kriegsteilnehmer hatten in Ostpreußen an den Gefechten in Soldau, Stallupönen u. a. teilgenommen. Neben den Deutschen befanden sich darunter auch 65 gefangene Russen.[7]

Mit dem Eintreffen der Verwundetentransporte trat die Sanitätskolonne in Aktion, die je nach Maßgabe, die Soldaten in die Lazarette überführte. Solche Einsätze waren keine Übung mehr, sondern bittere Realität. Bei einigen Verwundeten mussten Notverbände an Ort und Stelle erneuert werden, andere Männer konnten eigenständig die Beförderungswagen am Bahnhofsvorplatz erreichen. Für Leichtverwundete stellte die Stadt Automobile, Droschken und Kutschwagen zur Verfügung. Schwerverwundete wurden in Möbelwagen oder auf Tragen in die Lazarette überführt.

Am folgenden Tag, Montag 31. August, kam ein weiterer Transport mit 100 Verwundeten an, darunter 31 russische Militärangehörige.

In einem Bericht hieß es, dass es währenddessen auf dem Bahnhof zu „unerwünschten“ Auftritten von russisch-polnischen Schnittern kam, von denen vier verhaftet wurden. Sie waren in kleinen Trupps erschienen, um ihre russischen Landsleute, ihre verwundeten „Helden“ zu begrüßen und hatten Spott an Deutsche und Österreicher zu verteilen.[8]

Auf die ersten humanitären Einsätze zeigte sich der Greifswalder Zweigverein vom Roten Kreuz unter Vorsitz von Prof. Wiegand und die freiwillige Sanitätskolonne, unter Leitung von Dr. Arnim, vorbereitet. Die Sanitätskolonne trainierte seit Jahren zivile Not- und Rettungseinsätze, darunter die Bergung und den Transport von Verletzten und in letzter Zeit waren sie darin sehr organisiert vorgegangen. Zu Beginn des Jahres 1914 wurden ein theoretischer und ein praktischer Unterrichtskurs, auch in der Krankenpflege, abgehalten, eine Eisenbahnübung und ein Übungsmarsch absolviert.

Mit Kriegsbeginn musste die Sanitätskolonne bewährte Mitarbeiter zum Etappendienst an die Westfront stellen, was den Kader stark dezimierte. Begrüßt wurde deshalb die Aktion und Hilfe des Turnerbunds, der eine Sanitätsmannschaft mit 38 Mitgliedern auf die Beine stellte und ebenso, die des Turnvereins. Sanitätskolonne und die Turner-Sanitäter arbeiteten nun eng zusammen.

Die Erstversorgung der Verwundeten geschah unmittelbar hinter den Schlachtplätzen auf den Verbandplätzen und in den Frontlazaretten, danach wurden sie in die Etappenlazarette und schließlich in die Heimatlazarette (Reservelazarette) transportiert. Der 1907 für das deutsche Heer aufgestellte Mobilmachungsplan verteilte 12 Lazarettzüge auf die einzelnen Armeekorps. Das erwies sich aber schon zu Beginn des Krieges als unzureichend. Für die ersten Verwundetentransporte mussten Personenzüge und selbst Viehwagen notdürftig umgebaut werden. Die Verletzten lagen auf harten Bänken oder auf Stroh und spürten oft schmerzhaft die Gleisunebenheiten. Das Rote Kreuz ließ in Gemeinschaft mit den Ländern und Provinzen in kurzer Zeit in Spezialwerkstätten medizinisch angepasste und ausgerüstete Züge schaffen. Auch industrielle Großbetriebe, wie „Siemens“ in Berlin, rüsteten auf eigene Kosten Verwundetenzüge aus.

Am 1. Dezember 1914 trat der Vereinslazarettzug W 2 des pommerschen Provinzialverbandes der Vaterländischen Frauenvereine seine erst Fahrt an, an dessen Herstellungskosten sich ebenso der Vaterländische Frauenverein von Greifswald mit beteiligte. Bis etwa Anfang 1915 fuhren auf deutschen Gleisen 55 Lazarettzüge mit einer Transportkapazität von etwa 17.000 Verwundeten. Insgesamt waren bis Ende des Kriegs 139 Züge im Einsatz, davon 88 Vereinslazarettzüge. Der pommersche Vereinslazarettzug W 2 beförderte innerhalb von 3 Jahren 20.429 Verwundete in die Heimat.

Mit Kriegsverlauf erwartete Greifswald Transporte mit Front-Verwundeten. Die Ankunft konnte kaum im Voraus geplant werden, verlief aber nach den großen Schlachten an der Front zügig. Am 8. Februar 1915 trafen beispielsweise 90 Leichtverwundete, am 19. Februar erneut 60 Verwundete aus dem Osten ein. Für das Jahr 1916 zählte die Sanitätskolonne 6 Einsätze, 1917 waren es 5 Verwundetentransporte.

Die Verwundeten zeigten nach den Akutbehandlungen an den Fronten Verletzungen von verschiedenen Graden auf, durch Schusswunden oder Granatsplitter, Bajonett- oder Säbelstiche, Fliegerbomben oder Krankheiten wie Typhus, Lungenentzündung usw., wonach sich die medizinischen Behandlungen, Pflege und Zeitdauer richteten. Mitunter bot der Krieg den Ärzten ein „Laboratorium und Erfahrungsfeld" dar, dass das „Kranken- und Verletztenmaterial" bot, wie es in Friedenszeiten nie vorhanden sein konnte. Mit Verlauf des Kriegs nahm bei der hohen Zahl der Verwundeten und Versehrten die „Kriegsinvalidenfürsorge" (plastische Chirurgie, orthopädische Versorgung mit Prothesen u.a.) bis hin zur Wiederherstellung der oder einer eingeschränkten Arbeitskraft, einen großen Raum ein.

Im Bereich des Stettiner Korpsbezirks waren bis Mai 1915 in den Reservelazaretten 23 „medico-mechanische Abteilungen" eingerichtet worden. Die Physiotherapie mit mechanischen Geräten diente dazu die Stümpfe beweglich zu machen, um Kriegsversehrte auf eine zivile Arbeitsmöglichkeit in alternativen Berufen vorzubereiten. Mitunter sahen es die Betroffenen das anders, fürchteten die Minderung der Kriegsbeschädigtenrente, den Verlust von Verstümmelungszulagen und reagierten darauf mit der abwertenden Bezeichnung „Rentenquetschen".

Leichtverwundete deutsche Soldaten und geheilte Patienten konnten bald wieder die Lazarette verlassen und den militärischen Einheiten zugeführt werden. Bei Kriegsgegnern erfolgte die Überführung in die deutschen Gefangenenlager:

> Kriegsgefangenentransport. Heute Dienstag, 23. Februar 1915 vormittags, verließen 25 russische Kriegsgefangene, die im hiesigen Reservelazarett Heilung gefunden hatten, unsere Stadt, um nach dem Gefangenenlager Wetzlar überzusiedeln. Gleichzeitig wurden drei geheilte russische Offiziere ins Gefangenenlager Beeskow abtransportiert.[9]

Unter den eingelieferten Verwundeten befanden sich Schwerverwundete und Schwerkranke.

> Kommt ein neuer Transport an, so ist wenigstens in solchen Lazaretten, in denen schwierigere klinische Operationen gemacht werden können, fast immer eine Anzahl von Schwerverwundeten darunter. Sie haben grade nach dem Transport oft körperlich und seelisch schwer zu leiden. Manchem unter ihnen haben wir schon wenige Tage später das letzte Geleit zu geben.[10]

Wie Generalstabsarzt Schultzen vor dem Reichstag in Berlin im April 1918 berichtete, konnten aus den Reservelazaretten 90 Prozent als diensttauglich und davon wieder 70 Prozent als felddiensttauglich entlassen werden. Die Todesfälle in den Lazaretten betrugen 1-1,2 Prozent. 629.000 Soldaten mussten als dauernd untaug-

lich entlassen werden. Davon 70.000 verstümmelt und 1500 als blind. (Die Anzahl der Blinden lag aber insgesamt bei über 4000). Ärzte und Schwestern gerieten in Stoßzeiten an ihre physische und psychische Belastbarkeit.
Carl Ludwig Schleich, der in Stralsund geborene und in Greifswald studierte Chirurg, fand für seine Berliner Lazarett-Arbeit eigene Antworten:

> Der Philosoph in uns muss also den Arzt trösten, dass der Massenvernichtung ein geheimer Sinn innewohnen kann, vor dem das Opfer der Unzähligen eben geheiligt wird durch das Moment des Augenblickstodes für ein erhabenes Zukunftsleben.[11]

Oft stieß die medizinische Versorgung an ihre Grenzen, obwohl die Universität die Kapazitäten erweiterte, das medizinische Personal um jeden Patienten kämpfte und dabei selbst die eigenen theoretischen Erkenntnisse und praktischen Erfahrungen vorantrieb. Das galt u.a. für die Chirurgie und Orthopädie und die Pathologie. Beispielsweise hatte man in der Universitäts-Frauenklinik eine Lazarettabteilung mit 50 Betten (am 29. August) eingerichtet, um zusätzlich komplizierte Operationen durchführen zu können, neben den vielen kleineren medizinischen Eingriffen.

Frauenvereine helfen

Zur medizinischen Behandlung durch die Ärzte entstand in den Lazaretten ein hoher Pflegebedarf mit ausgebildeten Schwestern und Hilfsschwestern.

Für die Pflege der Verwundeten in den Frontlazaretten wurden Tausende von Schwestern gebraucht, die den Ärzten aufopferungsvoll zur Seite standen und oftmals von den hilflosen Soldaten als „weiße Engel“ empfunden und so bezeichnet wurden.

Bis Mitte August 1914 schickte das pommersche Rote Kreuz für das 2. Armeekorps einen Lazaretttrupp, 1 Begleitungstrupp, 1 Transporttrupp und 1 Depottrupp, im Ganzen 451 Pfleger und Träger, 85 Schwestern und 7 Laboratoriumsgehilfinnen ins Feld. Anfang September folgte ein Ersatztrupp mit 205 Pflegern und 66 Pflegerinnen. Ein weiterer Ersatztrupp von 82 Mann trat Anfang Dezember die Reise nach Chauny an.

Ebenso groß erwies sich der Bedarf an Pflegkräften in den heimatlichen Reservelazaretten der Garnisonen und den Vereinslazaretten. Den Vaterländischen Frauenvereinen Pommerns standen bei Ausbruch des Kriegs 350 ausgebildete Helferinnen zu Verfügung, was bei weitem nicht ausreichte.

Bis Ende 1914 waren in den pommerschen Lazaretten 464 Hilfsschwestern und 472 Helferinnen tätig, im Ganzen 936 von den Vaterländischen Frauenvereinen gestellte Pflegekräfte.

Durch Ausbildungskurse konnten in der Provinz den 22 Reservelazaretten mit 15.556 Betten bis 1915 255 Vollschwestern, 648 Hilfsschwestern und Helferinnen vom Roten Kreuz sowie 242 Krankenpfleger und 79 Krankenträger der Genossenschaften und Sanitätskolonnen zugeführt werden.

Auch der Vaterländische Frauenverein Greifswald sorgte für die Qualifizierung von freiwilligen weiblichen Pflegekräften. Noch in Friedenszeiten hatte der Verein 23 Helferinnen in der medizinischen Krankenpflege ausbilden lassen, die nun im Krieg dringend benötigt wurden und von den militärischen Lazarettverwaltungen eingesetzt werden konnten. Zumeist kamen die jungen Frauen aus gutbürgerlichem Hause, sie wollten nützlich sein und ihren Anteil in den Kriegszeiten leisten, sie meldeten sich daher freiwillig zur Ausbildung oder Arbeit im Sanitätsdienst als Helferinnen und Hilfsschwestern.

Auch mit der Neugründung eines weiteren Zweigvereins im September 1914 engagierte sich der Frauenverein für den zivilen Sanitätsdienst:

> Euer Hochwohlgeboren teile ich hierdurch ergebenst mit, dass dem Zweigverein des Vaterländischen Frauenvereins für Greifswald-Land (West) in Greifswald, durch Verfügung des königlichen Kriegsministeriums vom 7. Juni 1915, die Zulassung zur Unterstützung des Kriegssanitätsdienstes erteilt worden ist.[12]

So wie in der Stadt Greifswald entstanden auch im Landkreis Greifswald Lazarette und Genesungsheime. Initiatoren waren neben dem Roten Kreuz und seinen Vereinen auch private Antragsteller und Kirchengemeinden. In Lassan z. B. wurde Anfang September 1914 im kirchlichen Gemeindehaus ein Genesungsheim mit 15 Betten eingerichtet, wo

> außer Nebenräumen, ein Saal, 10,5 m lang, 8,5 m breit und 3,5 m hoch und außerdem ein Zimmer in der Größe von 5,4 x 5 für die genesenden Krieger zur Verfügung stehen. Betten und Bettwäsche, nebst Handtüchern, sind in der vorgeschriebenen Zahl und Art in sehr gutem Zustand (vollständig neu) vorhanden. An Leibwäsche wird gewährt

für jeden Mann, leinene Hemden (3), Strümpfe, Taschentücher, wollene gestrickte Westen mit langen Ärmeln. Außerdem Filzpantoffeln. Eine Vergütung für Verpflegung wird vorläufig nicht gebraucht. Wenn die Aufrechterhaltung des Genesungsheimes sehr lange dauern würde, müsste vielleicht um einen geringen Zuschuß gebeten werden. Der Vorstand des Genesungsheimes. Pantel, Pastor.[13]

Für die medizinische Pflege ließ der dortige Frauenverein 13 Damen unter Kursleitung von Dr. Damman ausbilden.

Juni 1918 unternahmen 412 Greifswalder Leichtverwundete ein Ausflug nach Lubmin. Am 31. Dezember 1918 fand in Greifswald die letzte Sylvesterveranstaltung für 120 Verwundete statt.

In den Lazaretten mussten die Verwundeten mit Lebensmitteln und Kleidung ausgestattet werden bis hin zur kulturellen Betreuung. Mit großem Engagement nahmen sich die Frauenvereine dieser Aufgabe an.

Stets wurde allen Verwundeten jede mögliche Hilfe gewährt und unabhängig von der Nationalität. Bei allen Verwundetentransporten engagierten sich die Greifswalder „Frauenvereins-Damen" auf dem Bahnhof, sie verteilten Kaffee, Kakao, Milch, belegte Brote und Semmeln und verteilten Zigarren. Das blieb jedoch nicht lange dabei, denn auf Grund der schlechten Lebensmittellage und damit der steigenden Kosten gab es für die Verteilung von Lebensmitteln an Soldaten strikte Anweisungen.

Allerdings ereigneten sich auf den pommerschen Bahnhöfen auch „unerwünschte Begebenheiten". Deshalb gab das Stellvertretende

Generalkommando des II. Armeekorps in Stettin eine Warnung heraus:

> Es ist wiederholt auf Bahnhöfen vorgekommen, daß beim Passieren von Militär- und Verwundetenzügen, Personen, die für Verpflegung und Austeilung von Liebesgaben anwesend waren, von den Soldaten 'Andenken' gekauft, oder sich schenken ließen. So sind ausländische Orden, Uniform- und Beutestücke, Gradabzeichen, selbst scharfe Patronen in den Besitz von Unberufenen gekommen. Sogar erbeutete Waffen, Gewehre, Lanzen, Bajonette und Säbel, sind nach hier vorliegenden Meldungen gekauft. Die Namen einer Anzahl Damen sind hierher mitgeteilt, deren Zudringlichkeit beim Erwerb von 'Andenken' durch anwesende Gendarmen hat gerügt werden müssen; die Bahnhofswachen haben Anweisung erhalten, unter keinen Umständen derartige Ungehörigkeiten zu dulden. Das Stellvertretende Generalkommando macht aber im allgemeinen Interesse darauf aufmerksam, daß nicht nur die Soldaten, sondern auch die Käufer sich strafbar machen, und daß in Wiederholungsfällen ohne Ansehen der Person, ob männlich oder weiblich, gegen solches an groben Unfug streifendes Verfahren eingeschritten werden wird.[14]

Die Greifswalder Frauen sammelten für die Versorgung der Lazarette mit Lebensmitteln und die Bürger gaben neben Geld auch Wurst, Käse, Marmelade u. a. her. Auch Bücher und andere Lesestoffe gehörten zu den Spenden. Besonders beliebt waren z. T. illustrierte Volksblätter: Sonntagsblätter, Christenboten, Heimatklänge usw., auch die Provinzialausgaben, sie erinnerten eben an die Heimat. Kein genesender Soldat musste ohne Einkleidung mit frischer Unterwäsche das Lazarett verlassen, die die Greifswalder Frauen selbst nähten.

> An die Lazarette selbst wurde durch die Nahrungsmittelzentrale für vier Abende in der Woche der Aufschnitt geliefert, bestehend in Käse oder Quark, Heringen oder Konserven, Wild und Wurstwaren, dazu kamen auf Wunsch Wein oder Saft, Kakao, Tee, Butter und Zucker.[15]

Leicht Verwundete erhielten Ausgang in die Stadt und die fremden Soldaten konnten Greifswald und Greifswalder kennen lernen. Der Greifswalder Zweigverein des deutschen „Vereins gegen Mißbrauch geistiger Getränke“ richtete in den Räumen der Loge ein „Erholungsheim für Verwundete“ ein, in welchem die Soldaten von 9 Uhr morgens bis 5 oder 6 Uhr nachmittags sich aufhalten konnten. Sie fanden dort neben anderen Kameraden, Spiele, Zeitungen aus verschiedenen Teilen Deutschlands und Zeitschriften vor. Zum günstigen Preis konnten sie sich Kaffee, Milch, Tee, Limonade, kleine „Gläschen leichten Bieres“, Zigarren, Kuchen und Butterbrote kaufen. Da ihnen der Besuch anderer Wirtshauslokale in der Stadt verboten war, so machten sie gerne davon Gebrauch und es war für den Lazarettpfarrer eine Gelegenheit mehr gegeben, mit den Soldaten in Berührung zu kommen.

Spätesten ab 1917, wenn nicht schon viel früher, war die deutsche Kriegsgesellschaft mit einer Soldatenkrankheit konfrontiert, die nicht durch Kugeln, Granaten oder Gas verursacht war. Die Sexualmoral ließ nach, sowohl an der Front als auch in der Heimat. Die

Zahl der geschlechtskranken Soldaten, die sich in den von der OHL geduldeten Bordellen in der Etappe im Westen und Osten infizierten, nahm zu. Vor Kriegsausbruch litten beispielsweise 5,6 % der österreichisch-ungarischen Soldaten an Tripper oder Syphilis, 1915 erhöhte sich die Zahl auf 12,2 %. Bei den Deutschen pendelte sich die Rate der Geschlechtskrankheiten in den Fronttruppen bei 1,5 Prozent (Besatzungsheer: 2,9 Prozent) ein.

> Die Militärverwaltung hat mit allen Mitteln versucht, die Ausbreitung der Geschlechtskrankheiten einzuschränken. Die Soldaten haben wöchentlich Unterricht durch die Aerzte über die Gefahren des Geschlechtsverkehrs erhalten. Sie haben Schutzmittel in Gestalt der sogenannten Virokästen erhalten, kleine Pappkartons, in denen sich eine vorn in eine Spitze ausgezogene Glasröhre befunden hat, die hinten von einem Gummiball, vorn durch einen Korken abgeschlossen ist und eine Potagollösung enthalten hat, die nach dem Koitus in die Harnröhre eingeführt werden sollte, um die Gonokokken, die Tripperbazillen, abzutöten, die ja in den ersten Stunden nach der Ansteckung im vordersten Teile der Harnröhre sitzen und durch Potagollösung leicht vernichtet werden können. Außerdem hat der Virokasten eine Tube enthalten, in der sich ein fettender, desinfizierender Krem befunden hat, der ein Wundreiben und damit eine Syphilisinfektion verhüten sollte, denn bekanntlich kann eine Infektion mit Spirocheten nur dann erfolgen, wenn diese unmittelbar ins Blut treten. Aber auch dieses hat nichts geholfen. Die Seuche ist immer weiterverbreitet worden.[16]

Der Feldsanitätschef bei der OHL erließ am 26. Oktober 1915 unter Nr. 20.778.15. einen Befehl für die Rückbeförderung ansteckender Kranke:

> Viertens. Geschlechtskranke dürfen nur dann zurückbefördert werden, wenn ihre Wiederherstellung erst in längerer Zeit zu erwarten ist oder ihre Entlassung als dienstfähig und brauchbar erforderlich wird.[17]

So wurden die auf Urlaub heimkehrenden Soldaten, unter ihnen auch Familienväter, mitunter zum Gesundheitsproblem. Das stellvertretende Generalkommando Stettin ließ 1917 in Greifswald eine unentgeltliche Beratungsstelle für Geschlechtskranke einrichten. Im Mai 1917 eröffnete die Medizinische Klinik ein „Absonderungshaus" mit drei Stationen und 1919 entstand eine Poliklinik für Haut- und Geschlechtskrankheiten. Man musste sich der Zunahme von Geschlechtskrankheiten stellen.

> In besonderen Abteilungen sind in der Regel die Geschlechtskranken untergebracht und es ist wohl nicht immer angenehm, mit ihnen umzugehen. Es ist, als ob der Sinn für Reinlichkeit und Sauberkeit uns abhalten wollte, mehr, wie nötig mit ihnen in Berührung zu kommen. Diese rein natürliche Empfindung muss aber der Seelsorger ausschalten. Nur ist auch auf der Seite der Kranken eine gewisse Scheu und Abneigung vor der Berührung mit dem Pastor nicht selten. Er ist ihnen wie ein stiller Vorwurf nur durch seine Erscheinung.[18]

Empfehlung der „Allgemeinen deutschen Lazarettzeitung“ vom 5. Januar 1918 lautet:

> „3. Wer zu heiraten gedenkt, Mann oder Frau, verlange vom andern ein Gesundheitszeugnis auf Grund fachärztlicher Untersuchung.“

Austauschverwundete und Schwerkranke

Ab Mitte 1915 nahmen Greifswalder Lazarette deutsche und österreichisch-ungarische Austauschverwundete aus dem Osten auf. Papst Benedikt XV. (1854-1922), der „Kriegspapst“ hatte kurz vor Weihnachten 1914 Schritte eingeleitet, um von den kriegführenden Staaten den Austausch dauernd militärdienstunfähig gewordener Kriegsgefangenen (Invaliden) zu erreichen.

Der Invalidenaustausch begann zwischen Deutschland und Frankreich und mit England. Die sofortige Heimschaffung deutscher Schwerkranker aus Frankreich erfolgte über die Schweiz. Auf deutschem Boden nahmen am Konstanzer Bahnhof Lazarettzüge die Heimkehrenden auf. Am 12. Juli 1915 traf der erste Transport mit 257 Kriegsteilnehmern, darunter 9 Offiziere, ein. Die deutschen Verlustlisten enthalten bis 27. März 1919 etwa 3600 invalide Austauschgefangene aus Frankreich in 36 Sonderlisten. Unter ihnen Karl Dannehl aus Greifswald, Paul Fick aus Zarnitz und Leo Pigreck aus Pätzow, die Ende 1918 bzw. Anfang 1919 heimkehrten.

Schwer gesundheitlich geschädigte, aber noch nicht kriegsinvalide Kriegsgefangene, verblieben jedoch in den Internierungslagern

Hollands und der Schweiz. Sie durften nicht nach Deutschland entlassen werden.

Holland vermittelte den Austausch zwischen Deutschland und England (Abkommen vom 2. Juli 1917 in Haag) und internierte in Privathäusern, Hotels, Pensionen und Baracken. Der Transfer umfasste etwa 8.000 deutsche Personen, außer dem Militär 1.600 Kranke sowie (gesunde) Zivilisten unter 17 und über 45 Jahren. Circa 540 schwerkranke Kriegsgefangene sahen direkt die Heimat wieder.

Anfang Frühjahr 1915 begannen Gespräche zwischen dem schwedischen Außenministerium, Deutschland und Russland über den gegenseitigen Austausch schwerkranker und invalider Gefangener, die erfolgreich verliefen. Dem schloss sich die Donaumonarchie Österreich-Ungarn an.

Die „Repatriierung“ aus Russland erfolgte mit der Eisenbahn über Finnland nach Schweden (Übergabestelle Trelleborg) und weiter mit Lazarettschiffen über die Ostsee zur Fähr- und Bahnhofsstelle Sassnitz (deutsche Übernahmestelle) und umgekehrt. Die Offiziere fuhren in Zügen erster und zweiter, die Mannschaften dritter Klasse.

Von Sassnitz aus erfolgte die Verteilung auf die Lazarette und Genesungsheime in Deutschland und Österreich. Die ersten größeren Heimatlazarette, die für Notfälle belegt werden konnten, lagen auf der Insel Rügen mit Bergen und Putbus, dann Stralsund, Greifswald und Pasewalk.

> Zum Austausch bestimmt. Eines Tages durcheilt eine Botschaft alarmierend das Lager und versetzt uns in fieberhafte Erregung: die Invalidenkommission kommt! Uns

> Schwerverwundeten eröffnet sich der Weg zur Freiheit. Der (russische) Kommandant läßt uns versammeln und scheidet mit Hilfe des Arztes die Amputierten und sonstigen Schwerinvaliden von den leichteren Fällen.[19]

Am 16. August 1915 fuhr im Sassnitzer Hafen das erste Lazarettschiff aus Schweden ein. 94 deutsche und 196 österreichische Verwundete befanden sich an Bord der „Aeolus“. Unter ihnen Franz Kasch (Neuendorf) und Fritz Schwarz (Karrendorf) aus dem Kreis Greifswald.

Sassnitz bildete den Anlaufpunkt für entlassene deutsche und österreichisch-ungarische kriegsgefangene Soldaten aus dem Zarenreich, der Hafen war dann immer beflaggt mit den Fahnen beider Länder und ein zahlreiches Publikum empfing jedes Mal die Soldaten. Über Sassnitz verließen aber ebenso russische Kriegsgefangene aus Deutschland und aus der Donaumonarchie den Boden der Mittelmächte. Vor dem 17. August 1915 liefen bereits 2 deutsche Schiffe mit russischen Austauschverwundeten nach Trelleborg aus.

> „Verschiedene innerlich schwer Verletzte mussten getragen werden. Die Zuschauer betrachteten stumm das grauenhafte Bild.“[20]

Für die „Kriegskrüppel“ der drei Kaiserreiche endete hier der große Krieg, vielfach waren sie mit großen nationalen Gefühlen ins Feld gezogen und meist blutjung. Nun mussten sie ihr persönliches Leid als Amputierte, Blinde, Nervenkranke oder unheilbar Kranke bis zum Lebensende tragen.

Auch Marine-Invalide kehrten über diese Verbindung in die Heimat zurück. Am 8. Januar 1916 transportierte das schwedische Fährschiff „Königin Viktoria“ die kriegsinvalide Besatzung des deutschen Minenlegers „Albatross“ mit einem Offizier, 3 Unteroffizieren und 8 Militärmatrosen sowie einen österreichischen schwerkranken Austauschinvaliden nach Sassnitz. (Die „Albatross“ sank durch feindlichen Beschuss vor der Insel Gotland, 28 Matrosen starben, die übrige Mannschaft wurde durch schwedische Hilfe gerettet und zunächst dort interniert.)

Juni 1916 erschien die 4. Liste der aus Russland heimgekehrten kranken Austauschgefangenen darunter die Mecklenburger Friedrich Karsten, aus Marlow, Infanterieregiment Nr. 42, 3. Kompanie. Er war bis dahin in Daurija in Gefangenschaft und kam nun ins Reservelazarett Rostock. Albert Körner aus Doberan, 9. Kompanie im Infanterieregiment Nr. 42, bisher in Petersburg in Gefangenschaft, begleitete ihn nach Rostock.

Aus der Stadt Greifswald kehrten die Kriegsinvaliden Max Witt (Juni 1916, Liste 5, Reserve-Infanterie-Regiment Nr. 269) und Emil Lorenz (Juli 1916, Liste 6, Landwehr-Infanterie-Regiment Nr. 34) heim.

Eine Zusatzvereinbarung zwischen den Staaten betraf die Entlassung von schwer-, sterbenskranken Lungenleidenden. Im Herbst 1917 traf ein Transport mit tuberkulösen Gefangenen direkt vom Hafen Salmir bei Haparanda in Sassnitz ein. Zu spät für einige Soldaten, schon auf dem Schiff verstarben Lungenkranke, so dass sie auf dem Friedhof in Sassnitz beerdigt wurden.

Aber auch im Austauschverfahren der Mittelmächte mit Russland endete das Kriegsschicksal für die „nur schwer erkrankten“ Kriegsteilnehmer mit Internierung und nicht in Entlassung in die

Heimat. Dänemark und Norwegen leisteten humane Hilfe. Die Dänen unterhielten in Hoseröd das größere Internierungslager.[21] Am 3. Dezember 1917 transportierte der deutsche Lazarettdampfer „Imperator“ einen russischen General (vom Lager Dänholm) und 150 russische Soldaten (aus dem Lager Altdamm) dorthin. Am 13. Dezember 1917 stach der Lazarettdampfer erneut mit 2 rumänischen und 48 russischen Offizieren sowie mit 100 russischen Soldaten aus Österreich in See.

Im Zeitraum vom 8. August 1915 bis zum 31. Dezember 1917 wurden über Sassnitz in regelmäßigen Abständen diese Austauschgefangenen aus russischer, deutscher und österreichischer Gefangenschaft in ihre Heimat oder in Internierungslager befördert und vorher medizinisch versorgt. Kurzzeitige Transportunterbrechungen entstanden durch den Weihnachtsverkehr oder durch Kohlenmangel der schwedischen Züge u. a.

> Die amtliche Statistik der Regierung zu Stralsund führt für den Zeitraum 8. August 1915 bis Ende 1917 insgesamt 3.516 deutsche, 21.206 österreichisch-ungarische und 315 türkische Soldaten und Offiziere, also in der Summe 25.037 invalide und schwerkranke Kriegspersonen aus Russland, auf.
>
> Von den auf deutschen Boden eingetroffenen Invaliden und Kranken waren 14,04 Prozent Deutsche, 84,7 Prozent aus Österreich-Ungarn und 1,26 Prozent Türken.
>
> In derselben Zeit wurden aus Deutschland und Österreich-Ungarn 37.295 russische Kriegsgefangene in das Zarenreich heimgesandt.[22]

In der Zeit vom 8. August 1915 bis Juli 1918 kehrten insgesamt 39.935 russische Kriegsinvaliden in das Zarenreich zurück, davon 21.767 aus der Donau-Monarchie und 18.168 aus Deutschland.

Die Zahlen der Stralsunder Regierung für ausgetauschte Deutsche aus russischen Gefangenenlagern (3.516) widersprechen den Angaben aus den deutschen, amtlichen Verlustlisten, die nur 2184 Fälle aufführen.

Den Soldaten wurde nicht nur ein gebührender Empfang auf heimatlichem Boden bereitet, sie mussten vor allem versorgt werden, medizinische Notversorgung, Entlausung gegen Fleckfieberverbreitung, neue Einkleidung, Essen usw. Von dafür aus Deutschland gesammelten Geldern, vor allem von der Insel Rügen, auch aus Schweden, wurden bis zum 30. Mai 1917 21.100 Mark und durch Spenden des österreichischen Roten Kreuz 15.079 Mark verwendet.[23]

Österreich-Ungarn stellte in Sassnitz zwei Schwestern zur Verfügung, eine österreichische und eine ungarische und weiterhin half eine schwedische Schwester.

Für die Österreich-Ungarn fuhren die Lazarettzüge von Sassnitz durch deutsches Territorium bis nach Pardubitz oder Kolin in Böhmen und von da wurden neue Züge nach Wien, Vorarlberg oder Tirol eingesetzt, wenn nicht die Schwere der Verletzungen eine schnelle medizinische Versorgung in einem Lazarett vor Ort gleich in Vorpommern notwendig machte.

Am 3. Februar 1918 musste die Transportroute wegen der Unruhen in Finnland vorübergehend eingestellt werden. Bis Mitte Juni

1918 kamen noch insgesamt heimgeschickte 2640 Kriegsteilnehmer hinzu.

Beerdigungen-Ehrenfriedhof

Bei allen Bemühungen von Ärzten und Schwestern ließ sich das Leben der Lazarett-Patienten nicht immer retten. Das pathologische Institut verzeichnete von Herbst 1914 bis Mai 1915 39 Obduktionen, darunter 7 an russischen Soldaten. An ihren Wunden waren 30 Männer erlegen. An Typhus und Tuberkulose starben je 3, an epidemischer Genickstarre 2 und an Blinddarmentzündung verstarb ein Soldat.[24]

Die in den Greifswalder Lazaretten verstorbenen Kriegsteilnehmer erhielten auf dem Neuen Friedhof ihre Ruhestätte.

> Wir haben in Greifswald die Universitätsleichenhalle als Ausgangspunkt der Bestattung. Dort wird die Ansprache und Kusssegnung gehalten. Dann geht der Zug mit großer militärischer Begleitung zum Neuen Friedhof, weit vor der Stadt, wo dann am Grabe nur eine kurze liturgische Feier stattfindet, zum Schluß mit den üblichen Ehrensalven. Gelegentlich ist die Ansprache auch draußen am Grabe gehalten worden, wo sie einen noch viel größeren Hörerkreis findet als in dem immerhin beschränkten Raum der Universitätsleichen-Halle.[25]

Trotzdem verstorbene Soldaten nicht aus Greifswald stammten, sollten sie ihre letzte Ruhe in militärischen Ehren und Würden finden. Dafür setzten sich die Militärvereine der Stadt ein, die sich zu den „Vereinigten Wehrvereinen“ zusammenschlossen und zunächst auf eigene Kosten die Bestattungen ausrichteten.

Der erste Kriegstote war ein unbekannter Soldat (ohne Erkennungsmarke und verstorben am 4. September 1914), dann starben zwei russische Soldaten: Iwan Affonin (5. September 1914) und Pawel Pietuchow (7. September 1914). Das vierte Todesopfer war der einjährig-freiwillige Lehrer W. Weiß aus Königsberg vom Grenadierregiment Nr. 1. Er starb am 27. September 1914 an Typhus. Und so ging es weiter, am 12. November 1914 mussten vier Bestattungen ausgerichtet werden. Da je zwei der Soldaten der katholischen und evangelischen Konfession angehörten, hielten ein katholischer und ein evangelischer Pfarrer die Grabreden nacheinander ab.

Den stillen Soldatentod und die ehrenvolle Bestattung zeigten eine kleine Annonce in der Greifswalder Zeitung an.

> Seinen fürs Vaterland erhaltenen Verwundungen ist (am 19.01.1915) erlegen der Musketier Paul Bukowski, Infanterieregiment Nr. 147. Beerdigung Freitag am Nachmittag 2 Uhr, von der Universitäts-Leichenhalle aus. Fahne und Musik stiftet der Grenadierverein. Dankert, Vorsitzender des Gardevereins, als geschäftsführender Verein.[26]

Ein andermal stellte der „Verein ehemalige Jäger und Schützen“ Fahne und Musik, dann wieder der „Marine-Verein“ oder der „Artillerie-Verein“ u. a. Allein die Kosten für die Beerdigungen: für die Todesanzeigen, Särge, Musik, Ehrensalute und für den Totengräber in Höhe von etwa jeweils 48 Mark, konnten die Wehrvereine bald nicht mehr aufbringen, das Vereinsvermögen war aufgebraucht. Anfang Januar 1915 stellte der Grenadierverein (gegründet 1905), unter Vorsitz des Architekten Danckert, an den Magistrat einen Antrag um finanzielle Unterstützung in Höhe von 300 Mark. Schließlich stimmte der Magistrat zu und die Administrationen der Hospitäler St. Georg und St. Spiritus gaben auch je 300 Mark dazu.[27]

Bis zum 19. Januar 1915 wurden auf dem Neuen Friedhof an der Grimmer Straße 21 Kriegsteilnehmer aus dem Lazarett mit allen Ehren beerdigt. Bis Anfang 1917 war ein Ehrenfriedhof mit 78 schlichten Gräbern und einem zentralen Holzkreuz hergerichtet, zu jedem Grab ein Holzkreuz mit Namen des Verstorbenen. Bis April 1918 waren insgesamt 150 eichene Holzkreuze auf Kosten der Stadt aufgestellt.

Bis Kriegsende 1918 fanden insgesamt 193 Kriegsteilnehmer, unter ihnen 178 deutsche und 23 russische Kriegsopfer, ihre letzte Ruhestätte.[28]

Am 10. Oktober 1922 wurde der letzte Lazarettinsasse (Otto Thran) beerdigt.

Anmerkungen:

1) Chronik der Königl. Preussischen Universität Greifswald 1914/15. S. 40 u. 45.

2) Plenz, Paul Gerhard: Kriegsbriefe eines Feldarztes der Armee Hindenburg, 1916, S. 72.

3) In der Heimat sorgten über 8000 Reservelazarette für die Verwundeten. Mit der Mobilmachung wurden in der Provinz Pommern unter Leitung des Territorialdelegierten für freiwillige Krankenpflege, Oberpräsident von Waldow, Reservelazarette mit insgesamt 15.556 Betten errichtet. Bis Ende 1914 arbeiteten in der medizinischen Betreuung und Pflege 225 Vollschwestern, 648 Hilfsschwestern, 242 Krankenpfleger und 79 Krankenträger. In den 4 Jahren verfügte das 2. Armeekorps durchnittlich über 26.844 Betten.

Für das Greifswalder Reservelazarett wurde Geheimrat Prof. Dr. Hugo Schulz zum Lazarettdirektor benannt und Forstmeister a. d. Pyl zum Delegierten bestimmt. Die Aufsicht führte eine Reservelazarett-Kommission unter Leitung von Oberstabsarzt der Landwehr a. D. Dr. Kutzner. Er blieb bis zu seinem Ausscheiden aus der Armee, Februar 1919, in der Funktion. Nachfolger wurde Stabsarzt Dr. Klehmet. Vgl. auch Stadtarchiv Greifswald: Rep. 5, Nr. 948, „Liebesgaben", Druck: „Bericht des Provinzialverbandes der Vaterländischen Frauenvereine und des Provinzialvereins vom Roten Kreuz in Pommern über die ersten fünf Kriegsmonate", Bl. 99.

4) Das Armenarbeitshaus für bis zu 200 Personen und mit kleinem Viehhof, einer Räucherei, entstand 1899 zur „Aufnahme von Ortsarmen, unvermögenden Siechen und Obdachlosen". Die Baukosten betrugen 127.500 Mark. Zum Zeitpunkt der Räumung am 5. August 1914 war das Gebäude mit 54 Personen belegt. Weiterhin bestand im Rahmen der Armenfürsorge die Armenkolonie, ein Siedlungskomplex mit kleinen Wohnhäusern und einer Baracke für Obdachlose. Die Kolonie bot 48 Wohnungen und die Mieter mussten einen ermäßigten Mietzins entrichten. Vgl. Stadtarchiv Greifswald: Rep. 5, Nr. 953, „Einrichtung des Armen-Arbeitshauses als Reservelazarett", Bl. 19-22 und Rep. 5, Nr. 997 „Bericht über die Einwirkung des Krieges auf das Wirtschaftsleben", Bl. 75.

5) Den vom Magistrat geschätzten Mietzins für die Überlassung des Armenarbeitshauses erkannte die Militärbehörde nicht an, er erschien zu hoch. Darauf kam es zu einer Neueinschätzung und zu einem zähen Verwaltungsstreit zwischen Stadt und Militärbehörde. Vgl. ebenda.
6) Das Rote Kreuz arbeitete in Deutschland als Dachverband. In Greifswald bestand das Rote Kreuz aus seinem Zweigverein, dem Vaterländischen Frauenverein und der freiwilligen Sanitätskolonne. Die Mitglieder der Greifswalder Sanitätskolonne trugen zu Kennzeichnung das Neutralitätszeichen (weiße Armbinde mit rotem Kreuz) und Kolonnenarzt war vor dem Krieg Dr. Ansinn. Im Krieg war er zunächst als Arzt in einem Feldlazarett im Osten tätig und wurde dann Anfang 1916 abkommandiert zur medizinischen Dienstleistung in der türkischen Armee.
7) Greifswalder Zeitung vom 21. Januar 1915, S. 6.
8) ebenda vom 22. Januar 1915, S. 3.
9) Greifswalder Zeitung vom 23. Februar 1915.
10) Goltz, Eduard: Die Aufgaben des Seelsorgers in den Lazaretten der Heimat, dargestellt von v. Eduard Freiherrn von der Goltz ordentlichem Professor der Theologie in Greifswald. Göttingen 1916. S. 37.
11) Schleich, Ludwig: Zwei Jahre kriegschirurgischer Erfahrungen aus einem Berliner Lazarett. Stuttgart und Berlin 1916. S. 74.
12) Landesarchiv Greifswald: Rep. 65c, Regierung Stralsund, Nr. 2470: „Freiwillige Sanitätskolonnen vom Roten Kreuz, Sektion Stralsund“, Blatt 99.
13) Landesarchiv Greifswald: Rep. 60, Oberpräsident, Nr. 3066: „Genesungsheime im Bezirk Stralsund/Mobilmachung 1914. Bl. 80.
14) Berliner Börsenzeitung, Morgenausgabe vom 12.10.1914.
15) Sitzung der vereinigten Vorstände der drei Roten Kreuz-Vereine. Greifswalder Zeitung vom 17. Februar 1915.

16) Baumgarten, Hans Georg: Das Geschlechtsleben im Kriege: eine Rechtfertigung für viele Unglückliche, 1919.
17) germandocsinrussia.org: Akte Nr. 2 S. 67.
18) Goltz, Eduard: ebenda, S. 73.
19) Nowak, Victor: Bilder aus der Erinnerung eines Austauschinvaliden. Erlebnisse, ..., 1917. S. 70.
20) Greifswalder Zeitung vom 14. August 1915.
21) Hanna Lieker Wentzlau: „Deshalb wird es im deutschen Volk auch nie vergessen werden wie in der schweren Zeit des Weltkrieges die drei nordischen Völker trotz aller ihnen drohenden Gefahren, Helfer waren, in dem furchtbaren Trauerspiel, das russisch-sibirische Kriegsgefangenschaft hieß.“ In: Panke-Kochinke, Birgit/Schaidhammer-Placke, Monika, „Frontschwestern und Friedensengel“, S. 55.
22) Landesarchiv Greifswald: Rep. 65c, Regierung Stralsund, Nr. 2880: Die deutschen Flüchtlinge (1915-20), Bl. 321.
23) Staatsarchiv Krakau:
http://www.szukajwarchiwach.l/65/73/0/16.4/3941/str/1/23/15/7WJVbzxHCIxHc-HXSSWotQ/#tabSkany
24) Chronik der Königl. Universität Greifswald 1914/15. S. 40.
25) Goltz, Eduard: ebenda, S. 44.
26) Greifswalder Zeitung
27) Stadtarchiv Greifswald: Rep.5, „Verschiedenes“, Nr. 998, lose Blattsammlung ohne Nummerierung: Magistratsbeschluss Nr. 43 vom 19. Januar 1915. Der Magistratsbeschluss galt jedoch nur unter der Bedingung, dass die Wehrvereine zusätzlich eine Geldsammlung organisierten. Als nach einem halben Jahr keine Sammlung zustande kam, forderte der Magistrat die 300 Mark zurück und hielt die Rückforderung durch mehrmalige Mahnungen an die Wehrvereine bis Anfang 1917 aufrecht.

28) 1914-18 wurden außer den deutschen Heeresangehörigen in deutschen Lazaretten 82.260 Soldaten der Mittelmächte und 1.423.393 Kriegsteilnehmer der feindlichen Armeen behandelt. (Sanitätsbericht über das deutsche Heer. III. Bd. Berlin 1934 S. 11.

13 Jugendwehr

Der tapfere „kleine Pommer“

Ein pommerscher Bauer wird zum Landsturm einberufen. Wie er Abschied von den Seinen nimmt, fragt ihn sein achtjähriger Sohn: ‘Vadder, wo wollt du hin?’ ‘Ick will in’n Krieg, min Jung!’ sagt der Vater. ‘Vadder, nimm me doch mit di! bettelt der Junge! ‘Jung, wat will du dor?’ wehrt der Vater ab! Doch der läßt nicht locker, sondern sagt: ‘Ick will de Patronen hinlangen, dann kannst du flinker scheiten (schießen)![1]

Der Titel eines 1914 produzierten Kurzfilms „Lieb Vaterland, magst ruhig sein“ mit dem Zwischentitel „Übungen einer Berliner Knaben-Exerzier-Schule“, hätte in den Jahren 1914-18 genauso in Greifswald gedreht sein können. In dem Film wurde dokumentarisch festgehalten, wie die junge Generation auf den Krieg vorbereitet wurde. Für die Berliner Jungen, für den adligen Offiziersnachwuchs, waren es vorerst militärische Übungen in der Gruppe. Später wurde es bittere Überlebensstrategie auf dem Schlachtfeld.

Die Militarisierung der deutschen Jugend hatte nicht erst im Krieg eingesetzt. Schon seit den 1890-er Jahre hielten Militär und Staat eine strenge Hand auf die deutsche Jugend und förderte in jeder Weise ihre militärische Vorbereitung. Der 1891 in Berlin gegründete „Zentralausschuss zur Förderung der Volks- und Jugendspiele“ entwickelte erstaunliche Aktivitäten. Er kämpfte gegen die „verderblichen und staatsgefährdenden Umtriebe der Sozialdemokratie“ und begeisterte die Jugendlichen für Soldaten- und Kriegsspiele. Ende der 1890er Jahre entstanden lokale „Jugendwehren“ bzw. „Jungmannschaften“, die sich erstmals der vormilitärischen Ausbildung der Jugend auf Basis von Freiwilligkeit annahmen.

Auf Anregung einiger Militärs gründete sich 1911 für die Wehrerziehung der „Jungdeutschland-Bund“ als Dachverband aller Jugendverbände.

> Bei der Gründungsversammlung des Jungdeutschland-Bundes im Herrenhaus, November 1911, erklärte von der Goltz-Pascha, der Liebling der Türken: Volkskraft und Wehrkraft, die dasselbe bedeuten, sollen gestärkt und ge-

stählt werden! Und das fängt man am besten entschieden mit der Aneignung ethischer Gewinne an: Kameradschaft, Verantwortlichkeit, Selbständigkeit, Begeisterung für Mannestugenden. Der militärische Drill kommt dann schon noch früh genug. Einzig ein etwa drohender Krieg könnte ihn plötzlich mehr in den Vordergrund drängen.[2]

Ende 1913 zählte der Verband um 500.000 Jugendliche, bis Mitte 1914 stieg die Zahl auf 750.000 an. Mit dem 1. Januar 1914 erschien die Jugendzeitschrift „Jungdeutschlandpost" des Jungdeutschlandbundes und der Deutschen Turnerschaft als Halbmonatszeitschrift.

Die Jungen trainierten spielerisch noch ohne Uniformen und militärischem Beiwerk, sonst hätte man nicht die Massen mitnehmen können, das konnten sich die Eltern von Arbeiter- und Bauernkindern nicht leisten. Regional fand der Jungdeutschlandbund Unterstützung durch die staatlichen „Kreisausschüsse für Jugendpflege" und deren Ortsgruppen.

Mit Beginn des 20. Jahrhunderts verstärkte der preußische Staat die Jugendpflege. Nach 1905 und 1908 erfolgte 1911 ein umfangreicher Erlass, der die Förderung der Jugend finanziell subventionierte. Als „nationale Aufgabe ersten Ranges" und als „unabweisbare Pflicht" stellte der Staat für die Jugendarbeit einen beachtlichen Fond von 1 Million Mark zur Verfügung. Allerdings dienten die Gelder keiner allgemeinen Jugendpflege, vielmehr handelte es sich um einen Subventionsfond, der über Orts- und Kreisausschüsse „auf staatserhaltendem Boden" stehende Verbände und Organisationen bevorzugte.[3] Erstmals erhielten die Greifswalder Jugendlichen Ende 1914 ein Jugendheim.

Während nun der Jungdeutschlandbund ungeteilte Förderung fand, standen die Jugendvereine der Sozialdemokratie eingestandenermaßen dem „staatserhaltendem Boden“ fern. Auf eine andere Art und Weise schlossen sich die bürgerlichen Bünde, Pfadfinder, Wandervogel oder Jungsturm (in Swinemünde gegründet), von einer staatlichen Förderung selbst aus, um ihre Selbständigkeit unter Beweis zu stellen.

In den Industriestädten und größeren Industriedörfern war die sozialdemokratische Jugend der alternative Jugendtrend, der sich abseits von der bürgerlichen oder kirchlichen Jugendbewegung (Jünglingsvereine) abspielte. Der „linke“ Flügel der SPD um Luxemburg, Liebknecht, Zetkin sah in der proletarischen Jugendbewegung die Hoffnung, die revolutionären Impulse der Arbeiterbewegung forcieren zu können und unterstützte die Unabhängigkeitsbestrebungen der Jugendbewegung.

Mehr als eine allgemeine Jugendförderung war aber der SPD oder den Gewerkschaften nicht erlaubt, da das Reichsvereinsgesetz von 1908 mit den § 17 und 18 den Jugendlichen unter 18 Jahren, und damit den Jugendvereinen, jegliche politische Tätigkeit verbot, eingeschlossen die Teilnahme an politischen Veranstaltungen in Parteien und Organisationen.

Die in Greifswald organisierte Arbeiterjugend war nur eine kleine Gruppe. Der sozialdemokratische Kreiswahlverein Greifswald-Grimmen betreute den Nachwuchs inhaltlich und finanziell durch seine Bildungs- und Jugendausschüsse. Jugendgemäße Programme wurden organisiert: Theater- und Konzertbesuche, Wanderungen, Exkursionen, Gesangsabende, Sport, Spiele, Bibliotheksbesuche.[4]

Über die Zahl und Stärke der organisierten Arbeiterjugend gibt der Abonnenten-Stand, der aus Berlin bezogenen Zeitschrift „Arbeiter-

Jugend“, Auskunft. Im Zeitraum März 1913 bis März 1914 kam die Zeitschrift in Greifswald in 63 Exemplaren zur Verteilung, per 1. August 1914 lasen die Zeitschrift noch 40 junge Leute und dann niemand mehr.[5]

Vor dem Krieg wurde der Arbeiterjugend insbesondere Friedensliebe und Solidarität nahegebracht und die Sozialdemokraten traten auch in der ersten Kriegszeit einer Militarisierung der Jugend entgegen.

Im Verlauf des Kriegs änderten viele Sozialdemokraten ihre Ansichten auch in der Jugendfrage und mahnten den Nachwuchs, sich in den Jugendwehren auf die Vaterlandsverteidigung vorzubereiten und sich „Wehrhaft“ gegen die Feinde zu machen.

Mit dem Ausrücken der Männer in den Krieg veränderte sich die Erziehung der heranwachsenden Kinder und Jugendlichen. In den Soldatenfamilien fiel die väterliche Erziehung mit der traditionellen Autorität und dem männlichen Vorbild weg.

Die Jugend in Greifswald und Umgebung setzte sich aus verschiedenen Ständen zusammen; die Söhne der Arbeiter, der Fischer, der Kaufleute und Handwerker, von Beamten und Akademikern und der Landjugend. Die Fragen standen überall gleich wichtig im Raum, wie wird die Jugend erzogen, nach der Schule ausgebildet und beschäftigt? Überhaupt was soll aus den jungen Leuten werden? Insbesondere die verschiedenen Männer-Vereine nahmen sich dieser Aufgabe an, wie der Männer-Turnverein, dir Freiwillige Feuerwehr und Handwerkervereine. In der ersten Kriegszeit blieben die zurückgebliebenen älteren Jugendlichen auf sich gestellt. Obgleich ja klar war, dass diese Jugendlichen, sobald sie das Militärpflichtalter erreichten, in den Krieg gehen sollten. Diejenigen, die bereits freiwillig in den Krieg ziehen konnten, folgten mit großen Idealen ihren Vorgängern. Die Jüngeren suchten sich tagtäglich nach der Schule und sonstigen Pflichtarbeiten ihren eigenen Zeitvertreib im Kreis Gleichgesinnter, was mitunter zu Konflikten führte.

> Jetzt gibt es wahrhaftig Wichtigeres zu tun: Fahnenhissen, Kriegsbrot einkaufen, dem Vater Stiefeln in die Kaserne zu tragen, der Mutter in der Wartung des Jüngsten helfen, auf dem Exerzierplatz zuzuschauen, neue Kriegsdepeschen und Zeitungen zu lesen, sich feldmarschmäßig auszurüsten, auf dem Spielplatz Truppen kommandieren, von Bäumen aus den Feind belauschen, die Franzosen verhauen, die Russen in den Sumpf treiben, feindliche Posten anschleichen. Da wird Karl May lebendig und alle Kriegslisten seiner Indianer.[6]

Am 23. Juni 1914 warb der Vorsitzende des Bundes „Jungdeutschland“ in Greifswald, auf einer bis auf den letzten Platz besuchten Veranstaltung, um die einheimische Stadt- und Landjugend. Er richtete auch einen Appell an die akademische Jugend, „durch Hervorhebung der deutschen Ideale als Führer des jungen Deutschlands dem Vaterland zu dienen.“[7]

Freiherr von der Golz erließ nach Kriegsbeginn am 11. August 1914 einen Aufruf an die deutsche Jugend und kündigte im Kaiserreich eine Neuordnung der Jugendkräfte an. Sie sollten eine organisierte Ausbildung erfahren, „durch welche sie unmittelbarer als bisher zum Kriegsdienst vorbereitet werden.“

> Wenn Jungdeutschland zu den Fahnen gerufen wird, befiehlt unser Gesetz zu sein: unerschrocken und tapfer, weil sein Herz es nicht anders sein kann. Es bekämpfe jede Anwandlung von Furcht und Grauen oder Schwäche als seiner nicht würdig. Es trage Ungemach und Beschwerde mit Gleichmut; es bewahre Ruhe in der Gefahr, es achte die Ehre höher als das Leben.[8]

Die Neuordnung zur Bildung von Jugendwehren mit männlichen Jugendlichen ab dem 16. Lebensjahr, erfolgte am 16. August durch einen gemeinsamen Erlass der „Herren Minister der geistlichen und Unterrichtsangelegenheiten (von Trott zu Solz), und des Krieges (von Falkenhayn) und sowie des Innern (von Loebell). Wegen hoher Auslastung der Stellvertretenden Generalkommandos mit Kriegsaufgaben wurde die Übernahme der Verantwortung in die Hände der Regierungspräsidenten empfohlen.

Am 15. September 1914 bildete sich in Greifswald ein Ausschuss zur militärischen Vorbereitung der Jugend. An alle Greifswalder Jungen ab 16 Jahren erging die Aufforderung in die Jugendwehr einzutreten. Am 21. September versammelten sich 200 Jugendliche im Alter von 16-18 Jahren im Hotel „Schwarzer Adler“. Nach „heroischen“ Reden durch Rektor Nagel und Amtsrichter Dr. Perlberg traten 170 Jünglinge der neuen Jugendkompanie bei. Übungszeit: Sonntagnachmittag, Ort: Exerzierplatz.[9]

In jeder Woche sollten mindestens 2 militärische Übungen stattfinden, davon eine am Sonntag. Für die Übung an einem Wochentag sollten die Lehrmeister ihren Jungen am Übungstag ab 16 Uhr freigeben. Anfangs blieb der Erfolg noch mäßig, doch eine öffentliche Kritik in der Zeitung wegen mangelnder Beteiligung der Jungen an die Adresse der Eltern oder Ermahnungen an die Lehrherren, den Jungen für die Übungen freie Zeit zu bewilligen, verfehlte nicht ihre Wirkungen.

Auch verlockende Versprechungen taten ihr übriges: „Die Jugendwehr will dem jungen Mann dazu verhelfen, dass er schnell ausgebildet werde. Was er hier lernt, braucht er bei der Truppe nicht erst zu lernen. Er wird bei der Truppe, zu der er mit einem von der Jugendwehr ausgestellten Zeugnis kommt, ganz anders bewertet als der Rekrut." Mitglieder der Jugendwehr konnten sich später ihre Truppengattung, bei entsprechender Eignung, aussuchen.

An der ersten Übungsstunde beteiligten sich 345 Jungen. Davon mussten 20 zurückgewiesen werden, weil sie physisch zu schwach waren. 14 Jungmänner meldeten sich wegen Umzug, Einberufung etc. begründet ab und 34 Greifswalder Jungen hielten sich unbegründet von der Jugendwehr fern. Waren das etwa „Verweigerer"? abgesehen vom moralischen Druck auf die Jugend „für die deutsche Vaterlandsverteidigung" aus dem Elternhaus, durch die Schule oder vom Lehrherrn, galt für den Eintritt in die Jugendwehren das Prinzip der Freiwilligkeit.[10] Insgesamt kam die Jugendwehr per 8. November 1914 auf 277 Mitglieder.

Stolz trugen die jungen Männer eine graue Feldmütze mit den Kokarden in den preußischen Landes- und deutschen Reichsfarben auf dem Kopf und am linken Arm eine schwarz-weiße Armbinde mit der Aufschrift „Greifswalder Jugendwehr". Uniformiert fühlten sich viele Jungen „ihren feldgrauen Vätern auf den Kriegsschauplätzen ein Stück näher". Man gehörte dazu, erfuhr Kameradschaft und trainierte für die große Zeit der Bewährung.

Mit der Zeit wurden die meisten Jugendlichen erreicht und die Jugendwehr zeigte Konstanz in der Durchführung und Teilnahme. In einem Bericht hieß es dann, die Jungen hätten „den Ernst der Zeit begriffen“. Greifswalder Betriebe taten ein Übriges, sie spendeten Geld zur Anschaffung von Musikinstrumenten.

> Die jungen Leute werden dringend gesucht, am nächsten Sonntagnachmittag pünktlich 2.15 Uhr auf dem Exerzierplatz zur Stelle zu sein. Es findet ein Exerzieren mit der Fahne statt. Am Mittwoch, den 27. Januar 1915, sollen die Jungmannen vormittags an dem Militärgottesdienst in der Sankt Nikolaikirche teilnehmen. Abends findet im Lutherhof eine schlichte Feier mit Lichtbildervortrag statt. Freiwillige Spenden im Interesse der Jugendkompanie werden nach wie vor vom Universitäts-Kuratorialsekretär Brüsch im Geschäftszimmer des Universitäts-Kuratoriums angenommen.[11]

Einige Wochen später fehlten Ausbilder aufgrund der anhaltenden Einberufungen zum Heer und der Ausschuss suchte in der Stadt freiwillige Helfer mit militärischer Erfahrung, um die Ausbildung der Jugendwehr aufrecht erhalten zu können. Die drei Züge der Wehr wurden geleitet von 3 Zugführern, denen 8-10 Gruppenleute zur Seite standen.

Auf Anordnung des Regierungspräsidenten zu Stralsund wurde im Februar 1915 die „militärische Vorbereitung“ in das Lehrprogramm der Realschulen und Gymnasien sowie der Fortbildungsschulen (der Berufsschulen) aufgenommen. Sowohl die Schüler als auch die Lehrlinge der Gewerblichen Fortbildungsschule in Greifswald nahmen daran pflichtgemäß teil, sie mussten sich im Marschieren, Exerzieren und in Handhabung von Waffen üben: Immer sonntags von 14 bis 17 Uhr und genauso wie die Jugendwehr.

> Bei der Teilnahme der Schüler höherer Lehranstalten, Fortbildungsschulen usw. an Wochentagen ist auf die Wünsche der Schulleiter Rücksicht zu nehmen. An Sonntagen dagegen ist um so größerer Wert darauf zu legen, dass die Jugendlichen aller Stände Schulter an Schulter stehen.[12]

Der Krieger- und Militärverein setzte sich an die Spitze der Ausbildung auf dem Schützenplatz und half bei allen anfallenden Übungen im Hantieren mit Waffen und Schießen: Zielübungen, Scheibenschießen mit Teschings und Scharfschießen mit älteren Militärgewehren. Mit den Schülern stießen der militärischen Ausbildung 150 neue „Rekruten“ zu, so dass schließlich bis Mitte März 1915 etwa 550 Jugendliche im Alter von 16 bis 18 Jahren mental und körperlich das Rüstzeug für den Krieg erhielten.

Damit auch der letzte Jugendliche sich bei der Jugendwehr meldete, erfolgten wiederholt in den Zeitungen öffentliche Aufrufe und Ermahnungen durch den Landgerichtspräsidenten Blankmeister, den Geheimen Regierungsrat Bosse und den Altermann der Kaufmannskompanie Bärwolff.

Doch oft war die Jugend auf sich selbst gestellt. - Nicht selten fiel das laute ungebührliche Verhalten von Jungendgruppen in später Abendstunde auf. Sie trafen sich auf dem Bahnhof, auf dem Wall oder anderen Parkanlagen, standen an den Straßenecken, sie rauchten und oft folgten grobe Rempeleien, Vandalismus oder übermäßiger Alkoholgenuss.

In der Kriegszeit stieß das alltägliche Jugendfreizeitverhalten auf Unverständnis und zog Missbilligung durch die ältere Generation nach sich.

Jugendliche unter 18 Jahren sollten sich nach den Korpsbefehlen nicht auf Straßen und Plätzen laut unterhalten, singen oder Kartenspielen.

Noch mehr „Regulierungszwang" trat ab Sommer 1916 ein, als für Jugendliche zwischen 14 und 18 „... das ziellose Auf- und Abgehen und der zwecklose Aufenthalt auf öffentlichen Straßen und Plätzen verboten" wurde und „Kinder unter 14 Jahren ... nach acht Uhr abends öffentliche Straßen und Plätze nur in Begleitung Erwachsener betreten ..." durften.[13]

Jungen und auch Mädchen unter 18 war der Genuss weder von Zigaretten noch Alkohol erlaubt, der Besuch von Wirtshäusern sollte nur in Begleitung von Erwachsenen erfolgen.

Das Kino nahm gerade einen ungeahnten bildnerischen und technischen Aufschwung, faszinierte die Menschen. Hartnäckige Zeitgenossen wetterten gegen den „verderblichen" Kino-Besuch und wollten das Kino ganz abschaffen. Die laufenden Bilder auf der Leinwand, in denen vorerst kleine Phantasie- und Abenteuergeschichten, Naturerscheinungen usw. vorgeführt wurden, trafen die Neugierde und Sehnsüchte der Jugend. Wenn auch die Kinobesuche reguliert wurden, so konnten sie nicht gänzlich abgeschafft werden, später wurde die technische Errungenschaft für den Krieg genutzt zu Werbezwecken. Dennoch blieben die Regulierungen streng, am 28. August 1918 wurden 9 Jugendliche unter 16 Jahren im Kino verbotener Weise angetroffen, so dass den Jugendlichen und den Mitarbeitern des Kinos das Kriegsgericht drohte.

Bevormundet wurde ebenso die Literatur. Hatte bereits vor der Jahrhundertwende eine Diskussion um die Richtung der Kinder- und Jugendliteratur, meist hervorgerufen durch die Lehrerschaft, eingesetzt, so zeigten sich jetzt stetig neue Lesebedürfnisse in den mittleren und unteren Ständen der Gesellschaft, was auf die junge Generation übergriff. Die Lesestoffangebote wurden eingehend nach ihren „vaterlandstreuen" Inhalten beurteilt, alles andere als wenig wertvoll, seicht, unpassend herabgestuft, angeprangert oder verboten, um nur eine Seite aufzuzeigen.

Andere Zeitgeister sahen zu viel Geld in den Taschen von Jugendlichen, darauf wurden sie unter „Sparzwang" gesetzt, z. B. mit dem Schulsparbuch. Unter den Kindern entbrannte ein Wetteifer, der auf die Schulen generell überging, worüber die Sparkassenberichte Auskunft erteilten.

> Von einem jugendlichen Arbeiter werden heute durchschnittlich in der Woche 15 bis 20 Mark verdient. Wie festgestellt worden ist, geben diese, soweit sie im elterlichen Haus wohnen und von den Eltern bzw. der Mutter beköstigt werden, von ihrem Wochenverdienst nur 10-15 Mark ab. Der Rest wird größtenteils trotz der bereits bestehenden Verbote in Wirtschaften und Kinematographentheater mit gleichaltrigen Mädchen verbracht. Diesem Unwesen könnte vielleicht dadurch entgegengetre-

> ten werden, dass entweder der verdiente Lohn der jugendlichen Arbeiter von Seiten der Arbeitgeber nur den Eltern ausgezahlt würde, oder den jugendlichen Personen von ihrem Verdienst nur ein bestimmter Teil ausgezahlt würde und der Rest von dem Arbeitgeber bei einer Sparkasse als Spargelder für jeden Arbeiter besonders eingezahlt wird.[14]

Auch die evangelische Kirche, in der Jugendpflege mit langen Traditionen (1856 „Ostdeutscher Jünglingsbund“, 1848 „Rheinisch-Westfälischer Bund, 1900 Zusammenschluss beider zur „Nationalvereinigung evangelischer Jünglingsbündnisse“), nahm sich ab Mitte der Kriegszeit verstärkt der auf sich gestellten Jugend an.

Ende 1916 beschäftigte sich der pommersche Gauverband der evangelischen Jünglingsvereine auf seiner Tagung zu Stralsund eingehend mit der von der letzten Generalsynode angeregten, umfassenden Organisation der kirchlichen Jugendpflege. Das Streben der kirchlichen Behörden, die Jugendpflege auf alle evangelischen Gemeinden auszudehnen, wurde „mit dankbarer Freude begrüßt.“

Aus Greifswald bestellte der Gauverband Generalsuperintendent Johannes Pfeiffer für die Kreise Anklam, Usedom, Wollin und Stralsund; von Demmin Pastor Gotthold Reimer für die Kreise Demmin und Grimmen, und aus Treptow an der Tollense Pastor Wetzel für die Kreise Franzburg und Rügen, um die Gründung neuer Jünglingsvereine anzuregen und die Bestehenden zu beraten und zu fördern. Der Greifswalder Jünglingsverein gehörte zu den Etablierten der 90 Vereine in Pommern und konnte 1917 sein 32. Stiftungsfest begehen.

Ein Jahr später bewilligte die Provinzialsynode auf ihrer 15. ordentlichen Tagung (der 2. Kriegstagung) für die neue (dreijährige)

Etatperiode der Jugendpflege jährlich 8.000 Mark, dem Provinzialverband der Evangelischen Männer- und Jünglingsvereine als einmalige Beihilfe 600 Mark sowie dem Verein der Stettiner Stadtmission zur Besoldung eines Jugendpflegers jährlich 2.400 Mark.

Doch weder Staat, Parteien, Schule noch Kirche, noch das Kriegsministerium und die allgemeine Kriegspropaganda, schafften es, die aufwachsende Jugend gänzlich für sich zu vereinnahmen. Letztendlich mussten sich die Kriegsgerichte übermäßig mit den Übertretungen und Verfehlungen Jugendlicher gegen Korpsbefehle beschäftigen:

> Kriegsgerichtssitzung Greifswald vom 5. Juni 1916. Unerlaubter Wirtshausbesuch. Zwei 16 beziehungsweise 17 Jahre alten Burschen aus Eldena haben dort am Abend des 30. April eine Bierstube betreten und Bier getrunken, ohne in Begleitung Erwachsener gewesen zu sein. Beide wurden wegen unerlaubten Wirtshausbesuchs zu drei Mark Geldstrafe verurteilt.[15]
>
> Kriegsgerichtssitzung vom 4. Dezember 1916:
> Wegen verbotenen Rauchens auf der Straße in Loitz wurde ein siebzehnjähriger junger Mensch von dort zu 6 Mark Geldstrafe verurteilt.
> Wegen verbotenen Aufenthalts in einer Schankwirtschaft wurde ein junges, noch nicht 18 Jahre altes Mädchen zu 5 Mark Geldstrafe verurteilt.[16]

Seit 1917 wurde die Jugendwehr auch im zivilen Bereich aktiv, bildete aus ihren Reihen eine „Feuerwehr-Jungmannschaft“ und half der Mitglieder geschwächten Stadtfeuerwehr bei Brandeinsätzen. Das Bürgerschaftliche Kollegium würdigte ihren Einsatz auf der Sitzung vom 19. September 1918 durch eine Zuwendung in Höhe von 600 Mark zum Ersatz für abgenutzte Kleidung, Schuhwerk usw.

Im letzten Kriegsjahr 1918 zwang die wirtschaftliche Not in Pommern, insbesondere der Arbeitskräftemangel auf dem Lande, auch die Jungmannen zu notwendigen Arbeitstätigkeiten heranzuziehen. Zur Getreideernte Anfang August 1918 halfen sie tagelang beim Dreschen.

> Zur Kartoffelernte, die wohl in diesem Jahr 14 Tage früher beginnt, werden auch die Jungmannen Hilfe leisten. Nach dem Stand vom 15. August werden insgesamt 771 Jungmannen im Hilfsdienst beschäftigt und zwar in Gruppen 430, als Einzelmannen 120, bei den Eltern 206 und bei Behörden und in der Industrie 15, zusammen 771.[17]

Am 6. Oktober 1918 nahmen die Jugendlichen gemeinsam mit den Wehrvereinen, Innungen und Organisationen an der Einweihung des Gedenksteins mit der Inschrift: „Hindenburg zum 70. Geburtstag 1917“ teil. Professor Luther hielt die Festrede und Ratsherr Noske nahm den Stein vor dem Gymnasium in seine persönliche Pflege. Nach der Enthüllung folgten ein gemeinsamer Marsch zur Nikolai-Kirche und die Teilnahme an einer vaterländischen Gedenkfeier für die Werbung zur 9. Kriegsanleihe. Der Dank Hindenburgs an die „getreue“ Stadt Greifswald folgte postwendend.

In den letzten Kriegstagen aber, zum bitteren Ende hin, gestaltete sich der jugendliche Aktionismus einiger „Helden“, den die noch an den militärischen Sieg glaubende erwachsene Kriegsgesellschaft förderte, wohl zu einer Farce. Das fast schon skurrile Bild der marschierenden Jugend änderte sich auch nicht, als Ende Oktober 1918 das preußische Kriegsministerium anordnete, die Bezeichnung „Jugendwehr bzw. Jugendkompanie“ in den Namen „Wehrschulabteilung“ umzuwandeln.

Dem Greifswalder Bürgermeister Fleischmann[18] ging ein anonymer Drohbrief zu, der sich gegen den Leiter der Jugendwehr richtete:

> An Bürgermeisterei Greifswald
> Es ist eine Sünde und Schande der Greifswalder Bürgerschaft sich von einem kleinen Unterbeamten wie dem Mesech, in so schamloser, gemeiner und durchaus nicht unerlaubter Weise behandeln zu lassen. Dieser Mensch, der bereits zu einer Geißel der Bürgerschaft namentlich aber der Geschäftswelt angewachsen, sollte sich doch sehr mäßigen, wir raten ihm nochmals.
>
> Der Siedepunkt ist bereits erreicht. Unsere Männer und Anverwandten die draußen fürs Vaterland kämpfen und bluten, werden bei ihrer Zurückkehr Rechenschaft fordern und dann werden auch Sie Herr Bürgermeister gefragt werden, wie konnte man diesen Unfug dulden, wie konnten sie ihre Rechte an so einen kleinen Unterbeamten ab-

treten. Ihnen ist so manches im Laufe der Zeit bekannt geworden und müssten sie längst einschreiten. Eine Bravour liegt eben in seinem unverschämten Auftreten. Seine Jugendwehr-Geschäfte gipfeln mehr in Spielerei als es praktischen Nutzen hätte für die jungen Leute, zumal er in seiner gelben Jacke aufmarschiert. So urteilen altgediente Militärs.

Vor allem aber mag er höflich bleiben, und nicht die Manieren eines Bollwerksbruders vertreten. Namentlich gegen ängstliche Bürgerfrauen ziemt sich sein Auftreten in keiner Weise gerechtfertigt. Die Wiecker Fischer haben sich vorgenommen ihn schwimmen zu lassen.

Wir älteren Männer, die teilweise Söhne und Anverwandte draußen verloren, für uns ist heute das zu erleben, unser Stolz ruht in fremder Erde, wir sind heute zu allem fähig. Sprengstoff steht uns genügend zur Verfügung, wir warten nur den passenden Augenblick ab, dann sind wir bereit Rache für alles Erlittene zu üben. Diesen Winter passiert noch etwas. Verein schwarze Zukunft.[19]

Appell

Anmerkungen:

1) Jung-Deutschland und der Weltkrieg, Breslau 1915, Heft 4, S.
2) Arndt, Walther: Die Trommel schlug zum Streite. Historische Erzählung aus dem Kriegsjahr 1914. S. 37.
3) Am 18. Januar 1913 wurde in Preußen eine erweiterte Verordnung zur Förderung der Jugendpflege erlassen. Alle preußischen Kreise bildeten einen „Kreisausschuss für Jugendpflege", den zumeist die Landräte leiteten. Vor Ort arbeiteten eingesetzte Jugendpfleger. Die zur Verfügung gestellten finanziellen Mittel fanden Verwendung zur Schaffung und Ausstattung von Jugendheimen, Sportplätzen, Turn- und Spielgeräten, zur Bereitstellung von Büchern, Zeitschriften, Mu-

sikinstrumenten, Lehrmitteln usw. Greifswald errichtete ein Jugendheim in der Bader Str. 11 und auch hier fanden bald kostenlose „Kriegsabende“ für Jugendliche von 14-20 Jahren statt.

4) Stralsunder Volkszeitung: SPD-Kreisgeneralversammlung des Wahlkreises Greifswald-Grimmen vom 15. Mai 1914.

5) Im gesamten Kaiserreich gab es zu Beginn 1914 108.007 Abonnenten und bis Juni 1916 halbierte sich die Leserzahl. Bis Kriegsende fiel die Zahl auf 28.000 Leser zurück. Die Zahl der Jugendausschüsse verringerte sich von 850 per 1914 auf 200 Ende 1918.
Siehe: Die proletarische Jugendbewegung in der Kriegszeit. Jahresbericht der Zentralstelle für die arbeitende Jugend Deutschlands vom 1. April 1914 bis 31. März 1915. Verlag. Fr. Ebert Berlin. S. 26 u. 30.

6) Gurlitt, Ludwig: Die deutsche Jugend und der Krieg. S. 39.

7) Grimmer Kreis- und Wochenblatt vom 27. Juni 1914.

8) Pasewalker Anzeiger vom 13. August 1914.

9) Vorsitzender des Ausschusses war Landesgerichtspräsident Blankmeister, die militärische Leitung führte Universitätskurator Geh. Regierungsrat u. Hauptmann der Landwehr a. D. Bosse und als Schriftführer und Schatzmeister arbeitete Universitätskuratorialsekretär Brüsch. In den engeren Ausschuss wurde außerdem noch der Altermann der Kaufmannskompanie und 1. Vorsitzender des „Turnerbundes von 1860“ gewählt. Vgl. Stadtarchiv Greifswald: Rep. 5, Nr. 949, „Die militärische Vorbereitung der Jugend“, Bl. 49-50.
Christian Bosse (*1863; †1950) Mitglied der Studentenvereinigung „Gottinga“ seit 1881, wurde nach dem Studium Landrat des Kreises Minden 1893, 1903-1908 Mitglied des preußischen Abgeordnetenhauses, 1906 Verwaltungsdirektor der Kgl. preußischen Museen und kam 1913 als Kurator der Universität nach Greifswald.

10) „Die Teilnahme der Jugendlichen an den Veranstaltungen und Übungen gemäß den anliegenden Richtlinien soll nach wie vor eine

freiwillige sein. An den bestehenden staatlichen Jugendfürsorgeorganisationen soll nicht gerüttelt werden. ... Eine Beteiligung der Jugendlichen vor vollendetem 16. Lebensjahre ist nicht erwünscht.“ Stadtarchiv Greifswald: Rep. 5, Nr. 950 „Arbeitslosigkeit und Arbeitsnachweise“, Bl. 1 u. 14.

11) Greifswalder Zeitung vom 15. Januar 1915.

12) Stadtarchiv Greifswald: Rep 5, Nr. 949. „Spezialakten betreffend die militärische Vorbereitung der Jugend“, Bl. 14.

13) Barther Zeitung vom 25. August 1916.

14) Landesarchiv Greifswald: Rep.79 Stettin Nr. 365. Kriegsakten (1916) Bl. 4.

15) Greifswalder Zeitung vom 7. Juni 1916.

16) ebenda vom 5. Dezember 1916.

17) Landesarchiv Greifswald: Rep. 60. Oberpräsident, Nr. 2883: „Kriegswirtschaftsämter“, Bl. 74.

18) Max Fleischschmann (1877-1935) folgte 1917 nach dem Ableben von Bürgermeister Gerding im Amt.

19) Stadtarchiv Greifswald: Rep.5, „Verschiedenes“, Nr. 998, lose Blattsammlung ohne Nummerierung.

14 Kriegsgefangene

Transport von englischen und französischen Gefangenen

Zwischen 1914-1918 gerieten 8 bis 9 Millionen Soldaten und Offiziere aus allen den Krieg führenden Ländern in Gefangenschaft. Unter den Kriegsteilnehmern zählte Deutschland neben Österreich-Ungarn und Russland zu den Staaten mit der höchsten Zahl internierter Kriegsteilnehmer. Schon die Schlacht bei Tannenberg im August 1914 brachte 92.000 russische Soldaten in deutsche Gefangenschaft. Im Grunde war das Kaiserreich auf die hohe Zahl der Kriegsgefangenen nicht vorbereitet, erst ab Herbst 1914 entstanden innerhalb von einem Jahr 76 Kriegsgefangenenlager.

Ende 1915 arbeiteten von 1.150.000 Kriegsgefangenen in preußischen Gefangenenlagern rund 800.000 in der Industrie-, Land- und Forstwirtschaft und 200.000 in der Etappe.

Am Kriegsende 1918 zählte Deutschland 2 Millionen beschäftigte Kriegsgefangene in der Industrie und Landwirtschaft.[1]

Den Umgang mit den Kriegsgefangenen regelten die völkerrechtlichen Vereinbarungen der Haager Landkriegsordnung von 1907. Allgemein mussten Kriegsgefangene im Nehmerland so behandelt werden wie die eigenen Soldaten, was die Ernährung, Kleidung, medizinische Versorgung usw. betraf. Im Artikel 6 war festgelegt, dass Kriegsgefangene, ausgenommen Offiziere, zur Arbeit herangezogen werden durften, solange die Arbeit nicht in direkter Verbindung mit Kriegsunternehmungen stand. Den Kriegsgefangenen stand eine Schutzmacht zu. So bildeten die USA bis zu ihrem

Kriegseintritt die Schutzmacht für die deutschen und österreichisch-ungarischen Kriegsgefangenen in Russland.

Im benachbarten Stralsund errichtete das Kriegsministerium Ende 1914 in den Kasernen auf dem Dänholm ein Kriegsgefangenenlager für russische Offiziere. Als erste „Zwangsgäste“ auf dem Dänholm trafen allerdings Frauen und Kinder von russisch-polnischen Weichselschifferfamilien ein. Durch das Kriegsgeschehen wurden sie von ihren Männern getrennt, die in Altdamm bei Stettin in „Schutzhaft“ saßen. Nach einigen Tagen brachte der Stralsunder Magistrat die Frauen und Kinder im St. Johanniskloster unter, die Militäranlagen sollten unverzüglich von zivilen Personen frei geräumt werden, um die Kaserne als Gefangenenlager für bis zu 1000 Offizieren und 300 an Mannschaften bereitzustellen.

Das zugewiesene Objekt war geteilt in eine Quarantäneabteilung und in die ständige Unterkunft, mit einem Barackenanbau. Jeder Neuzugang musste zuerst die Quarantäneprozedur durchlaufen zwecks medizinischer Untersuchung auf ansteckende Krankheiten bis hin zu Entlausungen, Impfungen gegen Pocken, Typhus und Cholera.

Bei der Inspektion deutscher Kriegsgefangenenlager durch die dänisch-russische Kommission vom Roten Kreuz am 27. und 28. September 1915 schnitt das Lager Dänholm, das unter Kommandanten von Busow stand, von den 76 inspizierten Lagern in der Bewertung ohne große Probleme ab. 815 Offiziere und 285 Mannschaften belegten das Lager. Die Mannschaften, also die persönlichen Ordonanzen beziehungsweise Burschen, waren mit der Reinigung der Zimmer und des gesamten Lagers beschäftigt sowie mit den üblichen Tagesdiensten für die Herren Offiziere.

Von der Kommission wurde die besondere Standortlage mit Blick zum Meer positiv hervorgehoben:

> Ein Park mit Brücken von einer Insel bis zur andern, wie auch Tennis- und Fußballplätze waren vorhanden. Auch haben die Gefangenen zum Fischen Gelegenheit.

Bemängelt wurden die zu hohen Preise für Nahrungsmittel und andere Gebrauchsgüter in der Kantine.

Jüngere Offiziere erhielten vom Zarenreich Sold in Höhe von monatlich 60 Mark, von dem 50 Mark für volle Beköstigung abgingen, so dass für alle persönlichen Bedürfnisse, wie z. B. Alkohol, Zigaretten, Kleidung, Wäschereinigung usw., 10 Mark übrig blieben. Älteren Offizieren standen monatlich 100 Mark zu und sie belegten auch Einzelzimmer zu entsprechenden Preisen.[2]

Ihr Status als höhere Militärs ließ nicht zu, dass sie für die deutsche Wirtschaft nutzbar gemacht werden konnten. Offiziere wurden über die Kriegszeit praktisch nur verwahrt, um die Stärke des Kriegsgegners zu schwächen.

Die russischen Kriegsgefangenen wurden aus ihrer Heimat mit Liebesgaben bedacht so wie auch die deutschen Gefangenen in Russland. Über Schweden und Sassnitz und umgekehrt verlief der Postweg mit der Bahn und Trajektschiffen. 1917 kamen monatlich etwa 10 Wagenladungen mit 40.000 bis 50.000 Paketen an.[3]

Als große Arbeitskraftreserve dienten die Soldaten und Unteroffiziere (Mannschaften), von denen sich das nächstgelegene Soldatenlager in Altdamm bei Stettin befand.

Hasparanda - nördlichste Stadt Schwedens und Grenzstadt. Post für russiche Kriegsgefangene in Deutschland.

Für den Einsatz von Kriegsgefangenen in der Wirtschaft setzte das Kriegsministerium strenge Richtlinien, um die Haager Landkriegsordnung umzusetzen.

Der Artikel 6 der Haager Landkriegsordnung legte fest: „Arbeiten für den Staat werden nach den Sätzen bezahlt, die für Militärpersonen des eigenen Heeres bei Ausführung dergleichen Arbeiten gelten, oder falls solche Sätze nicht bestehen, nach einem Satze, wie er den geleisteten Arbeiten entspricht“. Die Verpflegung der

Kriegsgefangenen sollte der Beköstigung der Soldaten des „Nehmerstaats“ entsprechen (Artikel 7).

Der Arbeitseinsatz erfolgt im ersten Kriegsjahr hauptsächlich für größere Projekte, wofür Außenlager eingerichtet wurden. Das Stellvertretende Generalkommando ließ im 2. Armeekorps Außenlager erst ab einer Anzahl von 30 Kriegsgefangenen zu, später reichten dann 20 Soldaten aus. Für die Unterbringung vor Ort galten besondere Normen für Verpflegung und Bewachung, die der jeweilige Antragsteller bzw. Auftraggeber, gewährleisten musste. Strenge Vorschriften waren vorgeschrieben, beispielsweise der Raumbedarf: Bis 100 Gefangene ein ungeteilter Raum, pro Person eine Grundfläche von 2,5 Quadratmeter und ein Luftraum von 7 Kubikmeter. Mindestraumwärme im Winter 15 Grad Celsius usw.[4]

Als Verpflegungssatz setzte das Kriegsministerium für 1914 fest: 500 g Brot morgens und abends warme Suppe, dazu Kaffeesurrogat. Mittags eine warme Mahlzeit mit dreimal wöchentlich Fleisch, alles zusammen im Gesamtwert von 60 Pfennig pro Kopf und Tag, außer Brot. Zusätzlich mussten für jeden eingesetzten Gefangenen 15 Pfennig Tageslohn an den Fiskus abgeführt werden.

Auf Rügen, im Randowbruch bei Löcknitz oder im hinterpommerschen Meliorationsbauamt Stolp (Lebatal) arbeiteten hunderte Kriegsgefangene., insbesondere bei Meliorationsarbeiten wie zur Moorkultivierung. Im Randowbruch arbeiteten zunächst etwa 600 russische Soldaten, bis Anfang 1916 erhöhte sich die Anzahl auf zeitweise 2000. Durch körperlich schwere Arbeit entstand fruchtbares Kartoffelland, hauptsächlich für die Versorgung der Reichshauptstadt Berlin mit Speisekartoffeln.

In Frätow am Greifswalder Bodden waren Frühjahr 1915 für öffentliche Arbeiten ca. 80 Gefangene unter der Leitung der Ansiedlungsbank Berlin an der Deicherneuerung eingesetzt worden.[5]

Zum schwierigen Wiederaufbau Ostpreußens und für die dort dringend notwendigen landwirtschaftlichen Arbeiten wurden rund 100.000 Kriegsgefangene gebraucht, die selbst aus dem 1. und 2. Armeekorps (Ostpreußen/Pommern) nicht mehr zu liefern waren und deshalb mussten Gefangene aus anderen deutschen Korpsbezirken „entnommen werden".

Durch die strengen Maßgaben erfolgte der Einsatz von Kriegsgefangenen in den Industrie- und Handwerksbetrieben des Regierungsbezirks Stralsund im ersten Kriegsjahr nur gelegentlich. Die erlassenen gesetzlichen Bestimmungen, Mindestanzahl von 30 bzw. 20 Kriegsgefangenen in gemeinsamer Unterkunft und die Bewachung dazu, stellten auch für Greifswalder Unternehmen eine hohe Hürde dar. Einzelne Antragsteller mit geringem Bedarf an Arbeitskräften fasste der Magistrat deshalb zu einer Sammelanforderung beim Generalkommando in Stettin zusammen, um die geltenden Vorgaben zu erreichen.

Im Mai 1915 stellte die Berliner Firma Lerche & Nippert ein Gesuch auf 35 russische Soldaten für die Vollendung der Kanalisationsarbeiten, davon 30 Erdarbeiter und 5 Steinsetzer und bot eine Scheunen-Unterkunft in der Langenreihe Nr. 35. Zeitgleich beantragte die Maschinenfabrik[6] Johann Fischer 15 Gefangene, davon 10 Installateure und 5 Schlosser. Ackerbürger Johann Wulff, Anklamer Straße 31, forderte 10 landwirtschaftliche Arbeitskräfte an. Schließlich ersuchte Abfuhrunternehmer und Landwirt Hugo Pahnke um 5 Arbeitskräfte aus den Gefangenenlagern.

Aufgrund des Mitte 1915 bereits eingetretenen „Mangels" an Kriegsgefangenen entschied über Bewilligung von Anträgen die wirtschaftliche Bedeutung für die deutsche Kriegswirtschaft. So konnte die Firma Lerche & Nippert nicht mehr berücksichtigt werden. Selbst eine mehrmalige Neuantragstellung und Befürwortungen durch den Magistrat halfen nicht weiter. Alle anderen Anträge wurden jedoch genehmigt und alsbald Arbeitskräfte aus dem Gefangenenlager Stargard zugestellt.[7]

> Ich habe die Kommandantur des Gefangenenlagers Stargard angewiesen, die Kommandos für den Ackerbürger Wullf in Greifswald - 10 Gefangene, die Maschinenfabrik Fischer[7] in Greifswald - 15 Gefangene, dem Landwirt Hugo Panke in Greifswald - 5 Gefangene und insgesamt mit 3 Wachmannschaften zu stellen. Stettin, den 13. Juli 1915.[8]

Am 16. Juli 1915 traf der Gefangenentransport mit 3 deutschen Bewachungssoldaten in Greifswald ein. Man war etwas überrascht, denn von Stargard waren die Russen nicht angemeldet und so musste schnell gehandelt werden. Ackerbürger Wulff brachte seine Arbeitskräfte in leer stehenden Räumen seines Wohnhauses unter, und die von Fuhrunternehmer Papke sowie der Fabrik Fischer kamen beim Gastwirt Seitz in der Brüggestraße in Quartier. Am 18. August kontrollierte die Polizeiinspektion die Unterbringung und Verpflegung der russischen Soldaten und meldete keine Verstöße.

Nach der Volkszählung Ende 1916 waren im Stadtgebiet Greifswald 81 und im Landkreis Greifswald 1.647 Kriegsgefangene in Außenlagern stationiert und somit in „Zwangsarbeit“. Der gesamte Regierungsbezirk Stralsund zählte damals 12.940 ausländische Soldaten in Arbeit.

Die meisten Kriegsgefangenen orderten die landwirtschaftlichen Großgrundbesitzer der Landkreise an.

Am 2. Mai 1915 trafen auf dem Bahnhof Greifswald 30 russische Kriegsgefangene ein, die von Landsturmleuten begleitet, nach Rappenhagen (Kemnitz) weiterbefördert wurden. Die Gutsverwaltungen von Klotzow und Karlsburg forderten 20 bzw. 40 Kriegsgefangene an.

Das Rittergut Murchin beschäftigte bis Herbst 1915 25 Kriegsgefangene sowie 18 Kriegsgefangene auf einem Nachbargut bei Bodenverbesserungsarbeiten, zur Herstellung von Drainagegräben und Deichen. Außerdem bewilligte die Kriegsgefangeneninspektion weitere 25 Gefangene, die am 25. Dezember 1915 in Murchin die Arbeit aufnahmen.

Auch die vorpommerschen Zuckerfabriken meldeten ihren Bedarf an zusätzlichen Arbeitskräften aus den Gefangenenlagern ab Herbst 1915 regelmäßig an und das über die Kriegsjahre hinweg. Die Zuckerfabrik Jarmen beschäftigte zu den Kampagnen bis zu 140 Kriegsgefangene.

Gegenüber den großen Gütern stellte sich die Situation in der kleinen Landwirtschaft anders dar, in den bäuerlichen Einzelwirtschaften wurden in der Regel ein oder zwei Kriegsgefangene und nicht mehr an der Zahl benötigt. Unmöglich konnten dafür Wachleute gestellt werden, zumal die Front permanent Soldaten brauchte. Doch der Bedarf an Einzelarbeitern (an Gespannführern, Viehfütterern usw.) entwickelte sich ab Frühjahr 1915 so massiv, dass in Berlin im Ministerium für Landwirtschaft und im Kriegsministerium eingehend nach einfacheren Bedingungen für die Beschäftigung von Kriegsgefangenen gesucht wurde, und selbst, wenn dabei das militärische Sicherheitsdenken hintenangestellt werden musste.

> Erleichterungen nicht in geldlicher Beziehung, sondern nach der Richtung hin, dass den zuverlässigen Elementen unter den Kriegsgefangenen freie Beschäftigung, d. h. ohne unmittelbare Bewachung, nur mit den notwendigen Sicherheitsmaßregeln gewährt wird. Versuche sind in dieser Beziehung bereits mit Deutschrussen gemacht worden und haben Einzelbeschäftigung bei Verwandten preußischer Staatsangehörigkeit in den östlichen Provinzen gestattet, und vom Lager Holzhausen aus sind mehrere Hundert Deutschrussen einzeln oder in ganz kleinen Trupps in bäuerlichen Betrieben durch Einstellung als Knechte, Gespannführer usw. untergebracht.[9]

Das Kriegsministerium hoffte, auf diese Weise, dem immer fühlbarer werdenden Mangel an Landarbeitern beim mittleren und kleinen Grundbesitz abhelfen zu können und gleichzeitig an Bewachungsmannschaften zu sparen. Keineswegs durften aber Kriegsgefangene den heimischen Arbeitsmarkt gefährden, indem sie als billige Arbeitskräfte galten. Deshalb blieb der Lohn in der Landwirtschaft weit unter dem ortsüblichen Tagelohn, und betrug als Mindestlohn erhöht ab Frühjahr 1918 50 Pfennig für Gemeine und 75 Pfennig für Unteroffiziere.

Im Gewerbe galt für Gemeine 25 Prozent und für Unteroffiziere 40 Prozent vom deutschen Tagelohn. Für gelernte Gefangene und nach einer Einarbeitungszeit von 6 Wochen, konnte sich der Lohnsatz auf 50 Prozent erhöhen:

> Die Entlohnung solcher Kriegsgefangener richtet sich im Allgemeinen nach den Bestimmungen, die für die Beschäftigung von Kriegsgefangenen in der Landwirtschaft gelten. Eine Erhöhung des Lohnes (auf höchstens 60 Pfg. täglich) erscheint zwar mit Rücksicht auf die dem Arbeitgeber gewährten Erleichterungen (Wegfall der unmittelbaren Bewachung, geringste Kosten für Unterkunft) gerechtfertigt, sie anzuordnen soll aber dem Ermessen der einzelnen stellvertr. Generalkommandos überlassen bleiben.[10]

In einigen Fällen bildete sich mit der Zeit zwischen der pommerschen Bäuerin und dem zugeteilten Russen, der die Arbeitskraft des eingezogenen Mannes oder ihrer Söhne oder des Knechts ersetzte, eine produktive Arbeitsbeziehung heraus. Sprachlich konnte man sich bald immer besser verständigen. Die Winterabende wurden lang. Auch diese schwierige Kriegszeit war Lebenszeit und mitunter ersetzte der Kriegsgefangene mehr als die Arbeit. Ein solches Verhalten einer deutschen Frau stand völlig im Gegensatz zur herrschenden Diktion der Kriegsgesellschaft, die jede private Beziehungen zu Kriegsgefangenen scharf geißelte.

Kriegsministerium Berlin, den 25. Juni
1917

Geheim!

Verhalten der Kriegsgefangenen gegenüber Frauen und Mädchen. In Verfolg des Erlasses vom 13. Februar 1916.

Infolge der starken Einziehung von männlichen Personen in der Landwirtschaft haben die Kriegsgefangenen, die allein stehenden Frauen und sonstigen weiblichen Personen zur Arbeit zugeteilt worden sind, einen Einfluss auf letztere erlangt, der große sittliche Gefahren in sich birgt. Die hier aus einigen Landesteilen bekannt gewordenen Fälle über vorgekommenen Geschlechtsverkehr zwischen deutschen Frauen oder Mädchen und Kriegsgefangenen mit anschließenden Folgen haben einen so bedauerlichen großen Umfang angenommen, dass unbedingt Abhilfe abgestrebt werden muss.

Da es jedoch nicht im Interesse der im Feld stehenden deutschen Männer liegt und insbesondere auch dem Ansehen der deutschen Frau im Ausland großen Schaden zufügt, wenn die Angelegenheit in der Öffentlichkeit behandelt wird, muss von einer allgemeinen Einwirkung auf die Kriegsgefangenen durch entsprechende Befehle und Strafandrohungen, deren Geheimhaltung unmöglich ist, abgesehen werden.

Es bleibt zu prüfen, ob nicht andere Mittel gefunden werden können, die geeignet sind, der schmachvollen Erscheinung zu begegnen. In der Mehrzahl wird es sich um Fälle handeln, in welchen mangels ausreichenden Bewachungspersonals die Arbeitgeberinnen oder deren Angehörige und die Kriegsgefangenen sich mehr als empfehlenswert selbst überlassen sind, so dass letzteren die Annäherung außerordentlich erleichtert wird. Immerhin wird es zweckmäßig sein, den Wachtmannschaften besondere Pflicht zu machen und um geeignete Aufsicht anzuhalten …[11]

Kriegsgerichtssitzung vom 17. Juli 1916 in Greifswald: Schamloses Verhalten gegen Gefangene. Die 27 Jahre alte Frau H. aus Techlin, deren Mann im Felde steht, hat einen russischen Gefangenen, der in Techlin beschäftigt gewesen war, Butterbrote und andere Sachen zugesteckt und soll ihn schließlich eines nachts Beihilfe zur Flucht geleistet haben. Das Letztere hielt der Gerichtshof zwar nicht für erwiesen, verurteilte die Frau aber wegen Vergehens gegen den Korpsbefehl vom 26. Juli 1915 (das Zustecken von Sachen) zu drei Monaten Gefängnis.[12]

Kriegsgerichtssitzung, Greifswald. 4. Juni 1917: „Unerlaubte Beziehungen. Eine Greifswalderin, etwas über 20 Jahre alte Arbeiterfrau G., deren Mann im Felde steht, wurde zu drei Monaten Gefängnis verurteilt, weil sie, obgleich sie sich wegen eines üblichen hier nicht näher zu bezeichnendem Leidens in ärztlicher Behandlung befand, mit Männern verkehrt hat.[13]

Kriegsgerichtssitzung, 26. April 1918: „Vor dem hiesigen Kriegsgericht hatte sich gestern unter anderem eine Frau zu verantworten, weil sie mit einem Kriegsgefangenen ein verbotenes Verhältnis angeknüpft hat. Die Frau ist die Eigentümerin Frau Anna B. aus Carrin-Mittelhof, die Mutter von sechs Kindern ist und ihr Mann zur Fahne einberufen ist. Die Angeklagte wurde zu drei Monaten Gefängnis verurteilt.[14]

Kriegsgerichtssitzung, 3. Mai 1918: „Vor dem hiesigen Kriegsgericht kamen gestern unter anderem folgende Strafsachen zur Verhandlung. Zwei Einwohnerin von Spiegelsdorf, die 18 Jahre alte Anne M. und eine Frau R., deren Mann im Feld steht, haben je mit einem russischen Kriegsgefangenen unerlaubten intimen Verkehr unterhalten. Anna M. muss deshalb zwei Wochen Gefängnis, die R. drei Monate Gefängnis verbüßen. Wegen eines gleichen Vergehens wurde das 20 Jahre alte Dienstmädchen J. aus Langenhanshagen zu 2 Monaten Gefängnis verurteilt.[15]

Auf eine andere Weise verlief die individuelle „Arbeits-Eingliederung" von ausländischen Kriegsgefangenen in die zivile Wirtschaft auch nicht so reibungslos. Ausbrüche russischer, französischer oder englischer Kriegsgefangener aus Arbeits- und Stammlagern oder auch aus kleinen Landwirtschaftsbetrieben nahmen zu.

Dazu trug nicht unwesentlich die Umsetzung der Haager Landkriegsordnung (Artikel 8) bei. Geflohene Gefangene durften nach ihrer Wiederergreifung nur disziplinarisch bestraft werden. Offiziere erhielten in der Regel ein paar Tage Einzelarrest. Die Furcht vor dem Scheitern einer Flucht, war also nicht groß.

Unter der deutschen Bevölkerung lösten die vielen Ausbrüche jedoch Ängste aus. Die Ausreißer wurden dann steckbrieflich in der Zeitung bekannt gegeben.

> 17. Februar 1915: „In vorvergangener Nacht ist aus dem Gefangenenlager auf dem Dänholm der russische Oberleutnant Alexander Grommow (11. sibirisches Schützenregiment) entflohen. Grommow, der am 12. Dezember vorigen Jahres bei Alexandrowo gefangen genommen wurde und sich seit dem 20. Dezember als Gefangener auf dem Dänholm befindet, ist 31 Jahre alt, von großer Gestalt und mittelstark. Er hat schwarzes Haar und schwarzen Vollbart. Der deutschen Sprache ist der Flüchtling nicht mächtig. Er trägt Zivilkleidung.[16]

Nachdem der russische Oberleutnant Grommow in wenigen Tagen wieder eingefangen war, gelang zwei weiteren russischen Offizieren die Flucht, die aber ebenfalls bald durch eine erfolgreiche Festnahme endete. Der Fluchtweg führte sie alle drei übers Eis auf die Insel Rügen in Richtung Sassnitz, mit der Hoffnung auf der Fähre nach Schweden zu entkommen.

> 14. August 1915: „In der Nacht auf Montag haben sich 7 russische Kriegsgefangene aus Frätow, wohin sie zur Arbeit abkommandiert waren, heimlich entfernt. Zwei von ihnen wurden am Montag früh von einem Soldaten des hiesigen Bataillons bei Neuenkirchen ergriffen und der Militärbehörde überliefert. Die anderen fünf dürften, wie die Ermittlungen ergaben, von Oldenhagen eine andere

> Richtung eingeschlagen haben. Da ihre Verfolgung gleichfalls fortgesetzt wird, wird man ihrer wohl bald wieder habhaft werden.[17]

Über die Zeitung wurde die Leserschaft in vaterländischer Pflicht aufgefordert, sich an der Wiederergreifung der Entlaufenen zu beteiligen, sie gegebenenfalls dingfest zu machen oder ihre Festnahme durch die nächste Behörde zu erwirken.

Und doch nahmen die Fluchtversuche in den Kriegsjahren in Pommern zu, so dass sich der Oberpräsident der Provinz veranlasst sah, am 31. Mai 1916 an die Landräte und die Polizeibehörden der kreisfreien Städte der Provinz zu schreiben:

> Im Laufe der letzten Monate haben sich die Fälle vermehrt, dass Kriegsgefangene von ihren Arbeitsstellen entwichen sind und entweder gar nicht oder erst nach längerer Zeit wieder haben ergriffen werden können. Diese im Land umherstreifenden Gefangenen bilden eine große Gefahr für die Landbevölkerung und deren Hab und Gut. Es ist daher dringen nötig, dass die Polizeibehörden und Gendarmen, wenn ihnen ein Entweichen von Kriegsgefangenen gemeldet wird, wozu die Kommandoführer verpflichtet sind, unverzüglich und mit der größten Energie die Verfolgung aufnehmen und ihrer alsbald wieder habhaft zu werden suchen und dass sie überhaupt auf alle umhersteifenden Personen besonders achten.
>
> Ich ersuche erneut, die Polizeibehörden und polizeilichen Organe mit strenger Anweisung zu versehen, auch den

Gemeindebehörden jegliche in ihrer Macht liegende Mithilfe zur besonderen Pflicht zu machen.[18]

Allein im Laufe des Monats Juli 1916 waren im Bereich der Inspektion der Kriegsgefangenenlager des 2. Armeekorps zu Stettin 1.039 entwichene Kriegsgefangene wieder ergriffen und ihren Arbeitsstellen zugeführt worden und doch gelang bis zu den letzten Kriegstagen anderen Gefangenen erneut die Flucht:

Stettin, 31. Juli 1916

Die Zahl der Fälle, in denen sich Kriegsgefangene erfolgreich durch die Flucht der Gefangenschaft entzogen haben, hat in letzter Zeit eine außerordentliche Höhe erreicht: Dabei sind Fluchtversuche nicht nur einzelner Kriegsgefangener, sondern auch größerer Trupps, besonders nach Dänemark, Holland und der Schweiz geglückt. Zumeist und leicht gelingt es den Kriegsgefangenen von ihren Arbeitsstellen aus zu entweichen, seltener kommt es in den Stammlagern vor. Lebensmittel, Zivilkleidung u., dergl. besorgen sie sich vielfach durch Diebstahl und Einbruch. Selbst vor Mord schrecken sie nicht zurück, um die ihrer Flucht entgegenstehenden Hindernisse zu beseitigen, wie beispielsweise die Fälle der Ermordung eines Landsturmmannes in der Nähe von Hammerstein (Krs. Schlochau) im Herbst vorigen Jahres und der Ermordung des Stellmachers Joecks in Jakobshagen am diesjährigen Karfreitag beweisen. Wie festgestellt, ist mehrfach den Kriegsgefangenen die Flucht durch die Beihilfe von Personen der Zivilbevölkerung erleichtert, wenn nicht überhaupt ermöglicht worden, in denen sie durch Verabfolgung von Zivilkleidern, Gewährung von Unterschlupf usw. die Flüchtlinge unterstützen.

Erwiesenermaßen findet auch eine umfangreiche Propaganda mit dem Sitz in den neutralen Staaten statt, durch welche versucht wird, in den Grenzgebieten ansässige Deutsche zu verleiten, Kriegsgefangenen bei ihrer Flucht zu begünstigen. Es sind mehrfach Hofbesitzer brieflich dazu aufgefordert worden, bei der Flucht Kriegsgefangener Hilfe zu leisten.

Andererseits muss aber auch den Ursachen des Entweichens nachgegangen werden. Diese sollen nicht nur Drang nach Freiheit, sondern öfter auch vorschriftswidrige Behandlung (Misshandlung) und unzureichende Verpflegung gewesen sein. Da die Beschäftigung der Kriegsgefangenen in inländischen Betrieben durch eine Fortdauer oder gar der Zunahme der Entweichungen ernstlich in Frage gestellt wird, werden ausreichende Fürsorge in diesem Punkten, ebenso auch fachgemäße Anleitung und Aufsicht bei der Arbeit deshalb nicht minder als die eigentliche Bewachung aller dazu berufenen Organen immer wieder als ein wesentliches Mittel zur Verhütung von Fluchtgedanken zur strengen Pflicht zu machen sein.[19]

Anmerkungen:

1) Ende 1915 wurden aus den Kriegsgefangenenlagern des 2. Armeekorps außer in der Landwirtschaft eingesetzt: 1. Preußische Eisenbahnverwaltung ca. 1.100, 2. Bergwerke ca. 4.000, 3. Industrie ca. 2.000, 4. Oberförstereien zum Holzschlag ca. 1.000, 5. Armierungsbataillone in den besetzten Gebieten ca. 10.000, Summa 18.000 Kriegsgefangene.

Vgl.: Wisberg, Ernst von: Erinnerungen an die Kriegsjahre im Königlich Preußischen Kriegsministerium Erinnerungen an die Kriegsjahre im Königlich Preußischen Kriegsministerium. Heer und Heimat 1914-1918. S. 253.

Vgl. Landesarchiv Greifswald: Rep.60 Oberpräsident Nr. 3083, „Unterbringung und Verwendung von Kriegsgefangenen“. Bl. 54.

Bis zum 10. Oktober 1918 internierte Deutschland insgesamt 2,5 Millionen Kriegsgefangene: über 1,4 Millionen (57 % aller Kriegsgefangenen) stammten aus Russland, 535.000 kamen Frankreich (21 %), 186.000 aus Großbritannien (7 %), 148.000 aus Rumänien (6 %) und 133.000 waren Italiener (5 %). Nach Oltmer, Jochen: Kriegsgefangene im Europa des Ersten Weltkriegs: Paderborn, München, Wien, Zürich. S. 68.

2) Berichte der dänisch-russischen Kommissionen zum Besuch der Gefangenenlager in Deutschland 1915. Druckwerk, S. 43 ff.

Seitens der russisch-dänischen Kommissionen wurden die Berichte in deutscher Sprache dem dänischen Roten Kreuz (Kopenhagen) übergeben und hier unverändert zum Abdruck gebracht. Gleiche Untersuchung erfolgte in Russland zu deutschen Gefangenenlagern unter Leitung dänischen Roten Kreuzes und unter Zustimmung der deutschen und russischen Regierungen.

3) Siehe Staatsarchiv Krakau:
http://www.szukajwarchiwach.pl/65/73/0/16.1/3851/str/1/8/15/CDKq3OMdhQiPavOxjf7Evw/#tabSkany.

4) Landesarchiv Greifswald: Rep. 60, Oberpräsident, „Unterbringung und Verwendung von Kriegsgefangenen“, Nr. 3078, Bl. 34.

5) Landesarchiv Greifswald: Rep. 65c, Regierung Stralsund, „Beschäftigung von Kriegsgefangenen“, Nr. 2849, Bl. 177.

6) Die „Maschinenfabrik Johann Fischer“ stellte u. a. Maschinen und Gerätschaften für die Landwirtschaft sowie Mühlenmahlwerke her und realisierte Aufträge zur Fertigstellung der Kanalisation in Greifswald. Mit Kriegsbeginn trat ein rapider Auftragsrückgang ein, insbesondere aus der Landwirtschaft. Scheinbar verbesserte sich Mitte 1915 die Auftragslage wieder, so dass Arbeitskräfte fehlten und die Betriebsleitung auf Kriegsgefangene zurückgreifen musste.

7) Stadtarchiv Greifswald: Rep. 5 Nr. 1000 „Kriegsgefangene“, Bl. 32, 40, 41, 48, 49 u. 115.

8) Stadtarchiv Greifswald: Rep. 5 Nr. 1000 „Kriegsgefangene“, Bl.115.

9) Landesarchiv Greifswald: Rep.60, Oberpräsident, Nr. 3083: Unterbringung und Verwendung von Kriegsgefangenen. Bl. 62.

10) ebenda Bl. 66.

11) ebenda Bl. 291.

12) Greifswalder Zeitung vom 18. Februar 1915, S. 3.

13) ebenda vom 6. Juni 1917.

14) ebenda vom 28. April 1918.

15) ebenda vom 5. Mai 1918.

16) ebenda vom 18. Februar 1915.

17) Ueckermünder Kreis- und Tageblatt vom 16. August 1914.

18) Landesarchiv Greifswald: Rep. 60, Oberpräsident, „Unterbringung und Verwendung von Kriegsgefangenen“, Nr. 3080, Bl. 218.
19) Landesarchiv Greifswald: Rep. 79, Polizeidirektion Stettin Nr. 365, Kriegsakten (1916), Beilage zum Polizei-Anzeiger, Bl. 8 u. 10.

15 Ostpreußische Flüchtlinge

Zerstörte Häuser

Ende August 1914 riefen die Greifswalder Zeitungen die Bevölkerung zur Hilfeleistung für Ostpreußen auf, denn die geflohenen Menschen waren heimatlos geworden. Die Not war groß, die Menschen brauchten Unterkünfte und jede erdenkliche Hilfe. Was war geschehen? Der Erste Weltkrieg begann auf deutschem Boden in Ostpreußen.

Am 1. August 1914 nahmen russische Kosaken mit Karl Bleck aus Eschenbruch den ersten Zivilgefangenen und verschleppten ihn nach Russland.[1] Am 10. August zündeten Rigaer Dragoner das Dorf Dayen (Kreis Pillkalen, Regierungsbezirk Gumbinnen) an.[2]

Mitte August fiel die russische Armee unter General von Rennenkampf mit großer Macht in Ostpreußen ein (17. August Schlacht bei Stallupönen, 19./20. August Schlacht bei Gumbinnen) und besetzte den südlichen Teil der Provinz. 173.000 Deutsche der 8. Armee unter Generaloberst Maximilian von Prittwitz und Gaffron standen einer Übermacht von 485.000 Russen gegenüber und damit auf verlorenem Posten. Der Schlieffen-Plan hatte die schnelle Gefahr an der Ostfront sträflich unterschätzt.

Damit brach der Krieg mit aller Härte in die deutschen Ostgebiete ein und traf die Menschen unvorbereitet. Die vaterländische Seele geriet allgemein in Aufruhr und weckte eine enorme Solidarität im gesamten Deutschen Reich. Viele Menschen wollten helfen, man sammelte z. B. Geld und Kleidung, um nur einiges zu nennen, auch in Greifswald.

Der Vaterländische Frauenverein organisierte sofort eine Geldsammlung für die betroffenen Menschen. Die Bürger wurden aufgefordert, neben den „Liebesgaben für unsere Feldgrauen", zusätzlich ebenso Liebesgaben für die ostpreußischen Flüchtlinge zu spenden, Kleidung, Wäsche, Seife usw. Gebraucht wurden all die vielen kleinen Alltagsdinge, die in den Familien entbehrt werden konnten.

Viele der Flüchtlinge waren Hals über Kopf losgezogen, hatten Haus und Hof zurückgelassen, aus Angst und Sorge vor den Feindestruppen. Nicht wenige fühlten sich von einigen preußischen „Beamten" verlassen und ohne Schutz, die als erste die Flucht ergriffen. Und die Nachrichten über das militärische und rücksichtslose Verhalten der russischen Kosaken waren schockierend.

Andere Flüchtlinge folgten der von den deutschen Behörden angeordneten Räumung in den unmittelbar von Kämpfen bedrohten Städten. Am 22. August wurde die Stadt Angerburg geräumt und als General Rennekampf am darauf folgenden Tag einzog, fand er nur wenige Menschen vor und am 24. August verließen die russischen Soldaten Angerburg wieder und hinterließen Müll über Müll auf den Straßen.

Zigtausende Ostpreußen verließen Ende August 1914 Haus und Hof und begaben sich auf die Flucht. Der Landkreis Greifswald nahm etwa 400 Personen auf, die Flüchtlinge fanden vorübergehend eine Unterkunft in Privaten und allgemein zur Verfügung gestellten Flüchtlingsquartieren.

Generalstabschef Helmuth von Moltke löste den glücklosen Prittwitz von seinen Aufgaben ab und schlug dem Kaiser als Nachfolger den 67-jährigen Paul von Hindenburg und den ehrgeizigen, 49-jährigen Erich Ludendorff vor. Hindenburg übernahm das Kommando über die 8. Armee am 22. August, Ludendorff wurde Generalstabschef. Mit den unter Hindenburg gewonnenen Schlachten von Tannenberg[3] (26. August bis 30. August 1914) und in den Masuren (6. bis 14. September 1914) konnte Ostpreußen von der deutschen Armee zurückerobert werden. In den Kämpfen fielen

120.000 russische Soldaten, 90.000 gerieten in deutsche Kriegsgefangenschaft. Auf deutscher Seite mussten 13.058 Tote beklagt werden.

Nach einer zeitlichen Frist konnten die meisten Ostpreußen wieder heimkehren. So vermeldete die Greifswalder Zeitung Anfang Oktober, dass alle Ostpreußen jetzt in ihre Heimat zurückreisen können.

Auf Grund eines Erlasses des preußischen Ministers des Innern und der Finanzen vom 26. September 1914 wurden in den Landkreisen und kreisfreien Städten der Provinz Ostpreußen Kriegshilfeausschüsse gebildet, um die Kriegsschäden aufzunehmen und Soforthilfe zu leisten.

Am 17. September 1914 stellte die OHL die 9. Armee auf, deren Führung Hindenburg übernahm. Er leitete gleichzeitig den Oberbefehl im Osten und wurde am 1. November als Oberbefehlshaber Ost ernannt.

Doch in den befreiten Gebieten bestand die Hoffnung auf ein normales Leben nur kurzzeitig. Am 2. November 1914 fielen russische Truppen erneut ein und besetzten bis zur entscheidenden 2. Masurenschlacht, Ende Februar 1915, wieder deutsches Gebiet. Das 2. Armeekorps wurde von der Westfront nach Osten verlagert und kämpfte ab 8. November 1914 unter der Gruppe Linsingen um die Befreiung Ostpreußens.

Am 10. November wiesen die Königsberger Regierung und die Oberste Heeresleitung die sofortige Ausreise der gefährdeten Einwohner an und stellten Flüchtlingszüge bereit. Wieder setzten sich zahlreiche Flüchtlingstrecks in Bewegung, bis zu 800.000 Menschen befanden sich insgesamt auf der Flucht und nur die wenigsten kamen mit den Zügen fort. Ein Großteil des Weges musste zu Fuß oder mit jeder Art von Wagen zurückgelegt werden, manche zogen so über 20 km bis Königsberg. Pfarrer Paul Hurtzig aus Grevesmühlen schrieb im Rückblick über die Anstrengungen der Massenflucht:

> Bei Gumbinnen waren die Straßen schon so überfüllt, dass kaum vorwärts zukommen war. Wagen reihte sich an Wagen in unübersehbarer Fülle, beladen mit Betten und Hausrat, zwischen denen Frauen und Kinder, Greise und Kranke angstvoll und weinend herausschauten. Die Männer trieben die Pferde und Rinder, von denen manche, durch die Länge des Weges und das mangelhafte Futter vollständig erschöpft waren ...[4]

Von Königsberg wurden die Flüchtenden nach und nach in Richtung Brandenburg, Berlin, Pommern, Mecklenburg, Schleswig-Holstein, Hamburg usw. mit Zügen und Schiffen gebracht.

Greifswald bereitete sich auf die zweite große Flüchtlingswelle vor und der Landkreis musste Anfang November 2.000 Flüchtlinge aufnehmen. Angemeldet waren aber nur 1.200 Menschen, so dass die Stadt Greifswald zusätzlich 800 Flüchtlingen Unterkunft gab.

Es war Spätherbst geworden und der kalte Winter stand vor der Tür, die Versorgung und Unterbringung der Flüchtlinge erforderte große Anstrengungen. Es fehlte den Menschen an Bekleidung, insbesondere an Schuhen, trotz Kleiderhilfsendungen aus nicht besetzten Gebieten Ostpreußens. Um die Not abzuwenden, überwies der

Staatskommissar für das Flüchtlingswesen im Regierungsbezirk Königsberg am 13. Dezember 1914 aus der Königsberger Landeshauptkasse dem Landkreis Greifswald einen Geldbetrag zur sofortigen Verwendung von 1.600 Mark, damit das fehlende Schuhwerk angeschafft werden konnte. Am 2. März 1915 berichtete der Greifswalds Bürgermeister Wilhelm Gerding, dass in der Stadt noch 94 ostpreußische Flüchtlinge lebten.[5]

Diesmal galt es auch für die Beschulung der ostpreußischen Kinder zu sorgen, denn zu der Zeit war die Dauer des Aufenthalts noch nicht abzusehen. Dabei sollte für die Kinder das Schulgeld nicht erhoben werden und die notwendigen Schulbücher wurden kostenlos zur Verfügung gestellt. Die finanzielle Belastung der Gemeinden wurde einmal mehr auf die Probe gestellt und obgleich es staatlicherseits Unterstützungsgelder gab, mussten auch die Städte ihre finanziellen Hilfen strecken. Dafür setzte ein entsprechender Verwaltungsaufwand bei den Behörden ein. Die Flüchtlingsfamilien hatten detaillierte Unterstützungsanträge wahrheitsgemäß auszufüllen, um finanzielle Ansprüche oder medizinische Hilfe stellen zu können. Die erwerbsfähigen Leute, Jugendliche eingeschlossen, mussten ihren Anteil an der Versorgung der Familie leisten. Das bedeutete, sich bei der Arbeitsvermittlung in Greifswald zu melden oder auf anderen Wegen eine Arbeit anzunehmen. Müßiggang oder Vorschub von Krankheiten wurde keinesfalls geduldet. Hilfe wurde jedem gewehrt, der Bedürftigkeit nachweisen konnte, aber ein Eigenanteil musste unter allen Umständen geleistet werden. Es gab keine Auswahl bei der zugewiesenen Arbeit, ebenso bei den Unterkünften. Es war nicht die Zeit, um Rücksichten auf persönliche Schicksalsschläge zu nehmen. Es war Kriegszeit.

Im April 1915 erstattete die Königsberger Regierung dem Stadt- und dem Landkreis Greifswald Aufwendungen für die Betreuung in Höhe 1058,50 bzw. 38.882,00 Mark.[6]

Nicht nur die Menschen mussten in der Fremde eine Unterkunft finden, vorübergehend musste im Landkreis aus Ostpreußen gerettetes Vieh untergebracht und gefüttert werden. Dieses Flüchtlingsvieh befand sich in schlechtem Zustand, im Gebrauchswert stark herabgesetzt. Allgemein vollzog sich die Unterbringung in den Landgemeinden recht schwierig, obwohl den Bauern ein tägliches Entschädigungsgeld zustand, weil eben ein Schlachtverbot für das eigene Vieh bestand und damit die Ställe überfüllt waren. Die Stadt Greifswald nahm 120 ostpreußische Bergungspferde notdürftig auf, die Anfang Januar 1915 auf die Landgemeinden verteilt werden sollten.

Eine andere Schwierigkeit stellte eben der Futtermangel dar. Das Rittergut Ranzin fütterte beispielsweise 8 ostpreußische Flüchtlingspferde, die wegen Futtermangels Anfang 1915 zur Weiterverpflegung an andere Interessenten angeboten werden mussten.

Im späten Frühjahr 1915 wurde die Provinz für den zivilen Verkehr wieder frei gegeben und die ostpreußischen Bewohner kehrten wieder in ihre Heimat zurück.

Am 13. April 1915 bereisten der Vizepräsident des Königlichen Staatsministeriums Dr. Delbrück, der Finanzminister Dr. Lentze und der Minister des Innern v. Loebell Ostpreußen. Die Regierungsbezirke Allenstein, Gumbinnen und Königsberg wurden besucht, um sich vor Ort ein Bild zu machen. Im August 1915 fuhren Reichstagsabgeordnete nach Preußen und hinterließen über die Lage einen ausführlichen, objektiven Bericht. Der ermittelte Kriegsschaden auf deutscher Seite war immens: etwa 1.700 getötete Zivilisten, über 10.000 deportierte bzw. verschleppte Deutsche nach Russland, Vergewaltigungen von Frauen. 24 ostpreußische Städte, 600 Dörfer und 200 Güter waren durch Kriegszerstörungen der russischen Armee schwer betroffen, 34.000 Gebäude zerstört und 100.000 Wohnungen geplündert.[7]

Zur Unterstützung für Ostpreußen und vor allem für den Wiederaufbau der östlichen Provinz bildete sich in Deutschland zentral die „Ostpreußenhilfe" (Verband deutscher Kriegshilfevereine für zerstörte ostpreußische Städte und Ortschaften der Provinz Ostpreußen) heraus und trat an den Provinzialverband Pommern mit der Bitte heran, sich für den Kreis Labiau zu engagieren. Zwar zählte Labiau nicht zu den Kreisen, die durch den „Russeneinfall" am härtesten geschädigt wurden, doch berechnete sich der geschätzte finanzielle Schaden etwa auf 8-10 Millionen Mark. 171 Ortschaften hatten Schadensanträge gestellt, über 80 Kreisinsassen waren ermordet und Frauen vergewaltigt worden.

Der Provinzialverband der pommerschen Provinz einigte sich auf eine Hilfe von 150.000 Mark für den Kreis Labiau, der durch 50.000 Mark aus der Kasse des Provinzialverbandes und mit 100.000 Mark aus den Landkreisen und größeren Städten abgedeckt werden sollte. Darauf beschloss der Magistrat zu Greifswald am 5. Januar 1916 (Magistratsbeschluss Nr. 24) 1.700 Mark der Ostpreußenhilfe für Labiau zur Verfügung zu stellen.[8]

Bereits mitten im Krieg begann der staatlich geförderte Wiederaufbau Ostpreußen mit großer Unterstützung aus der gesamten deutschen Bevölkerung.

Das Schicksal eines Flüchtlings:

Brief von Ernst Gollembeck
Greifswald den 11.2.1915

Sehr geehrter Herr Regierungspräsident, da ich ostpreußischer Flüchtling bin und hier beim Herrn Landrat kein Gehör bekomme, wende ich mich an Sie mit der Bitte um eine kleine Beihilfe jeden Monat. Ich bin in Lubmin untergebracht worden, da aber meine Kinder und meine Frau krank gewesen sind und die Bahn hin und zurück immer 2,80 Pfg. kostet, habe ich hier in Greifswald Wohnung genommen, mit der Absicht mir auch eine Stelle zu besorgen, weil wir den Leuten dort auch im Weg waren und selbige es uns … fühlen ließen. Da ich Müller bin, habe ich hier auf der Garnisonsmühle Stellung erhalten und bitte um eine kleine Beihilfe, auch musste ich Arzt, Apotheker, Wohnung, Beheizung alles selbst bestreiten und sind meine Mittel ganz und gar aufgebraucht. Nun fehlt es auch an Kleider und Wäsche. Denn die Kinderwäsche haben wir auf der Flucht verloren. Ich bekomme hier keinen Pfennig Unterstützung und habe schon im Dezember eine Eingabe gemacht, ich bin das Betteln nicht gewöhnt und würde mich auch wirklich an Herrn Regierungspräsident nicht wenden, wenn ich nicht in Not wäre. Ich will die Stadt doch nicht schädigen und bitte nur um eine kleine Beihilfe, sollte ich zurück aufs Land, wie hier der Herr Landrat darauf besteht, so koste ich dem Staat noch mehr. Ich bitte nochmals den Herrn Regierungspräsidenten mein Gesuch doch zu berücksichtigen, damit ich in meiner Stelle bleiben kann und dem Staat dadurch doch auch Nutzen bringen kann.

Ich bin Besitzer in Wietminen Kr. Lötzen. meine Familie besteht aus Frau und 4 Kindern, der Älteste ist 7 Jahre und die Jüngste 1 Jahr. Hochachtungsvoll ergebenst Ernst Gollembek; Bahnhofstr. Nr. 2.

Magistrat Greifswald 18. Februar 1915

… Der Bittsteller ist … aus Lubmin, wo er durch den Herrn Landrat untergebracht war, unerlaubt hier zugezogen. Der Herr Landrat lehnte die Bewilligung der staatlichen Unterstützung für Gollembeck ab und forderte mit Recht die Rückkehr der Familie nach Lubmin. Gollembeck hat hier inzwischen lohnende Arbeit in der hiesigen Garnisonsmühle gefunden und verdient wöchentlich 25 Mark. Die am 3. des Monats erneut beantragte staatliche Unterstützung musste daher aus Mangel an Bedürftigkeit abgelehnt werden.

Regierungs-Präsident 3. März 1915

Dem Müller Ernst Gollembeck in Greifswald wird eine einmalige Unterstützung von 30 Mark aus dem Armen- und Wohltätigkeitsfond bewilligt.

2. Brief Gollembeck

Greifswald, den 8.3.1915

Hochwohlgeborene Herrn Regierungs-Präsident
Erlaube mir hiermit meinen besten Dank auszusprechen für die Unterstützung von 30 Mark, ich bin wirklich in einer sehr bedenklichen Lage gewesen. Als Ostpreußen vom Feinde frei wurde, fuhr ich und mehrere andere dort rauf, um noch etwas von unseren Habseligkeiten zu retten. Ich bin aber sehr enttäuscht, ich glaubte noch Kartoffeln zu finden und wollte selbige zu Geld zu machen, denn hier muss ich für den Ctr. 6 Mark bezahlen. Ich habe von der ganzen Ernte nichts gefunden sogar meine Scheune, die ich im letzten Sommer ausgebessert habe, haben die Russen abgebrochen und in … Meine Wohnung ist so mitgenommen, dass ich vor Ostern mit Familie nicht zurückkomme. Ich habe durch diese Reise auch meine Stellung hier verloren und bitte ich Herrn Regierungs-Präsidenten nochmals, vielleicht wäre es möglich, dass ich auch die monatliche Unterstützung hier bekommen könnte, wie so viele andere, die hier in der Stadt wohnen. Ich habe am 26. Februar auch ein Kind verloren, das von der Flucht an gekränkelt hat und mich viel gekostet hat, ich habe für das Begräbnis, für Herrn Doktor und Mehres noch zu begleichen und möchte doch den guten Leuten nicht mit Undank lohnen, dafür dass sie mir die Sachen ohne Geld gegeben haben. Einige Belege füge ich bei, um auch den Herrn Regierungs-Präsidenten von der Wahrheit zu überzeugen. Mein erster Weg ist beim Herrn Landrat gewesen, da ich aber seit dem 3. ohne Antwort bin, fühle ich mich veranlasst, an Herrn Regierungs-Präsidenten zu wenden, da mich die Leute auch zur Zahlung drängen und ich nicht weiß, was ich sagen soll. Mit ergebenster Hochachtung. Ernst Gollembeck.

Der Magistrat (an den Regierungspräsidenten)
Greifswald den 12. März 1915

… Dem Bittsteller ist bereits am 10. d. Mts. auf seinen erneuten Antrag die staatliche Unterstützung bewilligt worden …

Regierungs-Präsident Stralsund, den 16. März 1915

Nachdem Ihnen von dem Magistrat in Greifswald die staatliche Unterstützung inzwischen bewilligt worden ist, sehe ich Ihren Antrag vom 8. d. Mts. hiermit als erledigt an. Die vorgelegten Rechnungen folgen hierbei zurück.

Nachtrag:

Bis 1917 kehrten weitere Ostpreußen aus Russland nach Deutschland zurück, meist waren sie während der beiden kriegerischen Einfälle von 1914 nach Russland verschleppt worden. Nach dem Bericht der Kommission des preußischen Abgeordnetenhauses deportierte die Zarenarmee etwa 10.700 Menschen in russische Gebiete. Immer wieder gelang Menschen die Flucht und sie erreichten nach einer langen beschwerlichen Reise, über Finnland, Schweden und über die Ostsee, völlig erschöpft in Sassnitz deutschen Boden.

Auch nach Kriegsende kamen aus dem Osten Flüchtlinge nach Greifswald. Tausende dieser Auslandsdeutschen verließen aus

Angst vor Repressalien das Baltikum, Polen, Russland oder die Krim, und suchten eine neue Heimat.

Der Landkreis Greifswald war von der Stralsunder Regierung beauftragt 200 Flüchtlinge aufzunehmen. Das Wohnungsamt Greifswald brachte bis Anfang Dezember 1919 44 Flüchtlingsfamilien unter.

A.

Verzeichnis der von den Russen verschleppten ostpreußischen Zivilbevölkerung

(Aufgestellt vom Russischen Roten Kreuz in St. Petersburg)

Ostpreußische Druckerei u. Verlagsanstalt A.-G., Königsberg i. Pr.

Anmerkungen:

1) „Verzeichnis der von den Russen verschleppten ostpreußischen ...: (aufgestellt vom Russischen Roten Kreuz in Petersburg, S. 14-14, 1915.

2) Daynen: Staatsarchiv Krakau: Akte: Verhalten von Privatpersonen anlässlich des feindlichen Einbruchs. Signatur: 42/1576/0/1.4/38 S. 291.

3) Tannenberg: Die entscheidende Schlacht wurde bei Frögenau geführt und durch Tannenberg ersetzt, wo 1410 der Deutsche Ritterorden von Litauern und Polen geschlagen worden war.

4) Hurtzig, Paul: Kelch, Schwert und Kreuz in der Ostmark. Kriegseindrücke aus Ostpreußen. Schwerin 1916. S. 5.

5. Landesarchiv Greifswald: Rep. 65 c, Regierung Stralsund, „Die ostpreußischen Flüchtlinge“, Nr. 2871, Blatt 47 u. 147.

6) ebenda: Bl. 230 ff.

7) Landesarchiv Greifswald: Rep. 65 c, Regierung Stralsund, „Die ostpreußischen Flüchtlinge“, Nr. 2871. „Bericht des Abgeordneten Fuhrmann über die Besichtigungsreise von Mitgliedern des Abgeordnetenhauses durch Ostpreußen vom 25. bis 30. August 1915. S. 369 ff.

8) Stadtarchiv Greifswald: Rep. 5, Nr. 959: „Kriegspatenschaft für den ostpreußischen Kreis Labiau“, Bl. 6-8. Der Kreis Labiau zählte nicht zu den schwer betroffenen Gebieten, hatte aber doch Schäden in 171 Orten in Höhe von 8-10 Millionen Mark zu verzeichnen. Unabhängig von den Staatsverpflichtungen zum Wiederaufbau, sollte Hilfe für den Bau des Rathauses in Labiau, Erweiterung des Krankenhauses, zur Schaffung eines Baufonds für Kleinwohnungen, Jugendpflege, Kulturaufgaben usw. erteilt werden und diese als solidarische „Kriegspatenschaft“ verstanden sein.

9) Landesarchiv Greifswald: Rep. 65 c, Regierung Stralsund, „Die ostpreußischen Flüchtlinge", Nr. 2871, Bl.117-119 u. 165.

16 Schnitter

Aus einer Kriegserzählung: „Und die Schnitter müssen wir denn ja woll rausschmeißen? Das Russenpack will ja woll nach Hause?' 'Verzeihen Sie, Herr Rittmeister, aber ich glaub', daß das gar nicht mal nötig ist. Die können wir ganz gut hier gebrauchen. Ich hör', daß man sie anderswo schon rausgesetzt hat. Hat aber gar keinen Zweck. Sollen mal hier arbeiten bei der Ernte. Nachher ist noch Zeit zum Reisen genug. Wenn wir den Kerls nix davon erzählen, wissen die den Teufel was von Krieg.[1]

Seit Jahrzehnten arbeiteten und lebten in Pommern zur Bestell- und Erntezeit ausländische landwirtschaftliche Wanderarbeiter, nach der Provinz Sachsen verwies Pommern auf die größte Anzahl in Preußen. Nach 1900 nahm diese Entwicklung rapide zu. Eine Ausländerstatistik der pommerschen Landratsämter gab für den Zeitraum 1900 bis 1907 deren Anstieg von 9.500 auf 27.100 an.

Im Frühjahr bereisten die Saisonarbeiter die großen landwirtschaftlichen Güter und verdingten sich als Schnitter, sie kamen hauptsächlich aus Polen und Galizien. Im Spätherbst, meist nach Abschluss der Hackfruchternte, fuhren sie regelmäßig mit dem verdienten Geld wieder heim. Eine Besonderheit herrschte noch in der Provinz Ostpreußen. Dort verdingten sich Jahr für Jahr im Herbst für 2-3 Wochen etwa 30.000 ausländische „Kartoffelgräber“ aus grenznahen russischen Gebieten und folglich 1913 letztmalig.

Mit Kriegsausbruch 1914 änderte sich die Situation radikal. Den nun etwa 36.000 fremden Wanderarbeitern (beiderlei Geschlechts) in der pommerschen Provinz verweigerte das deutsche Kaiserreich die Heimreise. Sie wurden faktisch zu „Zivilgefangenen“[2] gemacht, auch wenn sie nicht als Internierte in großen, geschlossenen Massenlagern leben mussten und ihnen eine auf den Ort beschränkte Mobilität erhalten blieb.

Den polnisch-russischen Landarbeitern untersagte Deutschland aus kriegsfeindlichen Gründen die Ausreise. Polen stand staatsrechtlich sowie militärisch unter russischer Herrschaft. Im Krieg sah das Zarenreich Polen als Speerspitze gegen das deutsche Kaiserreich, zwischen der Westgrenze Polens und Berlin lagen 277 Kilometer. Polen erhielt die strategisch traurige Rolle Kriegsschauplatz zu sein und war großen Zerstörungen durch deutsche, russische und österreichische Truppen ausgesetzt.

Den (befreundeten) Galiziern wurde die Rückkehr aufgrund des kriegerischen Frontverlaufs in Übereinkunft mit dem Bündnispartner Österreich-Ungarn verwehrt. Galizien (auch Kleinpolen genannt) bildete mit 26 Prozent Flächenanteil einen großen Landesteil der k. u. k. Monarchie Österreich-Ungarn, die Bevölkerung machte 28 Prozent der österreichischen aus. Galizien war Herbst 1914 von der russischen Armee eingenommen worden und über Monate militärische hart umkämpft. Das Land hielt sowohl als Aufmarsch- wie auch als Kampfgebiet mit vernichtenden Großschlachten (Krasnik, Tamose, Komarow, Iwangorod) hin. Kein anderes österreichisches Kronland musste so leiden wie dieses. Tausende Einwohner flüchteten im ersten Kriegsjahr nach Österreich und Süddeutschland.

Dazu mussten die wehrfähigen Männer des Landes in den Krieg und wurden fortlaufend in das österreichische Heer gerufen.

> Ich bin ein harter Mann, sagt ein Bahnbeamter. … aber als die Galizier nach Oesterreich abfuhren, da haben die zurückbleibenden Frauen geschrien, fast hätt ich mich abwenden mögen. Ich konnte es nicht mehr mit ansehen. Der Wachtmeister musste sie gewaltsam zurückreißen.[3]

Erst Ende 1916 bot sich für alle galizischen Landarbeiter erstmals die Möglichkeit zur Heimkehr, nachdem die Rückeroberung Galiziens von den Russen durch Österreich-Ungarn im Jahr 1915 gelungen war und ein zumindest provisorischer Wiederaufbau des zerstörten Kronlandes erfolgte.

> Das K. K. Konsulat in Stettin schreibt: Seitens der K. K. Regierung wird der allergrößte Wert daraufgelegt, dass die nach Ablauf der diesjährigen Arbeitsverträge freiwerdenden österreichischen Saisonarbeiter aus Deutschland in ihrer Heimat zurückkehren. Ein Hindernis für die ausnahmslose Rückkehr der aus Galizien stammenden Wanderarbeiter am Schlusse der diesjährigen Arbeitszeit liegt nicht vor. Diejenigen, deren Heimat bereits für die Rückkehr freigegeben ist, können direkt dahin zurückkehren und seitens der zuständigen K. K. Konsulats die erforderlichen Pässe erhalten. Diejenigen, deren Heimat noch nicht freigegeben ist, können vorläufig nach der K. K. Saisonwanderstation Oswiecim reisen, wo sie entweder entsprechend fertig, auf die Freigabe der Heimat warten, oder bis dahin in eine heimatliche Arbeitsstelle vermittelt werden können. Eine Unterbringung der Arbeiter in Flüchtlingslagern findet nicht statt.[4]

Doch noch im August 1914 versuchten einige Schnitter zunächst auf eigene Faust aus Vor- und Hinterpommern nach Polen zu entkommen. Meist vergebens, sie wurden vom Militär aufgegriffen und mit Zwang zurückgeführt.

> In Stettin befinden sich zurzeit etwa 1000-1200 dieser Leute, welche hier unter militärischer Bewachung stehen.[5]

Andere ausländische Saisonarbeiter wiederum sorgten für Unruhen unter der hiesigen Bevölkerung:

> In Neu-Ahrendsee haben Schnitter zwei Büdnerkaten am 4. August in Brand gesteckt; die beteiligten Schnitter, zunächst 11, sind vom Amtsvorsteher verhaftet worden. Drei weitere, darunter der Rädelsführer und Anstifter wurden nachträglich in der Teschenhagener Kiesgrube versteckt gefunden und ebenfalls verhaftet. Alle 14 Mann wurden von Mannschaften der Elmenhorster Freiwilligen Feuerwehr nach Wüstenfelde transportiert, und von da auf telegraphischen Anruf von Mannschaften des Infanterie-Regiments Nr. 42 nach Stralsund gebracht. Wie der Amtsvorsteher in Wüstenfelde von Soldaten gehört hat, sollen die Rädelsführer und die beiden Brandstifter auf dem Dänholm standrechtlich erschossen und die übrigen 11 Mann nach Rügen abgeschoben worden sein.[6]

Mit der Arbeitskraft der fremden Wanderarbeiter ersetzte das deutsche Kaiserreich die fehlenden Männer in der heimischen Landwirtschaft, darauf lief das deutsche Kriegs-Wirtschaftskonzept hinaus. Rein rechnerisch war schon lange klar, dass in einem großen Krieg die ländliche Bevölkerung mit Kriegsdienst mehr herangezogen werden würde als die städtische und damit ein großes Arbeitskräfteproblem in der Landwirtschaft entstehen könnte. Erstmals wurde dieses Problem im Winter 1912/13 öffentlich durch die Landwirtschaftskammer diskutiert, dann vom Militär, aber dann doch erst im Krieg entschieden.

Der OberpräsidentStettin, den 19. September 1914
Eilt!
Die Möglichkeit, dass der Krieg im nächsten Frühjahr noch nicht beendet ist, lässt die Frage wichtig erscheinen, was mit den in Deutschland vorhandenen russischen Arbeitern nach Beendigung der landwirtschaftlichen Arbeiten geschehen soll. Eine Abschiebung nach Russland ist ausgeschlossen aber auch deshalb nicht zweckmäßig, weil bei einer Fortdauer des Krieges bis zum Frühjahr der heimischen Landwirtschaft dann im nächsten Jahr viele Arbeitskräfte fehlen würden. Aus diesem Grund erscheint es erforderlich geboten, die russischen Arbeiter den Winter über - erforderlichenfalls zwangsweise - in Deutschland zu behalten; viele von ihnen werden voraussichtlich nicht ungern hierbleiben.[7]

Arbeitsrechtlich blieben für die Schnitter, die im Frühjahr 1914, also noch in Friedenszeit, abgeschlossenen Arbeitsverträge mit den Gutsbesitzern bestehen. Als 1914 der Herbst einzog, gab das Kriegsministerium in Berlin die neuen Bedingungen über den ersten Winterverbleib in russischer, polnischer und deutscher Sprache bekannt.

Die Bleibe und die Arbeitsbedingen wurden gesetzlich geregelt, die meisten polnisch-russischen Saisonarbeiter sahen ihre Heimat erst nach Kriegsende, ab Frühjahr 1919, wieder.

Sehr bald wurden die persönlichen Freiheiten durch das Stellvertretende Generalkommando zu Stettin und über behördliche Anweisungen eingeschränkt: jeder Ortswechsel ohne Genehmigung sowie freie Bahnfahrt ohne Erlaubnisschein standen unter Verbot, damit keine Arbeitskraft sich in Richtung Osten oder über Schweden nach Russland absetzen konnte.

Der Briefverkehr nach Russland, Polen und Galizien unterlag der Kontrolle und Zensur, wodurch Spionage verhindert werden sollte. Sie sollte der direkte Vorgesetzte ausüben, hier also die Gutsvorsteher, die aber weder russisch oder ukrainisch noch polnisch Lesen und Schreiben konnten. Die Galizier traten mehr mehrsprachig auf, von der Nationalität her lebten in Galizien neben den Deutsch-Österreichern im Westen Polen und im Osten die Ruthenen (Ukrainer). Auf Anfrage erklärten sich die Professoren Philipp, Lehmann-Haupt und Litzbarski von der Universität Greifswald bereit, bei der Übersetzung der Briefe und Karten den Gutsherren behilflich zu sein.[8]

Kontrollen zeigten, dass die Wanderarbeiter trotzdem ihre Post direkt verschickten und der Aufforderung wenig nachkamen. Ein Korpsbefehl vom 25. Januar 1916 wies die ausländischen Schnitter deshalb strikt an, die Briefe nicht mehr eigenhändig den Postanstalten zu übergeben oder in Briefkästen zu stecken. Erstens mussten die Briefe s in deutscher Sprache geschrieben, zweitens in offenem zustande sein und drittens nur den Ortspolizeibehörden ihres Wohnortes zur Weiterbeförderung übergeben werden. Zuwiderhandlung gegen diesen Befehl zog ab jetzt die Bestrafung durch die Kriegsgerichte nach sich.

Trotz Strafandrohung weigerten sich etliche Schnitter die neuen Winterverträge mit den Arbeitgebern zu unterzeichnen, die für die Zeit vom 1. Dezember 1914 bis 14. März 1915 mit ortsüblicher Arbeitszeit galten und wenig Lohn, keine Krankenversicherung und nur Essen und Deputat boten. An Arbeitstagen erhielten die

Männer 30 Pfennig, die Frauen, Mädchen und Burschen 20 Pfennig Lohn g. Verweigerte der Schnitter die Arbeit, so musste er für Unterkunft und Naturalien für jeden Tag 50 Pfennig an den Arbeitgeber entrichten, welche der Arbeitgeber aus der Kaution des Arbeitnehmers abziehen durfte. Die Kaution betrug 30 Mark pro Person.

Der Landrat von Greifswald meldete zum 28. November 1914 im Kreisgebiet unter den polnischen Schnittern noch 456 Verweigerer, davon 14 Jugendliche unter 17 Jahren, darunter 369 Wehrpflichtige im Alter von 17 bis 45 Jahren und 70 Frauen und drei Wehrpflichtige, die erst nach dem 1. August 1914 eingestellt wurden. (u. a. in Kieshof, Wackerow, Dersekow, Alt-Pansekow, Boltenhagen, Ranzin, Taetschow, Carrin, Katzow, Moekow, Carbow, Wolgast, Schmatzin, 110, Thurow 32, Züssow 57, Ostwin 45)[10] Auf Arbeitsverweigerung stand, gleich, ob der Kontrakt unterschrieben wurde oder nicht, Freiheitsstrafe bis zu einem Jahr Gefängnis.

Bis zum Kriegsende legte das Stellvertretende Generalkommando jährlich neue Muster-Kontraktverträge auf, angepasst und erhöht an die allgemeine Teuerung. Nach Aussagen der pommerschen Landwirtschaftskammer galten die Lohnsätze als Mindestsätze, die in Praxis nicht selten schon von den Gutsbesitzern freiwillig überschritten wurden, um die Arbeitskraft und die Lebensbedingungen der Schnitter zu erhalten bzw. aufzubessern.

Eine erhebliche Sorge bereitete den staatlichen Behörden und den Generalkommandos in Pommern, Brandenburg, Sachsen, Thüringen usw. die Durchführung der katholischen Gottesdienste, die zugelassen und organisiert werden mussten. Diese meist einfachen Menschen vom Lande lebten streng ihren katholischen Glauben, teilweise recht orthodox und ihre Religion blieb nun im Krieg die einzige Brücke zur fernen Heimat. Von einem Verbot riet man jedenfalls entschieden ab, aber eine Gruppenansammlung, was ein Gottesdienst nun mal war, sollte auf den Ort begrenzt werden. Deshalb wurden für katholische Gottesdienste, wo katholische Kirchen noch nicht vorhanden waren, andere Räumlichkeiten zur Verfügung gestellt. Die Angst vor gemeinsamen Widerstand und Aufruhr, selbst vor „schlechter Arbeit", war besonders in der Anfangszeit gegenwärtig und blieb auch im Kriegsverlauf erhalten.

Wie die sonntäglichen Gottesdienste wurden auch die katholischen Feiertage für die Schnitter durch das Generalkommando reguliert. Im Schaltjahr 1916 trat der seltene Fall ein, dass kein einziger der 15 katholischen Feiertage auf einen Sonntag fiel.

> Allerheiligen und Allerseelen (1. u. 2. November). Nach einer Bekanntmachung des Stellvertretenden Generals des 2. Armeekorps ist nur am Allerheiligen-Tage vormittags den Schnittern Gelegenheit zum Besuch des Gottesdienstes zu geben. Am Nachmittag dieses Tages sowie am Allerseelentage darf die Arbeit nicht unterbrochen werden.[9]

Auch die Stadt Greifswald musste zeitweilig Wanderarbeiter aufnehmen.

> Der Landrat des Landkreises Greifswald an die Regierung zu Stralsund
> Betrifft: Schnitter 19. November 1914

Mit dem letzten Transport ostpreußischer Flüchtlinge sind in Greifswald auch 44 russisch-polnische Wanderarbeiter eingetroffen. Ich habe diese Arbeiter zunächst in Greifswald untergebracht ... Die Landwirtschaftskammer hat mir aber mitgeteilt, dass sie nicht im Stande sei, diese Arbeiter unterzubringen. Die Stadt Greifswald hat mir erklärt, dass sie die Arbeiter auch nicht in Greifswald halten könne, da der Aufenthalt derselben zu mancherlei Unzuträglichkeiten geführt habe. Im Landkreis Greifswald diese Leute unterzubringen ist gleichfalls unmöglich, da die Schnitterkasernen überall besetzt sind und es nicht angängig ist, sie ebenso wie die ostpreußischen Flüchtlinge unterzubringen ...[11]

Der Magistrat der Stadt Greifswald, 23. Dezember 1914
Bei der Überweisung von ostpreußischen Flüchtlingen an den hiesigen Landkreis sind auch 72 russisch-polnische Schnitter aus Ostpreußen hierher transportiert worden. Der Herr Landrat untersagte weiteren Transport nach den Landgemeinden und ersuchte uns, die Schnitter einstweilen in der Stadt unterzubringen, er würde sofort für eine anderweitige Unterbringung sorgen. Von 72 Schnittern wurden am 19. November 23 in der Zuckerfabrik Anklam als Arbeiter untergebracht. Im Übrigen blieben unsere Bemühungen sowie die Bemühungen des Herrn Landrat, die Schnitter anderweitig unterzubringen erfolglos.[12]

Vereinzelt gelang den Schnittern die Flucht vom Wohnsitz, trotz Ortswechselverbot, Fahrkartenverkaufsverbot usw., um im Osten die deutsch-russische Grenze zu erreichen und bei nächtlicher Überschreitung in ihre Heimat zu gelangen. Der Minister des Innern in Berlin mahnte an, dass sie so dem deutschen Arbeitsmarkt und der heimischen Landwirtschaft verloren gehen, auch unter Umständen zur Verstärkung des feindlichen Heeres Verwendung finden könnten.

Über die Kriegszeit hinweg versuchte das Generalkommando die polnischen Schnitter unter Kontrolle zu halten. Sie waren eben keine deutschen Mitbürger, sondern nur Zwangsgäste, Zivilgefangene und doch erwiesen sie sich für die deutsche Landwirtschaft als unentbehrlich. Das stellvertretende Generalkommando zu Stettin verordnete für sie Alkoholverbot, Passpflicht, Reiseverbot oder Zeitungsverbot u. a.

> Der Vertrieb und das Halten der polnisch-amerikanischen Zeitungen Gornik Polzki in Pittburgh und Rodzina Polzka in Chicago wird im Bezirk des 2. Armeekorps verboten.[13]

Noch Anfang 1918 untersagte das stellvertretende Generalkommando Stettin den Schnittern Vereinen beizutreten und an öffentlichen Versammlungen teilzunehmen, gegen Strafe von 1500 Mark.

Wohl fast 70 Prozent aller Gerichtsverhandlungen von Kriegsgerichten, Amtsgerichten oder Schöffengerichten befasste sich mit Vergehen von Schnittern. Auch das neu eingerichtete Kriegsgericht in Greifswald ging gegen Verfehlungen streng vor, soweit Verstöße gegen Korpsbefehle vorlagen.

Auf seiner ersten Sitzung im Schwurgerichtssaal am 22. Februar 1915 unter Vorsitz von Landgerichtspräsident Blankmeister, mit einem Zivilrichter und vier Offizieren, wurden vier Strafsachen verhandelt. In einem Fall hatten sich zwei Schnitter aus Selestin bei Behrenhoff im Januar 1915 „renitent und unbotmäßig“ verhalten. Es handelte sich um den 30 Jahre alten Rutkowski und den 33 Jahre alten Zawadski. Beide Angeklagte sprachen sehr abstoßend und sehr abfällig über das Kriegsbrot und tätigten beleidigende Äußerungen über die Deutschen. Zawadski soll außerdem den Vorschnitter bedroht und nach ihm mit einem Stück Holz geworfen haben. Durch ihr Verhalten sollen die beiden Angeklagten „ungünstig“ auf die anderen Schnitter eingewirkt haben. Das Urteil lautete gegen Rutkowski zwei Monate, gegen Zawadski auf vier Monate Gefängnis.[14]

Auch deutsche Einwohner konnten gerichtlich belangt werden, wenn beispielsweise Gastwirte den Schnittern verbotener Weise Schnaps verkauften oder Bäcker zu viel Brot abgaben.

Ende 1916 keimten bei den Schnittern aus Russisch-Polen neue Hoffnungen auf eine rasche Rückkehr in ihre polnische Heimat auf. Die Russen waren weg und der Weg für ein geeintes Polen frei geworden.

Nachdem die deutschen Armeen und die Truppen aus Österreich-Ungarn im Verlauf des Jahres 1915 das gesamte russisch-polnische Gebiet erobert hatten[15], teilten die beiden Regierungen Polen untereinander auf. Im weitaus größeren, nordwestlichen Teil entstand das deutsche Generalgouvernement unter Leitung von General Hans Hartwig von Beseler mit Sitz in Warschau und den Süden okkupierte die Donau-Monarchie unter Generalmajor Erich Freiherr von Diller mit Sitz des Generalgouvernements in Lublin.

Am 5. November 1916 verkündeten die Generalgouverneure die Ausrufung des Königreichs Polen. Mit der Proklamation wurde die Bildung eines selbständigen Staates mit monarchischer Ausrichtung und konstitutioneller Verfassung im Anschluss an die Mittelmächte in Aussicht gestellt.[16]

Vier Tage später erfolgte ein Werbeaufruf für das polnische Heer, der die wehrfähigen polnischen Männer aufforderte, freiwillig, an der Seite der Mittelmächte zu kämpfen.

Von diesen, für sie bedeutenden Ereignissen erfuhren die Schnitter in Pommern durch die regionalen Tageszeitungen und sie weckten die Aussichten, Träume und Sehnsüchte auf eine glückliche Heimkehr. Allerdings waren das von der deutschen Propaganda gefärbte Nachrichten. Die meisten Schnitterfamilien erhielten nach der Besetzung Polens ein Jahr lang keine privaten Briefe aus der Heimat, da die deutsche Zensur den polnischen Bürgern die Korrespondenz über die Landesgrenzen hinaus nur in deutscher Sprache gestattete und die einfachen Leute kein Deutsch konnten. Viele polnische Landarbeiter wähnten sich bald in einem freien Königreich Polen, wussten nicht, dass ihre Heimat deutsches Okkupationsgebiet war, in dem die deutschen „Kriegsgesetze“ galten.

Andererseits eilte dem dortigen Gouverneur Hartwig von Beseler der Ruf einer loyalen Persönlichkeit voraus, der durchaus versuchte die polnische Bevölkerung und die katholische Kirche in den Aufbau des neuen Staates mit einzubeziehen, und der mit der Neugründung der Universität Warschau Bildung und Wissenschaft förderte.

Es trat nun erheblich Unruhe unter den Schnittern auf und die Anfragen an die Behörden um Heimkehr häuften sich.

Doch auch das neue Königreich Polen blieb vorerst nur ein Traum, die deutsche Landwirtschaft konnte nicht auf sie verzichten. Der Reichskanzler erklärte unmissverständlich, dass keine Absicht bestehe, die russisch-polnischen Schnitter (komplett) der Landwirtschaft zu entziehen, auch nicht durch Einstellung in das polnische Heer.

> Ich glaube aber die Beobachtung gemacht zu haben, dass das anfänglich wiederholt hervortretende Streben nach Einreihung in das polnische Heer beträchtlich an Bedeutung eingebüßt hat. Es entsprang auch nicht sowohl vaterländischer Begeisterung als vielmehr dem Wunsch, sich gewissermaßen von dem Zwang des Interniertseins zu befreien. Anklam, den 16. Dezember 1916.[17]

Immerhin trat im Winter 1917/18 mit einer Urlaubsgewährung von Fall zu Fall eine Vergünstigung ein. Drei Wochen Urlaub waren aber an strenge Bedingungen geknüpft, wie die Verpflichtung zur Rückkehr nach Pommern und die Überwachung am Urlaubsort. Österreich-Ungarn indes zeigte sich nicht bereit für seine Staatsbürger (Galizier) gleiches zu veranlassen.
Viele Polen nahmen den Urlaub in Anspruch. Etliche kehrten nicht zurück, tauchten in der Heimat unter, warteten so das Kriegsende ab. Die deutschen Behörden ließen sie steckbrieflich suchen.

Nach Kriegsende setzte im Frühjahr 1919 die Arbeitereinwanderung wieder ein, wenn auch noch nicht in den Größenordnungen von 1913/14. Die zentrale Arbeiterzentrale für ausländische Arbeiter registrierte für die Monate Februar bis Mai 19.820 polnische

Saisonarbeiter in den Hauptgebieten Pommern, Schlesien, Schleswig-Holstein und Sachsen. (1914 waren es im gleichen Zeitraum 102.421 Personen.)

Anmerkungen:

1) Arndt, Walther: Die Trommel schlug zum Streite historische Erzählung aus dem Kriegsjahr 1914. S. 105.

2) Landesarchiv Greifswald: Rep. 60 Oberpräsident, Nr. 3083, Bl. 169:

Kriegsgefangener: „Wer im Krieg gegen Deutschland teilgenommen hat, ist für die Dauer des Krieges als Kriegsgefangener anzusehen."

Zivilgefangener: „Als Zivilgefangene sind dagegen solche feindlichen Ausländer anzusehen, die, ohne bei oder seit Kriegsausbruch einem feindlichen Heer angehört zu haben, in deutsche Gefangenenlager überführt wurden, - einerlei ob sie noch im wehrpflichtigen Alter stehen und ob sie dauernd für kriegsunbrauchbar befunden werden oder nicht. Bemerkt wird, dass es sich vorstehend nur um eine praktische Festlegung des Begriffs Kriegs- bzw. Zivilgefangener handeln soll, nicht aber um eine grundsätzliche Entscheidung dieser völkerrechtlichen Frage."

Beide Definitionen stammen aus dem Jahr 1916, als (feindliche) Ausländer in Deutschland praktisch individuell kaum noch ansässig waren, sondern fast alle in Lagern leben mussten. Schnitter bzw. Wanderarbeiter waren aber auf Grund der Beschneidung ihrer Freizügigkeit letztendlich auch gefangen, nur nicht in einem Lager.

In Zivilgefangenschaft gerieten ebenso die 1914-18 in Deutschland weilenden Zigeuner, zunächst aber nur die Männer im wehrpflichtigen Alter. Ab Januar 1917 wurden auch alle nichtwehrpflichtigen Männer und Frauen inhaftiert, zumeist in das Kriegsgefangenenlager Parchim geschafft.

3) Strantz, Viktor v.: „Im Kampf gegen die Russen", 1915, S. 17.

4) Landesarchiv Greifswald: Rep. 65c, Regierung Stralsund, „Die russischen Schnitter während der Mobilmachung 1914 u. die Abschiebung“, Nr. 2851 Bl. 5.

Bei dem Rädelsführer und Anstifter handelte es sich um den Russen Grzegorski aus dem Gouvernement Pietrowo. Er wurde zunächst vom Kriegsgericht Stettin zum Tode verurteilt, das Urteil aber danach durch den stellvertretenden Kommandeur des Generalkommandos zu Stettin in eine Freiheitsstrafe zu 15 Jahren umgewandelt.

5) Landesarchiv Greifswald: Rep. 65c, Regierung Stralsund, „Die Mobilmachung 1914“ Nr. 2825, Bericht der Landwirtschaftskammer Bl. 287 RS.

6) Landesarchiv Greifswald: Rep. 65c, Regierung Stralsund, „Die russischen Schnitter während der Mobilmachung 1914 u. die Abschiebung“, Nr. 2851 Bl. 5.

7) ebenda B. 38.

8) Greifswalder Zeitung vom 23. Februar 1915.

9) Wolgaster Zeitung 1. November 1916.

10) Landesarchiv Greifswald: Rep. 65c, Regierung Stralsund, „Die russischen Schnitter während der Mobilmachung 1914 u. die Abschiebung“, Nr. 2851 Bl. 120.

11) ebenda Bl. 94.

12) ebenda Bl. 154.

13) Greifswalder Zeitung vom 6. Januar 1916.

14) ebenda vom 23. Februar 1915.

15) Mit Kriegsbeginn hatten anderthalb Millionen Polen in drei Armeen und gegeneinander gekämpft. Vier Fünftel des polnischen Landes wurden Kriegsgebiet und der Vernichtung preisgegeben.

16) Das Deutsche Reich beabsichtigte seinen Teil Polens ab Mitte 1916 als „Pufferstaat" gegen Russland ökonomisch und militärisch an sich zu binden. Im November 1917 plädierte jedoch Kaiser Wilhelm II. für eine Überlassung an die Donaumonarchie.
17) Landesarchiv Greifswald: Rep.65 a, Regierung Stettin, Nr. 154: Volksstimmung und wirtschaftliche Lage während des Krieges. Bl. 4.

17 Pferde

Der Graf lächelte und klopfte seines Lieblingspferdes Hals. 'Es gibt Krieg, Wilhelm, und dann müssen alle unsere Pferde mit und wir auch, alter Junge. Mit Gott für König und Vaterland. Er wandte sich kurz um und ließ den entsetzten Wilhelm stehen.[1]

Im 1. Weltkrieg spielte die Kavallerie bei allen Kriegsmächten mit ihren Dragonern, Musketieren, Ulanen, Jägern zu Pferden oder Kürassieren, zumindest für den Bewegungskrieg, eine wichtige strategische Rolle. Das änderte sich mit der Erstarrung der Fronten. In der großen Herbstschlacht 1915 an der Champagne-Front schickten die Franzosen am 26. September nochmal eine große Kavallerieeinheit ins Feuer, deren Schicksal im Artilleriefeuer der Deutschen blutig endete. Spätesten seit diesem Zeitpunkt wurde die Kavallerie in allen Armeen abgebaut, Mannschaften und Pferde zu Gunsten von Infanterie und Artillerie umformiert.

In den blutigen Gefechten der ersten Kriegszeit und auf Patrouillenritten starben die Pferde zu tausenden oder den schwer verletzten Tieren musste der Gnadenschuss gegeben werden. In Feldpostbriefen an die Heimat hieß es nicht selten: „Mutter ich habe mein Pferd, einen treuen Kameraden, verloren, Gott sei Dank, ich bin wohl auf.“ Am Ende war der Blutzoll für die Pferde immens: Allein für die deutsche Seite ist ein Verlust von etwa einer Million Rösser geschätzt worden.

Als Zug- und Transporttier für alle Waffengattungen, insbesondere für die leichte und schwere Artillerie sowie in der militärischen Aufklärung, blieben die Pferde während des ganzen Krieges unersetzlich. Millionen Pferde mussten weit schwierigere Arbeiten verrichten und nicht selten unter Futtermangel, als sie es zu Hause in der Landwirtschaft gewohnt waren. Auf den langen Wegstrecken fehlten oftmals Straßen oder gut ausgefahrene Wege. Als Vorspann für äußerst schwere Lasten, mit schweren Kanonen und Munition auf dem Wagen, mussten sie querfeldein, durch Wälder und Flur, von Frontabschnitt zu Frontabschnitt ziehen.

> Da sind die Munitionskolonnen. Galoppierend brachten sie allnächtlich ihre gefährliche Ladung durch die Sperrkette des feindlichen Feuers bis vorn an die Batterien. Mancher Munitionswagen ist in die Luft geflogen - Roß und Reiter sind zerstoben.[2]

Schon Sommer 1913 bewilligte der Deutsche Reichstag zur Aufrüstung nicht nur die Erweiterung der Mannschaften und Waffen, sondern auch die Aufstockung des Tiermaterials, geplant waren zusätzlich 7 neue Kavallerieregimenter mit Soldaten, Pferden und Wagen. Für das Jahr 1914 wurde eine Summe von 917.049.000 Mark für die Pferdeaushebung veranschlagt.

Traditionell wurden Militärpferde auf Landesgestüten gezüchtet und zusätzlich von privaten Besitzern aufgekauft, um sie in Remontedepots[3], die zu den staatlich-militärischen Einrichtungen gehörten, auszubilden.

Der Bestand an Remonten reichte für die Ausstattung des Heers nicht aus, so dass die große private Tierreserve aus dem Lande herhalten musste. Seit 1900 hatte es regelmäßig militärische Pferdemusterungen bzw. Pferdevormusterungen der privaten Pferdebestände gegeben. Herangezogen wurden sämtliche Tierbesitzer von landwirtschaftlichen Gütern, Bierbrauereien, Fuhr- oder Droschkenunternehmen sowie die Ackerbürger und Bauern. Jährlich konnte damit die vorhandene Anzahl militärdiensttauglicher Tiere erfasst werden. Ab 1913 erweiterte das Militär seine Depots zielgerichtet, gemusterte Zug- und Reitpferde wurden auf den

Remontemärkten zugekauft und den speziellen Waffengattungen zugeteilt. Diese Aufkäufe zogen sich bis zum ersten Halbjahr 1914 hin. Für die abgegebenen Tiere erzielten die Besitzer Preise zwischen 1.100 und 1.300 Mark pro Tier.

Mit Kriegsbeginn trat in der ersten Mobilmachungswoche die (bezahlte) Zwangsaushebung anstelle des bisherigen freiwilligen Verkaufs. Am 3. und 4. August 1914 wurden unter Leitung der militärischen Pferdeaushebungskommission IV (Stralsund) die Pferde beinahe so rekrutiert wie die Soldaten. Für jedes ausgehobene Tier bekam der Besitzer eine Bescheinigung, worauf er später den Kaufpreis in bar ausgezahlt erhielt.

Im Stadtkreis Greifswald erwarb das Militär in den Augusttagen auf dem Schützenplatz von 700 vorgemusterten Pferden 71 für das Heer an. Mit dieser relativ günstigen Quote war die Stadt vorerst gut weggekommen. Außerdem wurden Pferdewagen, Schlitten und zusätzlich einzelne Geschirre ausgehoben, die umgehend per Bahn an die Front kamen, so dass bald ein Mangel an Lastfuhrwerken in der Stadt, insbesondere bei den Kanalisationsarbeiten 1914/15, zu spüren war.[4] Bis zum 1. Dezember 1916 reduzierte sich der Pferdebestand der Bürger auf 369 Tiere.[5]

Der Landkreis Greifswald besaß zum 1. Dezember 1913 8.659 Pferde. Ausgehoben wurden 1914 1.057 Tiere, 1915 weitere 298 Pferde, so dass der Kreis Ende 1915 über 7304 Pferde verfügte.[6] Eine der letzten Pferdeaushebungen im Krieg fand am 15. Februar 1918 auf dem großen Marktplatz vor dem Rathaus statt.

Die Zwangsaushebung traf manchen kleinen Besitzer, aber auch die großen Grundbesitzer im Landkreis, sehr hart, eine Weigerung zur Herausgabe schien zwecklos, denn dann drohten hohe Geldstrafen. Andererseits wurde die Kaufsumme gerne angenommen und bei den Preisen auch verhandelt. Doch Geld ersetzte beispielsweise den Fuhrunternehmen, selbst den Droschkenbesitzern und erst recht nicht den Bauern auf dem Lande, den Verlust der tierischen Arbeitskraft. Was tun ohne Arbeitspferde, das war die große Frage und die Lösung lag auf der Hand, wie in alten Zeiten mussten meist Kühe und Ochsen die Pflug- und Gespannarbeiten auf dem Acker übernehmen. Das wurde von Kriegsjahr zu Kriegsjahr immer mühseliger und ebenso hörten die Klagen über den Verlust der Tiere nicht auf.

Selbst auf der Universitäts-Reitbahn ruhte bald jeglicher Betrieb wegen Mangel sowohl an Reitern als auch an Pferden.[7]

> Wie bescheiden und fleißig arbeitete der zweite Kutscher mit ein paar struppigen dänischen Pferden, nachdem er seine beiden heiß geliebten, glatten Schwarzen zur Pferdeaushebung fortgebracht und seine Livree ausgezogen hatte![8]

Im Krieg stiegen die Aufkaufpreise von 1.600-1.880 Mark pro Tier von Ende 1914 auf 2.400 bis 2.600 Mark im Winter 1916. Damit die Kosten für das Militär nicht weiter in die Höhe trieben, setzte das Kriegsministerium Höchstpreise für die Pferdeaufkaufkommissionen fest.

Gleichwohl waren sich Militär und Regierung der schwierigen Problemlage für die heimische Landwirtschaft bewusst, jedenfalls im weiteren Verlauf des Kriegs. Denn es ging um nichts weniger als um die Sicherung der Ernährung im ganzen Land. Erstmals stoppte das Kriegsministerium Anfang 1915 den Pferdeaufkauf aus der deutschen Landwirtschaft für einen begrenzten Zeitraum, um die Frühjahrsbestellung zu sichern.

Oberbefehlshaber Ost. Geheim.

Durch die Sperrung jeden Ersatzes aus der Heimat hat die Zahl der Pferdefehlstellen eine derartige Höhe angenommen, dass die Truppe erheblich darunter leidet. Der jetzige Zustand ist auf die Dauer unhaltbar. Um Abhilfe zu schaffen, muss notgedrungen auf die Pferdebestände des (russischen) Landes in außergewöhnlich hohem Maße zurückgegriffen werden. Im Bereich der Armeeabteilungen ... sollen ausgehoben werden 3.500 kriegsverwendungsfähige und 500 arbeitsverwendungsfähige Pferde. ... Der Gesichtspunkt, die Landwirtschaft des besetzten Gebietes möglichst zu schonen, muss dauernd im Auge behalten werden.[9]

Um die Heimat nicht völlig ausbluten zu lassen, ließ das Kriegsministerium Pferde in Skandinavien und Holland einkaufen. Die Abrechnungen wiesen für den Zeitraum vom 21. Oktober 1914 bis 31. Dezember 1914 in Skandinavien 1.990.000 und aus Holland 54.000 Mark aus. Danach versiegten diese Quellen.

Mit Besetzung von Feindesland gelangten so genannte Beutepferde nach Pommern, so aus Belgien und Frankreich oder aus russischen okkupierten Gebieten. Weiterhin wurden ständig „kriegsuntaugliche" Pferde aus dem Heer in die Heimat zurückgeschickt.

Per Bekanntmachung in den Zeitungen kündigte die pommersche Landwirtschaftskammer die Versteigerungstermine an. Im Auftrage der Landwirtschaftskammer erfolgten ebenso durch beauftragte Pferdehändler zusätzlich Ankäufe im neutralen Ausland wie Dänemark und Schweden, soweit sie noch Erfolg hatten.

Insgesamt erreichte die Ersatzbeschaffung für die verkauften Militärtiere beachtliche Zahlen. Die pommersche Landwirtschaftskammer vermittelte durch An- und Verkauf in den der vier Kriegsjahren an die heimische Landwirtschaft: 18.769 Pferde, darunter 12.887 volljährige Tiere, 2.553 Fohlen im Alter bis zu einem halben Jahr und 4.029 Fohlen von einem halben bis zu 3 Jahren. An Großgrundbesitzer sind 2.368 Pferde und 3.150 Fohlen vermittelt worden, 9.819 Pferde gingen an Kleingrundbesitzer und 3.432 Fohlen.[10]

Nach Zusage durch das Kriegsministerium und dann auf Anweisung des preußischen Ministers für Landwirtschaft, stellten die 12 preußischen Remonte-Depots Leihpferde in den landwirtschaftlichen Spitzenarbeitszeiten zur Verfügung, beispielsweise Herbst 1914 zur Ernte- und Herbstbestellung, womit dem akuten Pferdemangel entgegengewirkt werden sollte. Aus dem Remontedepot Ferdinandshof übernahmen Vorpommerns Bauern 750 für den Truppendienst noch nicht brauchbare Remonten, meist gerade dreijährige Pferde, zur Aushilfe ausgeliehen, gegen die Verpflichtung guter Pflege und Ernährung ohne weiteres Entgelt.[11]

Mit einer Pferdeausleihe halfen bis Mitte 1917 nach Möglichkeit ebenso die Garnisonen aus. Aus der Garnison Altdamm bezog der Kreis Greifswald 60 Pferde. Lediglich die anfallenden Transportkosten gingen auf Rechnung der Bauern und die vom Militär vorgeschriebenen Futterrationen mussten eingehalten werden: Für ein Feldartillerie-Pferd täglich 3.900 g Hafer, 4.000 g Heu, 1.750 g gutes Futterstroh und außerdem Streustroh.[12]

Ende 1917 musste das Stellvertretende Generalkommando zu Stettin einräumen, dass eine Aushilfe aus den Garnisonen mit Gespannen nicht mehr möglich sei. Das Kriegsministerium selbst hatte den Pferdebestand der Ersatztruppen in den Garnisonen zu Gunsten der Front drastisch herunter reduziert.

Allein, alle diese Hilfsmaßnahmen wirkten wie ein Wassertropfen auf einen heißen Stein. Denn für die noch vorhandenen Tier reichte bald das hochwertige Futter nicht aus, die runter rationierte Zuteilung von Hafer ab Anfang 1915 ließ die Tiere abmagern und ihnen fehlte die Kraft zur regulären Arbeitsverrichtung. Durch Bundesratsbeschlüsse[13] vom 21. Januar und vom 13. Februar 1915 wurden die privaten Hafervorräte zugunsten der Heerespferde beschlagnahmt. Den privaten Pferdehaltern verblieben 3 Doppelzentner bis zur nächsten Ernte. Um die Pferde allmählich an die Verringerung des Kraftfutters zu gewöhnen, wurde für eine Übergangszeit bis zum 1. März ein Zuschlag von 1 Kilogramm Hafer pro Tier und Tag gewährt. Dann hatten sich die Tiere an die gesetzlich zugelassene Ration zu gewöhnen. Das blieb so bis nach dem Krieg:

Die deutsche Erntebilanz von Hafer ließ schlicht keine Alternativen zu. 1913 erntete die Landwirtschaft 9.405.000 t Hafer, 1914 8.816.000 t und 1918 4.680.000 t, dazwischen lag das noch schlechtere Jahr 1917.[14]

Die ersten Reaktionen der „Unternehmer mit Pferden“ auf die Rationierungen verliefen keineswegs einsichtig und schon wieder griffen die normalen Marktmechanismen Die Halter traten in einer Versammlung zusammen, um sich für entsprechende Ersatz-Futtermittel bei den Behörden einzusetzen:

> Es wurde hervorgehoben, dass 2,5 Pfund Hafer für ein Pferd, das bisher zehn Pfund täglich erhielt, zu wenig sei und dass darunter die Leistungsfähigkeit der Tiere leiden

würde. Die Beschaffung von Ersatzfutter stößt aber auf große Schwierigkeiten. Deshalb wurde angeregt, den Magistrat zu bitten, dass die Kleie, die hier von dem gemahlenen Kriegsgetreide gewonnen wird, in erster Linie den Pferdebesitzern zugute kommen soll. Eine gewisse gleichmäßige Verteilung wurde als sehr erwünscht bezeichnet. Der als Vertreter des Magistrats anwesende Ratsherr Noske nahm die gemachten Anregungen entgegen.[15]

Zwei Wochen später beschlossen die Spediteure Bonk, Kleuke, Köhn und Hass die Preise zu erhöhen.

März 1917 ordnete das Kriegsministerium die Kürzung der Pferdeschweife sowohl für Dienstpferde im Heer als auch der Bauernpferde in der Heimat an, um aus dem Rosshaar Polsterungsmaterial zu gewinnen.

Die Probleme mit der unzureichenden Pferdefütterung und der geringen Arbeitskraft der Tiere rissen nie ab.

März 1917 bemerkte der Magistrat, dass es schwer sei, ein Gespann für den städtischen Krankenwagen bereit zu stellen.

Schließlich klagte die Freiwillige Feuerwehr. Auf der 11. Sitzung des Bürgerschaftlichen Kollegiums vom 27. September 1917 stand auf der Tagesordnung die Anschaffung eine „Gasspritze", da es der Wehr akut an Personal (etwa 30 Leute) und zugkräftigen Pferden mangelte. Bei verschiedenen Bränden des Jahres war auf die Pferde kein Verlass mehr, sie zogen nur schwerlich und mit großer Mühe den Spritzwagen sowie schwere Wasserwagen. Dadurch verlor die Wehr beispielsweise bei einem Brand in der Brinkstraße 20 Minuten und bei einem anderen Feuer in der Rossmühlenstraße, 15 wertvolle Minuten für die Rettung von Menschenleben, Hab und Gut. Woher sollten auch die strapazierten Tiere noch Kräfte haben, tagsüber setzte sie der Besitzer zur schweren Arbeit ein und in der Mittagszeit sowie von abends bis morgens standen sie in „Pferdebereitschaft" für die Feuerwehr.

Über die gesamte Kriegszeit gab es auch genügend Bauern, die ihre Pferde heimlich mit „verbotenem" Futter versorgten. Wer dabei verraten oder erwischt wurde, was nicht selten vorkam, musste sich vor dem Schöffengericht oder gar dem Kriegsgericht verantworten und wurde unweigerlich hart mit Geldbußen bestraft. Das nahmen echte Bauernherzen in Kauf, denn die Pferde litten.

Wie den Menschen wurde den Pferden Ersatzstoffe angeboten. Durch den Futterwechsel vom Hafer auf Ersatzstoffe (Kleie, Melasse) und durch die Erhöhung des Raufutteranteils (Gras, Heu, Stroh, Waldlaub) reagierten viele Pferde mit Verdauungserkrankungen, die zur weiteren Abnahme der Kräfte führten usw. Der Tierschutzverein schaltete sich ein und empfahl Tierärzte zu konsultieren. Das löste allerdings nicht die Futterprobleme. Doch alle beteiligten waren sich darüber einig, dass im Interesse der Tierhalter und der Pferde sowie ganz besonders der Sicherung „der Volkswirtschaft, die Erhaltung des Pferdebestandes besonders wichtig sei."

Im März 1918 verboten alle Stellvertretenden Generalkommandos die Haltung von „Luxuspferden" mit Ausnahme von Regierungsmitgliedern und Beamten im Staatsdienst.

Bis zum Kriegsende blieb das Los der Pferde schwer. Am 23. August 1918 beschrieb das Kriegswirtschaftsamt der Provinz Pommern die Situation ohne Wenn und Aber:

> Die Pferde sind derart kraftlos, dass bei der geringen Gabe an Korn, die nur erlaubt ist, eine glatte Herbstbestel-

lung unmöglich ist. Zumeist haben die Pferde von Grünfutter gelebt und werden, wenn Anstrengungen kommen, müde. In sehr vielen Wirtschaften werden Belgier oder Dänen gehalten, die einfach bei 3 Pfd. Hafer verhungern müssen, selbst auch dann, wenn sie nur im Stall stehen. Es ist daher dringend notwendig, dass mindesten 10 Pfd. Hafer pro Pferd freigegeben werden und zwar baldigst.[16]

Das Los der Pferde an der Front unterschied sich beim Futter mitunter nicht vom Schicksal der Tiere in der Heimat. Auch an den Fronten fehlte wiederholt das Pferdefutter:

Ostfront 23. Januar 1915:

Stellungskrieg seit 3 Monaten, dabei sind wir Kavalleristen. Immerhin gut, dass wir nicht im Bewegungskrieg sind; unsere Böcke würden zum großen Teil in wenigen Tagen schlappmachen. Es kann einen jammern, wenn man bei uns in die Ställe kommt. Stroh zum Streuen gibt es gar nicht, die Tiere stehen und liegen im Mist, das bisschen Stroh, das geliefert wird, wird verfüttert, damit die Tiere neben den paar Pfund Hafer noch etwas über den Tag über in den Bauch kriegen. Die meisten sind dürr wie die Skelette und fressen aus Hunger ihren eigenen Mist noch mal durch! Die Hälfte der Böcke hat noch dazu die Räude, sie sehen toll aus wie die Elefanten, infolge der kahlen Hautstellen.[17]

1916 war das Jahr der schlechtesten Hafererernte während der ganzen Kriegsjahre in Deutschland. Die Vorräte reichten kaum bis zur nächsten Ernte. An der Front wie in der Heimat fraßen die Tiere im Sommer und Frühherbst 1917 nur Gras und Stoppeln, an der Front musste wertvolles Brotgetreide verfüttert werden, was dann wieder für die Ernährung des Heers fehlte. Das Kriegsministerium machte Druck auf die Bauern, motivierte die landwirtschaftlichen Erzeuger erstmals mit einer Frühdruschprämie für Hafer, um die Notlage zu lindern.

Für das Ende des Krieges stellt sich die Frage, wo die Millionen deutsche Kriegspferde geblieben sind. Was war ihr Schicksal? Unterernährung, Verletzungen, Heilung in Pferdelazeretten und in der Masse, der Tod.

Eine Antwort könnten die Ergebnisse der Viehzählungen geben. 1912 betrug der Pferdebestand im Deutschen Reich rund 4,7 Millionen, nach der Zählung vom 1. Juni 1917 (ohne Militärpferde) 3.345.626 Tiere, ein Minus von etwa 1,4 Millionen, über 30 Prozent weniger.

Zum 2. Juni 1919, nach abgeschlossener Demobilmachung und auch Rückkehr der Pferde, registrierte die Statistik 3.759.881 Tiere (ohne besetzte Gebiete und die Pfalz). Der geringe Zuwachs durch die Demobilmachung von nur etwa 400.000 Tieren, d. h. von Pferden, die mit den Soldaten zurückkamen, lässt nur die eine Schlussfolgerung zu.

1919 häuften sich unter dem Druck der Ernährungsschwierigkeiten die Pferdeschlachtungen. Pferdefleisch ersetzte bzw. ergänzte Schweine- und Rindfleisch. Selbst schlechte Schlachttiere wogen nicht unter 10 Zentner und schwere Vollblüter brachten ein Lebendgewicht von 18 Zentner auf die Waage. Zunehmende Pferdediebstähle dienten allein diesem Zweck.

Und fast genau ein Jahr nach dem Krieg, im Spätherbst 1919, kehrte einiges Unheil auf die Bauern und Pferdezüchter wieder zurück. Die Siegermächte forderten im Friedensvertrag von Versailles vom Kriegsverlierer Deutschland neben Geld auch Naturalien, in diesem Falle Pferde und Nutzvieh. Am Lieferungssoll

Deutschlands betrug der Anteil der Provinz Pommern 49 Hengste und 2883 Stuten. Weiterhin 8000 Kühe, 141 Zuchtbullen, 1307 Stück Jungvieh und 17892 Schafe.

Anfang 1920 mussten die Bauern ihre Pferde einer großen Musterung zuführen und wieder erwarteten die Landwirte eine „Zwangsenteignung", für den Fall, dass der freiwillige Verkauf nicht ausreichte.

Anmerkungen:

1) Oertzen, Margarethe von: „Ein überwundener Held. Eine Kriegs- und Siegsgeschichte. Schwerin 1916, S. 10.

2) Köster, Adolf: „Wandernde Erde: Kriegsberichte aus dem Westen, München 1917, S. 98.

3) Remonte-Pferde, junge im Alter ab 3 Jahren Pferde zur weiteren Ausbildung für das Militär. Dreijährige, mitunter auch vierjährige Pferde wurden aus privater Aufzucht auf Remontemärkten durch Remonteaufkaufkommissionen des Kriegsministeriums ausgesucht und eingekauft. Dann wurden Remonten für ein bis zwei Jahre zur weiteren Aufzucht und Ausbildung in Remontedepots untergebracht, kamen später als Reit- und Zugpferde zu den Einheiten.

4) Landesarchiv Greifswald: Rep. 65 c, Regierung Stralsund, „Die Mobilmachung 1914“, Nr. 2825, Bl. 203 ff.: Bericht des Magistrats Greifswald vom 7. November 1914: Einwirkung des Krieges auf das Wirtschaftsleben. Abschnitt: V.

5) Stadtarchiv Greifswald: Rep. 5. „Bericht über die Einwirkung des Krieges auf das Wirtschaftsleben", Nr. 997, Bl. 87 RS.
6) Landesarchiv Greifswald: Rep. 65 c, Regierung Stralsund, „Pferdevormusterung und Pferdeaushebung" Nr. 2827. Bl. 146.
7) Chronik der Königlichen Universität Greifswald für das Jahr 1914/15: S. 64.
8) Blanckenburg, Caroline von: Bei uns zu Hause. Ein Gruß ins Feld. Schwerin 1915, S. 11.
9) germandocsinrussia.org: Akte Nr. 2, Bl. 123-126.
10) Greifswalder Zeitung vom 28. Januar 1919.
11) Landesarchiv Greifswald: Rep. 60 Oberpräsident, Nr. 2676, Bl. 252.
12) Landesarchiv Greifswald: Rep. 65 a, Stettin, Nr. 49, „Allgemeine Maßnahmen während des Krieges" Bd. 2, Bl. 159.
13) „Der Bundesrat wird ermächtigt, während der Zeit des Krieges diejenigen gesetzlichen Maßnahmen anzuordnen, welche sich zur Abhilfe wirtschaftlicher Schädigungen, als notwendig erweisen." (Reichs-Gesetzblatt vom 4. August 1914, Seite 327 und 328.) Demnach hatten alle Verordnungen, welche der Bundesrat auf dem Gebiet der Kriegswirtschaft erließ, volle Gesetzeskraft, und wer gegen dieselben verstieß, oder ihnen sonst wie entgegenhandelte, wurde von den Gerichten genauso bestraft, als hätte er sich gegen ein Reichs-Gesetz vergangen. Ab Mai 1916 übernahm der Reichskanzler die Verantwortung für die Ernährung der deutschen Bevölkerung und als maßgebende Behörde wurde das Kriegsernährungsamt in Berlin eingerichtet.
14) Greifswalder Tageblatt vom 14. März 1919.
15) Greifswalder Zeitung vom 12. Februar 1915, S. 3.
Gerste und Hafer, die früher teils zur Bierbereitung, teils als Futter für das Vieh verwendet wurden, wurden im Krieg mehr als zuvor

der menschlichen Ernährung dienstbar gemacht. Zum Verfüttern an Tiere war nur ein geringer Teil freigegeben, der je nach der Arbeitszeit (Frühjahrsbestellung, Ernte) stieg oder fiel.

16) Landesarchiv Greifswald: Rep. 60 Nr. 2883, Kriegswirtschaftsämter, Bl. 74.

17) Kriegs-Zeitung - Mitteilungen über unsere am Kriege teilnehmenden Korpsbrüder. Greifswald 1916, Teil 5, S. 15.

18 Anhang

Abbildungsverzeichnis:

Weiterführende Literatur

Clark, Christopher M.: Die Schlafwandler: wie Europa in den Ersten Weltkrieg zog. 18. Aufl. - München : Dt. Verl.-Anst., 2014.

Bendikowski, Tillmann: Sommer 1914: zwischen Begeisterung und Angst; wie Deutsche den Kriegsbeginn erlebten. 1. Aufl. - München: Bertelsmann, 2014.

Haffner, Sebastian: Von Bismarck zu Hitler. München: Droemer, 2015.

Henke-Bockschatz, Gerhard: Der Erste Weltkrieg: eine kurze Geschichte. 2., erg. Ausg. - Stuttgart: Reclam, 2015.

Hirschfeld, Gerhard: Enzyklopädie Erster Weltkrieg. Erneut aktualisierte und erw. Studienausg. Paderborn: Schöningh, 2014

Hochschild, Adam: Der große Krieg: Der Untergang des alten Europa im Ersten Weltkrieg 1914-1918. 3. Aufl. - Stuttgart: Klett-Cotta, 2014.

Janz, Oliver: Der Erste Weltkrieg in globaler Perspektive. Göttingen: Vandenhoeck & Ruprecht, 2014.

Kellerhoff, Sven Felix: Heimatfront: Der Untergang der heilen Welt - Deutschland im Ersten Weltkrieg. Orig.-Ausg. - Köln: Quadriga, 2014.

Kramp, Andrea: Georg Gothein (1857-1940): Aufstieg und Niedergang des deutschen Linksliberalismus (Schriften des Bundesarchivs). Droste Verlag 2018. Krumeich, Gerd: Die 101 wichtigsten Fragen - der Erste Weltkrieg. Orig.-Ausg., 3. Aufl. - München: Beck, 2015.

Krumeich, Gerd: Der Erste Weltkrieg: vom Krieg der Großmächte zur Katastrophe Europas. Bonn: Max-Weber-Stiftung, 2014.

Leonhard, Jörn: Die Büchse der Pandora: Geschichte des Ersten Weltkriegs. 3. Aufl. - München: Beck, 2014.

Mombauer, Annika: Die Julikrise: Europas Weg in den Ersten Weltkrieg. Orig.-Ausg. - München: Beck, 2014.

Münkler, Herfried: Der Große Krieg: die Welt 1914 bis 1918. Reinbek bei Hamburg: Rowohlt-Taschenbuch-Verl., 2015.

Piper, Ernst: Nacht über Europa : Kulturgeschichte des Ersten Weltkriegs. Lizenzausg. - Bonn: Bundeszentrale für politische Bildung, 2014.

Piper, Ernst: Das Zeitalter der Weltkriege: 1914 - 1945. Köln: Lingen, 2014.

Pöhlmann, Markus: Der Erste Weltkrieg 1914 - 1918: der deutsche Aufmarsch in ein kriegerisches Jahrhundert. München: Bucher, 2014.

Spät, Robert: Für eine gemeinsame deutsch-polnische Zukunft? Hans Hartwig von Beseler als Generalgouverneur in Polen 1915-1918. In: Zeitschrift für Ostmitteleuropa-Forschung 58 (2009) H. 4.

Strachan, Hew: Der Erste Weltkrieg: eine neue illustrierte Geschichte. Taschenbuchausg., 1. Aufl. - München: Goldmann, 2014.

Ullrich, Volker: Die nervöse Großmacht 1871-1918. 2. Auflage, Fischer, Frankfurt a. M., 2013.